전 달 자

나의 가치를 높이고 세계를 확장하는 전달의 힘

전달자

유영만 지음

MESSENGER OF
HIDDEN WISDOM

블랙피쉬
Black Fish

전달할 수 없는 전달력을
전달하는 지혜는?

결론부터 말하면 우리는 완벽하게 전달할 수 없다. 전달력은, 지금까지 산전수전 겪어 본 경험으로 체득한 삶의 지혜를, 지금 시점에서 언어를 벼리고 벼리는 가운데 정리된 진실을, '몸의 언어'로 전달하는 능력이다. 이때 몸의 언어는 '머리의 언어'와 다르게 경험적 지혜를 담아내려고 안간힘을 쓰는, 즉 내 몸에 있는 언어 꾸러미로 경험적 깨달음의 진수를 가급적 적확하게 전달하기 위해 안간힘을 쓰면서 탄생하는 언어다.

경험이 언어로 번역되면서 언어로 고스란히 담을 수 없는 감각적 깨달음이나 깨달음을 얻는 과정에서 동반되는 느낌 또는 감정이나 정서는 여전히 언어적 진술을 거부하는 경우가 많다. 나는 인생의 어느 순간에 강렬하게 깨달으며 전율하는 감동적인 경험을 했지만, 그 경험으로 깨달은 삶의 지혜가 구체적으로 무엇인지는 분명하게 설명할 수 없는 딜레마 상황에 수시로 직면한다. 전달력도 같은 맥락에서 딜레마에 빠지기 쉽다. '내가 겪어 본 경험으로 깨달은 삶의 지혜는 이거야'라고 명확하게 설명하기란 쉽지 않다.

삶으로 메시지를 전달하는 사람이 휴먼 브랜드다

기업에서 가르친 경험을 포함하면 가르치는 업에 몸담은 지 어언 30년이 넘는 세월이 흘렀다. 그동안 나는 무엇을 전달하며 살아왔는가? 방법을 가르쳐 왔는가, 아니면 방향을 가리키려고 노력해 왔는가? 전달할 수 없는 전달력. 그렇다면 무엇을 전달하기 위해 이 책을 썼을까. 딜레마에 처한 질문이다. 전달할 수 없는 전달력을 전달하려면 어떤 노력이 필요할까.

성공은 배우는 것이 아니라 익히는 것이라고 《코나투스》*에서 말했듯이 전달력도 배우는 것이 아니라 익히는 것이다. 다양한 전달 전략이나 기법을 익힌다고 자신의 생각이나 느낌이 고스란히 전달되지

---

* 유영만 지음, 《코나투스》, 행성B, 2024.

않는다. 전달하는 다양한 무대 위에서 몸소 겪어 보는 가운데 몸에 각인되는 깨우침만큼만 전달력도 개발된다. 전달의 고수에 이르는 길, 즉 '마스터리(mastery)'에 이르는 길은 언제나 '미스터리(mystery)'다. 내가 깨달은 삶의 진실이나 지혜를 고스란히 언어로 번역해서 전달할 수 없지만, 그럼에도 전달력을 드높이는 과정에서 배우고 익힐 수 있는 게 없는 것은 아니다.

전달력은 전달자의 삶과 무관하게 진공관과 같은 실험실에서 전달 기법을 익힌다고 생기는 능력이 아니다. 삶이 곧 메시지인 사람이 전달할 때 전달력은 전달 기법이나 기교와 관계없이 묵직한 울림으로 다가간다. 전달력은 전달 기법의 문제가 아니라 전달자의 삶과 직결되는 문제다. 내가 살아 본 삶만큼 전달할 수 있다. 어제와 다르게 전달하려면 어제와 다르게 살아야 한다. 전달은 이런 점에서 한 사람의 휴먼 브랜딩(Human Branding) 과정과 닮아 있다. 삶이 메시지인 사람이 전달할 때, 그 전달은 곧 휴먼 브랜드가 된다. 삶과 메시지, 그리고 브랜드와 전달은 따로 떨어져 독립적으로 움직이는 별개의 실체가 아니다. 전달력의 깊이와 넓이는 삶의 깊이와 넓이에 비례한다. 자신이 살아온 삶으로 메시지를 전달할 때 대체 불가능한 원본 브랜드가 되는 것. 그게 바로 휴먼 브랜드다. 사람이 곧 브랜드가 되는 거다.

자기 정체성을 드러내기 위해 가장 자기답게 살아가는 자기다움이 가장 아름다운 휴먼 브랜드가 된다. 전달력은 대체 불가능한 원본의 삶이 보여 주는 휴먼 브랜딩 파워다. 오로지 그 사람만이 전달할 수 있는 컬러나 스타일은 스킬의 문제가 아니라 삶에 담긴 진심과 진정성의 문제다. 내가 하면 돋보이는 일, 아무나 할 수 없는 일을 내가 했을 때 전율하는 행복감을 느끼는 일, 내가 하면 살아 있다는 느낌이 들어서 시간 가는 줄 모르고 몰입하는 일, 내가 해냄으로써 그 덕분에 세상이 조금이라도 밝아지는 느낌이 드는 일, 내가 살아가는 이유와 나의 존재 목적에 부응하는 일, 오늘보다 더 잘하고 싶은 욕망의 물줄기를 따라 노력하며 능력이 신장되는 일, 내가 그 자리에 서 있을 때 가장 돋보이고 어울리는 일, 시작하기도 전에 심장이 뛰면서 성패에 관계없이 과정을 통해 내가 성장한다는 느낌이 드는 일이 바로 《코나투스》에서 말하는 대체 불가능한 원본으로 살아가며 하는 일이다.

오늘보다 더 잘하고 싶은 기쁨의 정서가 흐르는 길에는 《2분의 1》[**]에서 말했던 다리 떨리는 일은 절반으로 줄이고 심장 뛰는 일은 두 배로 늘리는 방법이 숨어 있다. 《2분의 1》이 추구하는 삶의 가치는 인생 후반전을 코나투스를 따라가며 행복하게 살아가는 절반의 철학에서 찾을 수 있다. 습관적으로 해 왔지만 앞으로는 끊어야 할 일을 절반으로 줄이고(1/2), 좋은 습관이나 아직 하지 않았던 일을 두 배로

[**] 유영만 지음, 《2분의 1》, 블랙피쉬, 2023.

늘리면(2), 1/2 × 2 = 1(대체 불가능한 유일한 나)이 되는 삶이다. 대체 불가능한 유일한 원본이 되기 위해 진실의 뒤안길을 걸으며 생긴 경험적 얼룩이나 무늬에 담긴 모호한 의미를 파고들며 어제와 다르게 해명하고 해석할 때 우리의 전달력은 미스터리를 밝혀내는 마스터리의 경지로 향한다.

전달력은, 기계처럼 치밀하게 설계된 계획이나 체계적으로 길러진 능력이 아니다. 오히려 삶의 이리저리 흩어진 조각들(때로는 찬란하고, 때로는 아프고, 때로는 벗겨진 구두처럼 비루한), 그 파편을 그때그때 손에 쥐어, 결국엔 '깨달음'이라는 집을 쌓아 올리는, 몸으로 터득한 실천의 지혜에 가깝다. 인간의 실천적 지혜란, 정답이 보이지 않는 딜레마와 마주쳐 머뭇거릴 때, 이리 가야 할지 저리 가야 할지 혼란스러운 순간에, 고민하고 부딪히고 때로는 쓰라린 경험마저 온몸으로 통과하며 얻게 되는 것이다. 딜레마 한가운데, 회색빛의 모호한 경계선에서, 우리는 때로는 뜻밖의 사고(事故)에 휘말리고, 그 안에서 생각지도 못한 사고(思考)가 틀을 바꾼다.

전달력 역시 우리의 삶과 동떨어져 저절로 생겨나지 않는다. 때로는 아쉽게 놓쳐 버린 어제의 기억으로, 때로는 작은 성취의 파편으로, 혹은 하루하루 반복되는 고단함 속에서도, 다양한 얼굴로 오롯이 진심을 쌓아 가며 우리 안에 깃든다. 그러니 진정한 어른이란, 이 지혜를 어떻게든 전하려 애쓰는 그 순간에 비로소 살아 숨 쉬는 존재가 아닐

까 한다. 이 책은 바로 그런, 어설프지만 진실된 어른의 '전하는 힘'에
대한 이야기이다.

차 례

WHY

PART 1. 왜 지금 전달력이 문제일까?

WHY

PART 1

왜
지금 전달력이
문제일까?

고전에서 배우는
전달자의 10가지 역할

전달력이 왜 중요한지, 지금 무엇이 문제인지 말하기에 앞서 이 책에서 말하는 전달자의 의미를 먼저 짚고자 한다. 전달자는 삶의 지혜를 자기만의 방식으로 개발, 창의적인 방식으로 영향력을 행사하는 사람이다. 천의 얼굴을 가진 니체와 같이 주어진 배경과 맥락에 따라 카멜레온처럼 역할을 수시로 바꿔 가면서 자신에게 맡겨진 본분과 임무를 최선을 다해 수행하는 사람이다. 당신은 무엇을 어떻게 전달하며 살고 있는가? 다음 표를 통해 나는 어떤 유형의 전달자인지 먼저 점검해 보자.

전달자의 10가지 대표 유형	
1. 관찰자	반복되는 일상을 관심과 애정으로 살펴본다.
2. 도전자	익숙한 도덕이나 가치 판단 기준이 과연 올바른 덕목인지 문제 삼는 것을 즐긴다.

3. 파괴자	기존 가치 체계를 전복하고 새로운 사유 체계를 증축하는 니체와 같은 사람을 꿈꾼다.
4. 창시자	누구도 걸어가지 않는 길을 걸어가며 새로운 이정표를 제시한다.
5. 수행자	한두 번의 집중적인 연습으로 세상의 이목을 끄는 사람이 아니라 꾸준히 삶을 변화시키는 덕목을 내면화시킨다.
6. 지도자	솔선수범의 리더십으로 시대를 관통하는 꿈과 비전을 제시한다.
7. 해석자	낯선 생각을 품고 있는 세상의 모든 기호의 의미를 풀어서 이해시킨다.
8. 철학자	피상보다 심층, 표면보다 이면에 담겨진 숨은 의도와 의미를 해석해서 깨우침을 전한다.
9. 교육자	무지한 상태에서 배움의 의지를 촉발시킨다.
10. 동반자	꿈꾸는 미래의 목적지로 가치를 나누며 같이 간다.

철학자나 소설가들이 추구하는 핵심적인 주장이나 개념에 비추어 전달자의 모습을 재정의해 보는 것도 의미 있는 작업이다. 어떻게 하면 진정한 전달자가 될 수 있는지 보다 쉽게 이해할 수 있고, 전달자의 진면목을 알 수 있기 때문이다.

먼저 전달자는 소크라테스처럼 질문을 던져 자신이 누구인지를 발견할 수 있는 길로 안내해 주는 마중물이자 메를로 퐁티처럼 몸으로 지각할 수 있도록 유도하는 깨달음의 변주자이다. 또한 괴테처럼 어둠 속에서도 지혜를 얻을 수 있도록 빛을 비춰 주는 등불이지 톨스토이처럼 인생의 방향을 가리키는 지혜의 나침반이다. 그리고 니체처럼 한계를 뛰어넘어 새로운 가치를 전하는 전복의 철학자이자 랑시에르처럼 배우는 사람의 의지를 촉발시키는 교육 혁명가이기도

하다. 헤르만 헤세처럼 내면의 고요와 성장을 가꾸는 영혼의 조경가이자 비트겐슈타인처럼 삶의 경험과 지혜를 매개하는 언어의 연금술사의 역할도 중요하다. 마지막으로 전달자는 들뢰즈처럼 우연한 만남을 통해 색다른 개념을 잉태하게 연결하는 우발적 마주침 디자이너이자 보르헤스처럼 삶과 상상의 경계를 탐험하며 의미의 다층적 미로를 그리는 미궁 설계자이다.

① 소크라테스의 깨달음의 불씨

: 삶의 지혜를 일깨우는 마중물

소크라테스는 직접 지식을 가르치기보다는, 질문을 던져 스스로 깨달음을 얻을 수 있도록 이끄는 '질문 중심'의 전달법, 산파술을 개발한 철학자였다. 그의 생각에 따르면 전달자란 마음속에 잠들어 있는 지혜의 불씨를 살려 내, 각자가 자기 인생의 해답을 찾아갈 수 있도록 불을 붙여 주는 촉매제와 같다. 그는 그저 '지식을 일방적으로 주입하는 사람'이 아니라, 우리 안에 잠들어 있는 존재의 본질을 스스로 찾게 도와주는 '자기 발견'의 진짜 의미와 중요성을 일깨워 준, 지식의 산파술사라고 할 만하다. 또한 소크라테스는 '아는 척'을 넘어 자신의 무지부터 먼저 인정하게 함으로써, 진정한 지혜의 길을 스스로 찾을 수 있도록 이끌어 준 조력자이자 이미 내면에 잠자고 있는 답을 찾을 수 있도록 도움을 제공하는 마중물이다.

소크라테스의 대화법은, 우리가 자신의 무지를 깨닫고, 그 안에 숨어 있던 불씨가 점차 타오르게 만들어 주는, 일종의 불쏘시개 역할을 했다. 그래서 전달자는 정답을 바로 알려 주는 사람이 아니라, 조용한 질문을 던져 마음속 깊은 곳에 잠든 불씨를 일깨우고, 그로써 마음에 파문을 일으키는 존재라고 할 수 있다. 예를 들면, 인생에 어려움을 겪는 이에게 곧장 해답을 주는 대신 "정말 너를 너답게 만드는 것이 무엇인지, 스스로 한번 생각해 봤니?"라고 묻는다. 이를 통해 상대가 마음속 답을 스스로 찾아가게, 다시 말해 내면의 소리를 꺼낼 수 있게 도와주는 질문술사의 역할을 했던 것이다. 그리고 반복되는 일상과 지루함 속에서 방향을 잃고 헤매는 이들에게는 "너는 왜 지금 이 자리에서 늘 불평을 하지만, 근본적으로 변하려는 시도는 하지 않는 것 같니?"처럼 근원적인 질문을 던진다. 이런 식의 대화를 통해, 상대로 하여금 자기 삶의 자리를 다시 생각하게 만든다.

② 메를로 퐁티의 신체적 각성
: 몸으로 익히는 경험적 깨달음의 변주자

메를로 퐁티에 따르면 '지각'이란 단순한 정신적 작용이 아니라 몸과 세계가 얽힌 살아 있는 경험이다. 전달자는 단순히 관념적으로 깨달은 앎으로 삶을 재단하는 사람이 아니라 몸이 개입되는 삶으로 앎을 만들어 가는 과정을 몸소 보이는 사람이다. 몸이 개입되지 않는 관념적 앎은 앎이다.

신체성이 개입되어 오감으로 지각할 때 비로소 사물이나 대상은 나의 의식 속으로 편입된 현상으로 재탄생된다. 객관적 관망의 대상이 의식적으로 지각되는 현상으로 탈바꿈되는 과정은 대상으로 침투된 신체성이 감각적으로 지각되는 순간이다.

전달자는 책상에서 깨달은 관념적 앎을 논리적으로 설명하는 사람이 아니라 몸으로 체득한 경험적 지혜를 행동하는 삶으로 증명하는 사람이다. 예를 들어 상실의 슬픔에 잠긴 이에게 "너의 몸이 느끼는 아픔과 무거움을 그대로 머금되, 그 몸짓과 숨결에 귀 기울여라. 슬픔은 단지 머리로 이해하는 것이 아니라, 몸과 세계가 교감하며 울리는 생명의 신호다"라고 권함으로써, 이성적 이해를 넘어 몸의 깊은 차원에서 슬픔의 진의를 체득하도록 돕는 사람이 전달자의 진정한 존재 이유 중 하나다.

③ 괴테의 빛나는 지팡이

: 어둠 속에서도 길을 안내하는 등불

괴테가 자연과 인간의 조화를 깊이 탐구했던 점을 떠올려 보면, 전달자는 삶이 어두울 때에도 한 줄기 빛처럼 희망과 방향을 제시해 주는 존재라고 할 수 있다. 예를 들어, 절망에 빠졌을 때 누군가가 건네는 "어두운 밤이 길다는 건 새로운 날이 가까워졌다는 증거야"라는 한마디가 다시 일어설 힘을 줄 수 있다. 전달자가 든 빛나는 지팡이는 절망의 어둠 속에서도 앞길을 밝혀 주는 등불이다. 어둠은 또 다른 깨달음을 얻기 위한 전주곡이다. 이전과는 다른 통찰을 얻으려면, 어둠 속에서 스스로를 들여다보는 고요한 성찰의 시간이 필요한 까닭이다. 괴테의 빛나는 지팡이는 어둠을 뚫고 앞으로 나아가는 안내자이자, 고통 속에서도 미래를 긍정하며 역경을 이겨 내게 해 주는 삶의 지혜다.

병마와 싸우는 누군가에게는 "네 몸의 고통도 결국 하나의 계절을 지나가는 폭풍일 뿐이야. 자연이 언제나 다시 꽃피듯, 그 사실을 잊지 마"라고 이야기하며, 삶의 순환을 다시 한번 떠올리게 해 주는 사람이 전달자다. 병도 결국 내 몸에 머무르는 친구일 수 있으니, 이제 그 병을 삶의 동반자로 받아들이고 사이좋게 지내는 법을 고민해 보는 것이 이 험난한 세상에서 살아가는 지혜다. 또 실패와 좌절에 빠진 예술가에게는 "밤이 깊을수록 별빛이 더 눈부시듯, 좌절의 순간이 네 예술을 더 빛나게 해 줄 거야"라고 말해 주는 사람이 진정한 전달자다. 어둠 속에서도 꺼지지 않는 내면의 불빛을 지켜 내고, 그 불빛이 더욱 밝게 빛날 수 있도록 곁에서 용기를 전해 주는 사람이 바로 전달자다.

④ 톨스토이의 영혼의 나침반

: 인생의 방향을 가리키는 깊은 지혜

삶의 윤리와 영적 진정성을 끊임없이 좇았던 톨스토이를 떠올리면, 전달자란 존재는 마치 흔들리는 영혼이 북극성을 잃지 않도록 이끌어 주는 나침반 같다. 거센 폭풍 한가운데에서도 오로지 정확한 방향을 가리키는 나침반처럼, 전달자는 삶의 본질과 가치를 놓치지 않도록 깊고 단단한 통찰을 건넨다. 흩어지는 자아와 소란스러운 세상 속에서 방황하는 이에게, 전달자는 조용히 손을 내밀어 내면의 양심과 도덕을 따라 걸어 보라고 권한다.

톨스토이는 평생 윤리적 진정성과 내면의 도덕적 나침반의 가치를 강조해 왔다. 전달자는 혼란 속에서 불안에 흔들리는 영혼에게 '내면의 북극성'이라는 희미하지만 또렷한 별빛을 건네주며, 참되고 순수한 길이 어디에 있는지 잊지 않게 해 준다. 인생의 기로 앞에 멈춰 선 이들에게 그 목소리는 다시금 속삭인다. 폭풍우가 쳐도 별은 사라지지 않고 밝게 빛나고 있으니, 자기 안의 양심이 그린 별자리를 따라 걸어가라고 말이다. 톨스토이는 수많은 소설 속에서, 부당한 권력 아래 괴로워하는 이들에게 이렇게 말한다. 당신의 마음 깊은 곳의 목소리, 즉 양심을 신뢰하라고 말이다. 이러한 말 한마디가, 누군가의 흔들리는 도덕심을 한 번 더 북돋워 줄 수 있다.

⑤ 니체의 초인의 메신저

: 한계를 넘어 새로운 가치를 전하는 전복의 철학자

니체는《차라투스트라는 이렇게 말했다》[*]에서 사회가 요구하는 인간상에 무조건 순응하는 '낙타형 인간'이나 기존 가치나 도덕적 규범을 무조건 거부하거나 저항하는 '사자형 인간'을 넘어서야 한다고 주장한다. 노예의 삶을 살아가는 낙타형 인간은 어느 날 갑자기 이렇게 사는 게 맞는지를 자문하면서 "너는 이렇게 살아야 한다"라는 도덕과 규범, 부모와 사회의 기대와 우리 내면세계를 억누르고 지배하려는 목소리에 순응하는 삶이 맞는지 회의가 들기 시작했다. 그 길이 "아니"라고 외치는 순간, "나는 내 길을 가겠다"라고 선언하면서 사자형 인간이 고개를 들기 시작했다. 사자는 싸워서 사회가 정한 낡은 가치와 도덕을 무너뜨리지만 무엇을 위해서 왜 살아야 하는지를 모르는 상태에서 무조건적 저항과 반항을 반복했다.

사자형 인간을 극복하기 위해 니체가 마지막으로 제시한 인간상이 바로 '아이형 인간'이다. 아이의 삶은 놀이가 핵심이다. 무엇을 달성하기 위한 수단이 아니라 놀이 자체를 즐기면서 사회가 정한 도덕이나 규범에 얽매이지 않고 매 순간을 놀이처럼 즐기며 새로운 가치를 창조한다. 뭔가를 반드시 해야 한다는 도덕적 의무와 규율이 무게에서 완전히 자유로운 상태로 살아가는 게 아이의 정신이 지향하

● 프리드리히 니체 지음, 정동호 옮김,《차라투스트라는 이렇게 말했다》, 책세상, 2000.

는 핵심 가치다. 니체는 아이처럼 순수하고 창조적인 정신으로 자기 삶을 만들어 나가는 사람을 초인(위버멘쉬)이라 했고, 전달자의 삶이 바로 초인의 삶과 맞닿아 있다. 전달자는 니체가 말했듯, 세상의 잣대나 기존의 가치가 아닌, 자신의 안에서 우주를 새로 쓰는 사람이기 때문이다. 즉, 전달자는 변혁과 자기 극복을 촉구하는 혁명가로서 기존 질서에 굴복하지 않고 내면의 힘으로 새로운 길을 열도록 도전하는 사람이다.

⑥ 랑시에르의 무지한 스승

: 배우는 사람의 의지를 촉발시키는 교육 혁명가

랑시에르의 《무지한 스승》**은 가르치려는 주제에 대해 알지 못하면서도 학생들이 스스로 배울 수 있도록 돕는 교사를 말한다. 스승으로서의 역할은 기존 지식의 전수가 아니라 무지한 자가 자신의 지능을 사용할 수 있도록 의지를 촉발시키는 데 있다.《무지한 스승》은 우선 모든 사람은 지적으로 평등하다고 가정하며, 따라서 무엇인가를 가르치고 배운다는 것은 유식한 스승이 무식한 제자에게 지식을 설명하거나 전수하는 과정이 아니라고 본다.《무지한 스승》에서 가장 강조하는 말은 설명의 무한 퇴행이다. 설명하면 설명할수록 제자는 설명을 또 들을 수밖에 없고 설명을 듣는 제자를 바보로

** 자크 랑시에르 지음, 양창렬 옮김,《무지한 스승》, 궁리, 2016.

만드는 원흉이라고 생각하는 것이다.

설명은 무지한 자를 깨우치고 열등한 위치에서 깨어나게 하는 데 있지 않고 오히려 항상 열등의 위치에 머물러 있게 고착화시킴으로써 영원한 바보로 전락시키는 데 있다. 배움은 설명을 통해 이루어지기보다 스승의 의지와 제자의 의지가 만나는 곳에서 불꽃처럼 섬광의 깨달음이 일어나면서 발생한다. 진정한 전달자는, 없는 능력을 키워 주는 문제가 아니라 가르치는 사람의 의지와 배우려는 사람의 의지가 만날 수 있는 조건을 만들어 나가는 혁명가다. 진짜 배움에 필요한 것은 할 수 있는지의 여부를 묻는 능력의 문제가 아니라 하려는 의지의 여부다. 뭔가를 하려는 의지가 있는 사람에게는 설명하는 스승은 불필요하다는 입장이 교육 혁명가로서 전달자의 확고한 신념이다.

⑦ 헤르만 헤세의 마음의 정원사

: 내면의 고요와 성장을 가꾸는 영혼의 조경가

전달자는 지금 이 자리에 머물고만 싶은 마음을 떨치고, 굳어진 습관과 고정관념의 틀을 스스로 깨뜨리려 애쓰는 내면의 잠재의식과 욕망에 불을 지피는, 일종의 타성 파괴자다. 헤세는 《데미안》*** 등에서 알 수 있듯 특히, 격변하는 외부 세계와 출렁이는 내면의 자연

*** 헤르만 헤세 지음, 전영애 옮김, 《데미안》, 민음사, 2000.

을 하나로 어우르며 진정한 평화를 찾으려는 노력이야말로 우리가 걸어야 할 수행임을 강조했다. 전달자는 마음속 정원에 상처와 희망이라는 서로 다른 꽃씨를 심어, 성장과 치유가 가능해질 공간을 만들어 내는 존재다. 그는 조용히 속삭인다. "상처받은 땅에 물을 주듯, 너의 영혼에도 자비와 꿈을 심어야 해." 마치 스스로 내면의 고요를 들여다보도록 우리를 초대하는 듯하다.

결국 전달자는 상처 위에도 희망의 씨앗이 뿌려져 싹틀 수 있음을, 그리고 그 작은 싹을 한결같은 마음으로 돌보며 내면의 평화와 성숙으로 이끄는 조경가와도 같다. 자아를 찾지 못해 방황하는 이들에게 그는 말한다. 고통과 인내의 과정을 두려워하지 않고, 배움의 끈을 놓지 않으면 누구든 언젠가는 성장과 성숙의 경지에 다다른다고, 마치 멀리서 어렴풋이 들려오는 희망의 메아리처럼 말이다. 인간의 성장에는 언제나 갈등과 혼란이 뒤따르고, 때론 스스로가 누구인지조차 알 수 없는 상실감에 휩싸일 때도 많다. 그럴 때일수록 그는 다정하게 권한다. "네 내면의 정원을 가만히 들여다보렴. 그리고 잡초를 뽑는 데 시간을 들이면, 그곳이야말로 네가 다시 성장을 시작하는 첫걸음이 될 거야."

⑧ 비트겐슈타인의 언어의 다리

: 삶의 경험과 지혜를 매개하는 언어의 연금술사

비트겐슈타인에 따르면 언어의 한계가 세계의 한계를 결정한다. 전달자는 살아오면서 겪어 낸 다양한 경험과 그로부터 생긴 실천적 지혜를 언어라는 다리로 후대에 이으며 전통을 만들어 가는 사람이다. 전달자는 혼란스럽고 복잡한 생각과 감정을 자기만의 언어로 표현하며 소통의 다리를 놓는 역할을 수행한다. 전달자는 누구보다도 언어를 벼리면서 바깥세상에서 보고 느끼며 깨달은 바를 창의적으로 표현, 후세에게 영향력을 행사하는 사람이다.

내가 모르는 단어만큼 내가 모르는 세계가 존재한다. 전달자의 언어는 전달자의 생각을 품격 있게 표현하는 생각의 옷이다. 전달자가 아무리 좋은 경험을 많이 했어도 색다른 언어로 다듬고 낯설게 표현할 수 없으면 타성에 젖은 언어로 전달될 수밖에 없다. 전달자는 자신의 독특한 경험을 자기만의 언어로 번역, 색다른 생각을 잉태하게 만들어 주는 언어의 연금술사다.

전달 과정에서 말문이 막히는 까닭은 내가 보유하고 있는 언어 꾸러미에 들어 있는 어휘의 경우의 수가 적기 때문이다. 전달자의 품격은 전달자가 사용하는 언어의 격, 언격과 직결된다. 전달자의 가장 중요한 무기는 언어다. 특히 틀에 바힌 언어로 누구나 알고 있는 익숙한 표현을 하기보다 자기만의 독창적인 생각을 자기만의 언어로 표현하는 사람이 진정한 전달자다.

⑨ 들뢰즈의 리좀의 메신저

: 색다른 개념을 창조하는 우발적 마주침 디자이너

들뢰즈와 가타리가 《천 개의 고원》[****]에서 말하는 리좀(rhizome)은 땅속줄기 식물처럼, 하나의 시작점이나 끝이 없이 사방으로 뻗어 나가면서 서로 다른 이질적인 것들이 자유롭게 연결되고 접속되면서 우발적으로 마주치는 유동적인 사고 체계를 말한다. 리좀에 비추어 본 전달자는, 위계적 지식을 체계적으로 설명하는 사람이 아니라 다양한 지식들이 자유롭게 연결될 수 있는 무대를 마련해 주는 사람이다. 서로 다른 참여자들의 낯선 생각들이 자유롭게 충돌하면서 수평적으로 지식을 교류하고 재구성하도록 돕는 촉진자가 되는 것이다. 마치 땅속에서 다양한 줄기들이 예상치 못한 방향으로 얽히고설키며 새로운 네트워크를 만드는 것처럼, 전달자도 고정된 루트가 아니라 다채로운 접속 가능성을 다양한 방식으로 열어 놓음으로써 학습자 스스로 리좀의 다양한 가능성을 실험하게 만드는 역할이다.

따라서 기존 지식을 전수하는 수준을 넘어서서 낯선 지식과 만날 수 있는 계기를 열어 주는 게 전달자의 중요한 역할이다. 즉 전달자는 지식의 단순 전달자가 아니라, 지식의 끊임없는 흐름과 확장을 위한 유동적인 통로를 개척하는 사람에 가깝다. 한마디로 리좀 개념을 전달자에 적용

[****] 질 들뢰즈·펠릭스 가타리 지음, 김재인 옮김, 《천 개의 고원》, 새물결, 2001.

하면, 전달자는 청중에게 지식을 소개하는 매개자가 아니라 지식과
사유의 역동적인 네트워크를 구축하고 끊임없이 변화를 이끌어 내
는 존재다.

⑩ 보르헤스의 미궁의 설계자

: 의미의 다층적 미로를 그리는 안내자

보르헤스는 현실과 환상의 경계가 모호한 다층적 미궁 속에 인
간 존재의 본질을 숨기는 탁월한 문학적 재능을 보여 준 작가다. 보
르헤스에 비추어 보면 전달자의 역할은 각자가 미로 속에서 스스로
길을 개척하도록 이끌며, 미궁 자체가 곧 다양한 의미로 해석될 수
있는 다층적 구조임을 보여 주는 데 있다. 예를 들어 이전에는 교사
가 특정 이론이나 역사적 사건을 완벽하게 정리해서 학생들에게 "이
게 정답이야!"라고 가르치고 학생들은 그 길을 따라가서 정답만 맞
히면 되는, 즉 정답만 찾으면 되는 직선주로형 교육을 강조했다. 반
면에 미궁 설계자형 전달자가 하나의 역사적 사건을 가르칠 때, 단
순히 연대기를 읊는 게 아니라 여러 학자의 상충하는 해석, 당시 인
물들의 다양한 입장, 그리고 현재 이 사건이 사회에 미치는 영향 등
갈등하는 관점을 제시하고 "자, 너희는 이 자료들을 통해 어떤 이야기를 만들
고 싶니?", "어떤 결론을 내리고 싶니?" 하고 질문을 던짐으로써 학생들이 스스로
미궁 속에서 빠져나올 수 있는 안목과 혜안을 기르는 데 목적이 있다.

마치 다양한 실마리가 얽힌 거대한 미궁을 보여 주고, 학생들이 각자 탐험하며 자신만의 의미를 찾아 나가도록 이끄는 데 주안점을 둔다. 선생님은 길을 가르쳐 주는 게 아니라, 의미를 탐험할 수 있는 미궁 자체를 설계하고, 필요한 순간에 잠시 힌트를 주는 안내자로 머무르는 것이다.

2

정답 중독 사회를 이기는
소통의 기술

전달력은 인식하지 못하는 사이 내 몸 어딘가 깊이 새겨지는, 정체를 알 수 없는 '눈먼 각인'에서 비롯된다. 책을 읽다 보면, 문장 하나가 불덩이처럼 가슴을 찌르는 순간이 있다. 그동안 믿어 왔던 통념이 산산조각 나는 아픔, 그 상처조차도 역시 '눈먼 각인'으로 남는다. '눈먼 각인'이란, 어느 순간 예기치 않게 외부의 자극이 나에게 강렬한 인상과 감각을 남겼지만, 말로는 좀체 표현할 수 없는 흔적이나 얼룩이다. 이 각인은 우연히 맞닥뜨린 특정 시점과 상황 속에서 내 몸에 남은 전율의 경험, 아주 독특하고 고유한 과거의 감각과 추억이기도 하다. 한마디로, 의식하지 못하는 사이에 깊이 박힌 인식의

● 리처드 로티 지음, 김동식·이유선 옮김, 《우연성, 아이러니, 연대》, 사월의책, 2020.

틀이자, 충격적인 경험이 남긴 감각의 흔적이자 얼룩이다. 예를 들면 사업을 하다 크게 넘어지고, 후회와 반성의 시간을 거쳐 그 실패의 원인을 깨달았을 때, 그 경험은 색다른 실력으로 체화돼 나도 모르게 내 안에 각인되어 있다. 이런 '눈먼 각인'들은 바르트가 말한 '무딘 의미'[**]로도 볼 수 있다. 이 '무딘 의미'는 누군가의 해석과 그가 놓인 상황에 따라 제각기 다르게 읽힌다. 한 가지 명쾌한 정의나 해답이 아니라 언제나 여러 방향으로 열려 있는 가능성의 문인 셈이다.

바로 이 지점에서, 전달력은 새로운 출구를 찾는다. 무언가를 딱 떨어지게 설명하는 힘보다는 다양한 해석과 답이 가능하도록 여지를 남겨 두는 열린 전달력, 그리고 청중이 저마다 스스로 해답을 찾아가게끔 돕는 미완의 전달력이 어쩌면 더 근원적인 힘일지 모른다. 바르트의 '무딘 의미'는 결국 레비스트로스가 말한 브리꼴레르[***] 유형의 어른을 통해 비로소 생명력을 얻는다.[****]

[**] 롤랑 바르트 지음, 김인식 옮김, 《이미지와 글쓰기》, 세계사, 1993.

[***] 클로드 레비스트로스 지음, 안정남 옮김, 《야생의 사고》, 한길사, 1996.
유영만 지음, 《브리꼴레르》, 쌤앤파커스, 2013.

[****] 전달력이라는 마스터리의 난관을 뚫는 길을 리처드 로티는 《우연성, 아이러니, 연대》에서 모색한다. 그의 '눈먼 각인'이라는 개념 속에는 롤랑 바르트가 《이미지와 글쓰기》에서 말한 '무딘 의미'가 스며 있다. 그리고 이 2가지는 다시 인류학자 레비스트로스가 《야생의 사고》에서 이야기하는 '브리꼴레르'의 방식과 맞닿아 있다. '눈먼 각인'과 '무딘 의미', 그리고 '브리꼴레르'라는 세 키워드는 우리가 갖춰야 할 전달력의 본질이 무엇인지, 그리고 왜 진정한 의미의 전달이 근본적으로 불가능에 가까운지를 낯선 방식으로 설명해 준다. 이 3가지는 어느 날, 불현듯 우리 삶의 한 자락에서 만난다.

브리꼴레르는 흔히 말하는 책상머리 똑똑이와는 거리가 멀다. 이들은 사전에 철저히 준비하고 계획을 세우기보다는, 지금 내 손에 쥔 경험과 도구, 주어진 순간의 자원을 최대한 활용한다. 남들이 마련해 둔 지식의 지도보다 자신의 감각과 시행착오를 앞세운다. 그래서 이들은 익숙한 길을 고집하지 않고, 미지의 의미가 숨어 있는 골목을 맨몸으로 파고든다. 브리꼴레르는 끊임없이 시도하면서, 이전에 없던 새로운 소통 방식을 찾고 만들어 내는 실전의 장인이다.

전달력이라는 지혜는 책상 위의 공식에서 빚어지는 게 아니다. 몸으로 부딪히고, 실수하고, 다시 일어서며 이전과는 다른 방법을 끈질기게 모색하는 과정에서 비로소 길러진다. 그렇게 몸에 밴 신념, 가슴 깊은 열정과 용기로 쌓은 자신감은 겸손이라는 이름으로 내면에 남곤 한다. 어른이 갖춰야 할 전달력은 거창할 것도, 완벽할 것도 없다. '눈먼 각인'에 숨어 있는 투박한 '무딘 의미'를 이리저리 굴려 보고, 동원할 수 있는 온갖 방법과 언어들을 섞어 가며, 번번이 시행착오를 겪으면서 조금씩 전달의 오차를 줄여 나가는 브리꼴레르의 분투, 바로 그 자체인 것이다.

브리꼴레르는 삶으로 앎을 재단하는 지행합일이다

이 브리꼴레르다운 어른들은, '무딘 의미'를 전하려고 일부러 거창한 계획이나 값을 매긴 도구를 끌어오지 않는다. 그 대신 그들이 가진 건, 삶이라는 커다란 잡동사니 창고에서 주운 온갖 것들이다. 오래전에 저질렀던 실수, 어쩌다 한 번 거둔 작은 성공, 누군가 스쳐 가며 흘린 이야기, 고단했던 순간 굳어 버린 표정, 때로는 투박하고 거친 손짓까지, 이 모두가 브리꼴레르가 삶의 지혜를 건넬 때 꺼내는 비장의 무기이자 재료다. 브리꼴레르는 자신이 품고 살아온 삶의 파편들을 이리 맞춰 보고 저리 돌려 보다가, 필요하다면 그 자리에서 엇비슷하게 끼워 맞추며 즉흥적으로 새로운 의미를 빚어낸다. 마치 집에 남은 재료로 뚝딱 맛을 내는 할머니 손길처럼, 늘 어깨에 익힌 대로 순간순간 가용한 것을 더하며 원하는 목적지에 다가간다. 브리꼴레르는 이론의 칼날로 삶을 재단하는 차가운 '지행일치(知行一致)'의 달인이 아니라, 끝내 삶 그 자체로 앎을 증명해 내는 '지행합일(知行合一)'의 상징인 것이다.

그래서 브리꼴레르는 책상머리에 앉아 내리는 완벽한 설명과는 다소 거리가 있다. 그들이 고집하는 건, 삶이 직접 흘려 준 지혜를 정제하지 않은 채, 투박하고 담백하게, 가공하지 않은 언어로 건네는 방식이다. 어른들의 말은 때론 정교함에서 한발 비켜나 있지만, 그 안의 진정성만큼은 제아무리 세련된 논리보다 더 깊게 가슴에 박힌다. 서툴고 소박하지만, 정말 뼛속까지 겪어 낸 삶의 지혜가 자기만의 방식, 자기만의 언어로 전해질 때, 그 무디게만 느껴졌던 의미들은 점차 진짜 얼굴을 드러낸다.

진짜 어른은, 자기 몸과 마음에 새겨진 불확실하고도 흐릿한 '무딘 의미'를 어떻게든 다음 세대에게 건네주기 위해 애쓴다. 하지만 이를 완벽한 매뉴얼이나 공식으로 정립할 방법은 애초에 존재하지 않는다. 그래서 어른들은, 레비스트로스가 말한 브리꼴레르처럼, 당장 눈앞에 있는 모든 것을 꺼내 들고, 자신만의 방식으로 천천히, 한 조각씩 의미를 건네는 것이다.

브리꼴레르는 철저한 준비와 계획보다
문제 상황이 요구하는 대로 문제를 푼다

브리꼴레르는 애초에 치밀한 계획을 세워 모든 일을 그 틀 안에서 진행하지 않는다. 예기치 못한 위기 앞에서 매뉴얼을 뒤적이거나, 정답을 찾아 허둥거리지 않는다. 주변을 둘러보고, 지금 당장 내가 손에 쥔 것들은 무엇인지, 쓸 만한 자원과 지식, 도구들을 재빠르게 확인한다. 그리고 있는 그대로의 상황을 직시하여 자신만의 방식으로 이리저리 시도하며 최선의 해법을 모색한다.

어떤 일을 언제, 어떻게 해야 할지 미리 정했다 하더라도, 정작 현실은 그 계획 따위가 소용없게 되는 순간이 빈번하다. 전달력도 이와 크게 다르지 않다. 세상을 살아오며 체득한 경험적 지혜는 종종 '눈먼 각인'처럼 마음속에 숨어 있다가, 막상 누군가에게 전하려고 할 때 갑자기 무수한 '무딘 의미'의 모습으로 불쑥불쑥 떠오른다. 저마다 흐릿한 이미지로 피어나지만, 정작 그게 무슨 의미인지 뚜렷하게 말을 잇기는 쉽지 않다. 이럴 때 브리꼴레르는 불쑥 옛이야기를 꺼내며, 그 안에 담긴 메시지가 바로 '무딘 의미'의 세계라고 에둘러 설명하곤 한다. 하지만 그렇게 전해도 여전히 옛이야기는 본질을 말해 주지 못한 채 의미의 주변에서 맴돌 뿐이다.

그래서 비유를 들기도 하고, 적절하게 명언을 곁들이기도 하며, 말의 이면에 숨어 있는 숨은 의미를 비추려 애쓴다. 정해진 매뉴얼도, 공식도 없는 상황에서 브리꼴레르는 다소 어설프고 즉흥적이지만 시도할 수 있는 모든 방법을 동원한다. 수없이 실패하고 헤매다가, 마침내 언어로는 다 담아낼 수 없을 만큼 복합적인 삶의 지혜를 자기만의 방식으로 전하게 되는 것이다.

전달력은 '무딘 의미'를 해석하고 전달하는
브리꼴레르의 안간힘이다

전달력은 주어진 말을 가공해 번듯하게 포장, 언뜻 그럴듯하게 만들었다고 갑작스레 높아지지 않는다. 오히려 불완전하고 투박한, 정제되지 않은 원석 같은 '무딘 의미' 속에서 제 빛을 찾는다. 만약 우리의 어른들이 정답에 이르는 유일한 방법만을 처방해 주었다면, 이 세상에는 더는 다른 경우의 수가 없었을 것이다. 답을 따로 생각할 필요조차 들지 않았으리라.

아직 다 알지 못하지만, 우리는 그 '무딘 의미'를 천천히 곱씹고, 삶에 덧씌워 본다. 어떻게 내 것으로 만들지 고민하면서, 결국엔 자기 안에 쌓아 둔 경험과 깨달음의 결이 비로소 어른들의 지혜와 겹친다. 이 배움과 익힘의 여정이 바로, 삶이 우리에게 주는 유일한 선물이다. 나는 이 책에 어른들의 삶, 그리고 그 속에 빛나는 지혜의 조각들을 담으려 한다. 왜 어른들의 지혜는 언제나 명확하게 언어로 정리되지 않는지, 왜 '무딘 의미'로만 남게 되는지, 그리고 브리꼴레르 같은 존재 즉, 주어진 것들을 자신의 방식으로 뚝딱뚝딱 이어 붙이는 존재가 왜 한 가지 정답만을 고집하지 않는지에 대해서도 이야기하고 싶었다.

전달력이란 결국 '무딘 의미'라는 덩어리 속에서 잠재운 뜻을 저마다 다른 방식으로 살아온 날의 문맥 위에서 해석할 수 있도록 문을 열어 주는 힘이 아닐까? 그래서 때로는 혼란스럽고, 분명하지 않지만, 그 모호함을 견뎌 보는 중에 각자의 답이 피어난다. 무엇보다 전달력은, 우리 가슴에 아무렇게나 각인된 '무딘 의미'를 자기만의 언어로 날마다 벼리고 또 벼리면서 마침내 마음에 깊이 꽂아 넣으려 애쓰는, 그 고단한 끈질김이다. 어쩌면 너무 복잡하고 어설퍼 보여서, 심지어 완성되지 않은 덩어리 같아 보여도, 그렇기에 더욱 살아 있는 지혜다. 이전의 많은 사람들이 오랜 세월 삶이라는 험난한 재료 더미 속에서 간신히 길어 올린 '눈먼 각인'들, 그 속에서 길어 낸 '무딘 의미'와, 그것을 우리에게 전하려는 엇갈리고 덤벙댄 애씀을 이 책 가득 녹여 내고 싶었다.

　　지혜라는 것은 몇 마디 언어로 또렷하게 정리될 수 없는 조건부, 미완의 가능성 그 자체 속에 숨어 있다. 그 역설적인 진실을 오래오래 들여다볼 때, 나도 모르는 사이 인생의 내공은 조금씩 길러진다. 이 책을 덮는 순간, 당신도 알게 될 것이다. 우리의 모든 순간은 언제나 지혜로 도약하는 비밀스런 찰나였고, 그런 지혜를 건네는 최선의 방식이란 결국 브리꼴레르처럼 자기 손에 쥔 모든 것을 동원해 불확실한 '무딘 의미'를 한 꺼풀 한 꺼풀 벗겨 가려 고군분투하는, 그 지난한 노력 말고는 없다는 사실을.

3

왜 당신의 말과 글에는 울림이 없는가?

똑같은 메시지라도 그것이 어떤 맥락에서 무슨 사연과 배경을 품고 있는지, 그것을 통해 공감하려는 강사의 전달 의도가 무엇인지를 청중이 이해하지 못할 때 여기서 일어나는 커뮤니케이션은 심각한 오해의 다리를 건너가 돌이킬 수 없는 불통의 장벽을 만든다. 똑같은 메시지를 전달하는데 한쪽 청중은 폭풍 반응과 함께 무한 감동을 보내지만 또 다른 청중의 일부는 심각한 오해로 받아들여 자신들을 무시했다는 생각지도 못한 반응을 보이기도 한다.

모든 발언(發言)은 언제나 맥락을 배경으로 대어난다. 어떤 맥락에서 그런 발언을 했는지를 알면 발언자의 진의를 파악할 수 있다. 하지만 발언이 이루어진 맥락을 거세하고 발언으로 나타난 텍스트만을 드러내면 발언자의 진의와 관계없이 심각한 의문의 표현으로 구설수에 오를 수 있다. 전달하는 사람은 청중이 재미있게 들을 수 있도록 성인 수준에 맞는 농담을 던진다. 농담이 농담으로 받아들여지기 위해서는 전달자의 진의(眞意)와 진의에 대한 청중의 의미 해석이 맞아떨어져야 한다. 만약 강사가 전달하는 메시지의 진의가 어떤 맥락에서 사용된 것인지를 이해하지 못할 때 농담은 진담으로 받아들여져 비하 발언이나 청중을 무시하는 언사로 오해되는 경우가 생긴다.

맥락을 파악할 것이라는 가정 위에 던진 화두가 맥락 없이 겉으로 드러난 텍스트 메시지만을 탈취해서 받아들여질 때 오해를 넘어 청중 비하 발언으로 오점을 남길 수 있음을 그간의 경험을 통해 깨달았다. 전달자의 설명이 부족했거나 전후좌우 맥락을 충분히 이해할 수 있는 기반이나 무드를 조성하지 않고 단도직입적으로 말하지 않았나 하는 자책도 했다. 오해가 발생한 필자의 몇 가지 발언을 그것이 사용된 맥락과 함께 되짚어 보겠다.

케이스 1

《나무는 나무라지 않는다》라는 책을 쓴 적이 있다. 인간은 나무만도 못하다는 점을 인문학적으로 증명하려는 의도가 일부 반영된 책이라고 설명했다. 영하 20도 되는 혹한의 겨울밤에 나무 옆에 가서 홀딱 벗고 하룻밤을 나무 옆에서 자고 나면 사람은 얼어 죽지만 나무는 얼어 죽지 않는다. 이런 점에서 나무는 인간보다 위대하다고 생각할 수 있지 않을까? 이런 전제와 가정으로 과연 강사가 진지한 표정으로 청중을 향해 나무만도 못한 부족한 인간이라고 말했을까? 나무가 살아가는 방식에서 우리가 배워야 할 점을 부각하기 위해 던진 농담 한마디가 전후좌우 맥락을 떠나서 청중 비하 발언으로 낙인찍힌 것이다. 또 다른 오해는 개념 간 차이점을 설명하면서 발생했다. 병마개와 병뚜껑, 방망이와 몽둥이, 엉덩이와 궁둥이 등의 개념적 차이점을 대부분의 사람이 분명하게 이해하지 못한다는 점을 강조하기 위해 던진 "여러분은 거의 개념이 없으신 것 같아요"라는 말도 진담으로 받아들여져 심각한 오해의 불씨를 키운 발언이 되었다. 개념이 없는 인간이라는 말을 강사가 어떤 자세와 태도로 청중을 향해서 던지는지, 어떤 상황에서 무슨 의도로 사용하려는지 의중을 파악했다면 그런 오해는 발생하지 않았을 것이다.

'사랑해'라는 말도, 사랑이 싹트는 초반에 하는 말과 어느 정도 매너리즘에 빠졌을 때 하는 '사랑해'와 사랑이 식이 갈 때 하는 '사랑해'는 똑같은 말이지만 천지 차이가 있다. 우리가 무의식중에 사용하는 이런 흔한 말의 미묘한 차이를 모를 경우 우리는 생각을 적확하게 표현할 수 없는 개념 없는 인간으로 전락할 수 있음을 예를 들어 설명한 것이 오해의 불씨를 키운 것이다.

케이스 2

로댕의 '생각하는 사람' 조각 이미지를 보여 준 다음 바로 숨기고 나서 방금 본 것과 똑같은 자세로 생각하는 자세를 취해 보라고 요청했다. 우리가 흔히 봤지만 실제로 자세히 보지 않아서 로댕의 '생각하는 사람'과 똑같은 자세를 취하지 못한다는 점을 강조하기 위해 청중에게 요구한 실험이다. 이 '생각하는 사람'은 오른쪽 팔꿈치를 왼쪽 허벅지 위에 올려놓고 생각하는 자세를 취하고 있다. 하지만 청중은 편한 대로 오른쪽 팔꿈치를 그냥 오른쪽 허벅지 위에 올려놓고 같은 자세라고 착각한다. 이런 청중들에게 농담 삼아 웃으면서 던진 말, "여러분은 생각이 없는 인간 같아요"라는 말이 청중 비하 발언으로 심한 항의를 받았다. 과연 청중들에게 진짜 생각이 없는 인간이라고 야단을 친 발언일까?

또 다른 사례도 곤혹스러웠다. 우리 생각이 바뀌지 않는 이유는 늘 다니던 곳에만 반복해서 왔다 갔다 하기 때문이다. 프랑스 철학자 들뢰즈는 이런 생각을 강조하기 위해서 아장스망(agencement)이라는 개념을 창안했다. 영어로 번역하면 배치(arrangement)라는 의미다. 내가 마주치는 사물이나 환경과의 배치가 바뀌지 않으면 내 생각도 쉽게 바뀌지 않는다. 이 점을 강조하기 위해 이런 질문을 던졌다. 1년 365일 중에서 여러분이 가장 자주 가는 곳 두 군데를 이야기해 보라고. 아침에 학교 갔다가 저녁에 집에 간다는 대답이 나왔다.

그래서 화답한 말이 "학교에 갔다가 집에 가니까 여러분이 이렇게 되신 거예요"였다. 우리 생각을 바꾸려면 우리가 자주 가는 곳을 바꿔야 한다. 이 점을 강조하기 위해 농담으로 "여러분, 학교에 안 가도 되는 날은 학교 가지 말고 집에 안 가도 되는 날은 자주 집에 가지 마세요"라는 농담을 던졌다. 그런데 여기서 또 문제가 발생했다. 집에 가지 말라는 말을 했다고 청중이 화가 난 모양이다. 나의 진의는 우리가 자주 가는 곳을 바꿔야 우리 생각이 바뀐다는 의도로 말한 것이다.

막걸리 하면 퍼뜩 떠오르는 단어를 생각해 보라고 했다. 비 오는 날, 파전, 등산과 같은 말을 떠올렸다. 우리가 막걸리에 대한 글을 쓴다고 가정해 보자. 내가 막걸리에서 연상되는 단어를 연결해서 글을 쓸 것이다. 등산 갔다 와서 비 오는 날 파전과 함께 막걸리를 마셨던 추억이 많이 떠오를 것이다. 우리가 막걸리에 대한 상상력이 이 모양 이 꼴인 이유는 막걸리를 늘 마시던 방식으로 마셨기 때문이다. 글쓰기는 발상이 아니라 연상이다. 막걸리에 대한 새로운 글을 쓰려면 막걸리에서 연상되는 단어를 바꿔야 한다. 예를 들면 막걸리 안주로 스테이크를 먹어 보는 색다른 시도를 한다든지 말이다. "막걸리를 새벽까지 마시고 학교를 못 갔던 경험이 있어야 막걸리와 새벽을 연결시켜 세계 최초의 새로운 글을 쓸 수 있다"고 청중에게 강조했다. 막걸리를 새벽까지 마시고 취해서 학교를 못 갔던 아픈 경험을 강조하기 위해 했던 발언은 역시 맥락성을 잃고 막말이라는 항변이 들어왔다. 우리가 이전과 다른 방식으로 막

이해해 줄 것이라고 가정한 표현이 오해를 불러오고 청중 비하 발언으로 이어진 사례에서, 커뮤니케이션에서 발생하는 생각지도 못한 사고(事故)를 심각하게 사고(思考)해 보는 발판이 되었다. 분명한 점은 강사는 본래 청중을 비하 또는 무시하는 발언을 할 의도가 없었다는 것이다. 문제는 농담을 표현하는 방식과 그것이 사용되는 특정한 맥락에 대한 올바른 이해가 전제되지 않을 때다. 강사의 청중 이해 부족에서 생기는 문제일 가능성도 없지 않다. 똑같은 농담도 어떤 청중에게는 통하지만 다른 청중에게는 통하지 않는 경우가 있기 때문이다. 강사의 농담이 농담으로 전달되기 위해서는 농담을 통해 전달하려는 진의를 청중이 제대로 이해할 수 있도록 충분한 배경과 맥락적 정보가 청중의 수준에 맞게 제공되어야 한다. 강사의 의중과 의도를 청중이 오해하지 않도록 전달하기 위해서는 의미 이해에 적합한 사례나 에피소드에 대한 공감대가 형성될 필요가 있다. 사례나 에피소드는 강사에게는 직접 겪은 당사자적 체험이지만 청중에게는 처음 들어 보는 낯선 경험일 수 있기 때문이다. 항상 듣는 사람을 배려하는 태도를 가져야 할 것이다.

전달하고 싶은 메시지와 전달해야만 되는 메시지보다
더 중요한 메시지가 있다

어떤 메시지를 상대에게 전달할 때, 그 메시지는 '전달해야 할 메시지', '전달하고 싶은 메시지', '전달할 수 있는 메시지', '전달할 수 없는 메시지'로 구분해 볼 수 있다. 전달해야 할 메시지와 전달하고 싶은 메시지는 청중의 관심과 현재 처한 상황에 관계없이 말 그대로 자기 마음대로 전달해야 될 의무적인 메시지만 전달하면 된다. 그 메시지를 받는 사람에게 어떤 도움이 되는지는 안중에도 없다. 오늘 이런 메시지를 전달해야 한다는 당위가 '자기에 대한 기대를 스스로 달성하는 것'이고, 오늘은 이런 메시지를 전달하고 싶다는 희망이 지향하는 방향은 '자기의 욕망을 스스로 충족시키는 것'에 지나지 않는다. 하지만 결여나 결핍이 먼저 존재하고, 내가 전달하고 싶은 메시지가 그들에게 도움이 될 때, 전달력은 힘을 받기 시작한다.

성숙한 전달자는 그냥 내뱉고 싶은 말, 혹은 사회가 "이건 해야 해!"라고 강요하는 말을 앵무새처럼 읊는 게 아니라, 진짜 내 것이 되어서 전달할 수 있는 메시지를 전달하려고 항상 노력한다. 이러한 사람은 단순히 말을 잘한다는 차원을 넘어서 책임감, 진정성, 그리고 무엇보다 경험에서 우러나온 겸손한 지혜를 메시지에 녹여 내어 청중에게 삶을 되돌아보고 내다보는 발판을 마련할 수 있게 만든다.

'하고 싶은 일'만 하는 전달은 안하무인형 전달이다. 튀고 싶어서, 내 주장을 펼치고 싶어서 하는 전달이다. 그냥 어느 순간 욕망을 자극하는 외부적 자극에 대한 즉흥적 반응으로 전달하고 싶은 메시지가 떠오를 때가 많다. 전달자가 전달하고 싶은 메시지를 중심으로 디자인되기 때문에 듣는 사람의 반응이 생각보다 없는 경우가 많다. 내가 전달하는 메시지가 청중들에게 어떤 의미로 받아들여질지, 듣는 사람의 입장에서 어떻게 받아들이면 좋은지를 사전에 염두에 두지 않는 경우가 많다. 자신이 하고 싶은 말만 일방적으로 쏟아 낸다. 이러한 전달자의 가장 심각한 문제는 직접 경험해 보지도 않았거나 검증되지 않은 정보를 자신의 취향과 선호도에 따라 무작위로 편집, 청중에게 전하는 것이다. 마치 자신이 직접 해 본 것처럼 이야기하는 경우도 많고, 화려한 수식어와 현란한 구호를 외치지만 구체적이고 현실적인 대안이나 깊이 있는 통찰이 없어 듣는 이에게 공허함을 주는 경우가 많다. 최신 트렌드라면 무조건 따라가야 할 취향이라고 판단, 맹목적으로 쫓아가며, 본인이 직접 검증하지 않은 정보나 의견을 마치 정답인 양 강력하게 주장하는 경우가 비일비재하다.

두 번째로 '해야 할 일'만 하는 전달은 미숙한 전달이다. 아침에 일어나서 운동해야 건강에 좋다와 같은 당위론적 이야기는 누가 결정한 규칙이나 습관인지는 모른다. 당위론적 주장은 누군가 좋다고 하니까 나도 해야 된다는 식으로 전달하는 스타일이다. 이건 '원칙적으로 옳으니까', '그렇게 하는 게 맞다고 하니까', '누군가로부터 하라고 지시받았으니까' 그냥 해야 된다고 말하는 메시지 전달이다. 맞는 이야기이고 옳은 이야기지만, 듣는 사람의 마음을 움직이거나 공감을 얻기 힘들다.

셋째, '전달할 수 있는 메시지'를 전달하는 것은 숙련된 전달이다. 본인이 실제로 경험하고 체화한 것, 깊이 고민하고 탐구해서 얻은 통찰, 그리고 무엇보다도 자신의 능력이나 실력이 현재 청중이 겪고 있는 결여나 결핍 상태를 충족시켜 줄 하나의 대안이 될 수 있다는 전제에서 전달이 시작된다. 듣는 사람은 메시지에서 진정성과 무게감을 느끼고, "아, 저 사람 이야기라면 믿을 수 있겠다"라고 생각하게 된다. 단순히 지식 전달을 넘어 인생의 전환점을 마련하는 지혜가 녹아 있어서 해당 분야의 결여를 느끼는 청중에게도 도움이 되는 메시지 전달이다. 젊은 시절 온갖 실패와 좌절을 겪었지만 포기하지 않고 일어선 사업가가 자신의 고난과 극복 과정을 솔직하게 공유하는 연설. "난 이만큼 힘든 일을 겪었지만, 이겨 낼 수 있었다. 여러분도 할 수 있다!"라는 메시지에는 그의 삶 전체가 녹아 있어서, 청중에게 강력한 용기와 영감을 준다. 후배가 막막한 상황에 처했을 때, 단순히 이론을 나열하거나 "열심히 해!"라고 말하는 대신, 자신의 수많은 경험을 바탕으로 "이런 상황에선 이렇게 하면 되더라", "이건 네가 이러이러한 부분을 놓쳐서 그래"라며 구체적이고 현실적인 해결책을 제시해 주는 경우, 실제로 할 수 있는 조언을 해 주기에 후

배에게 큰 도움이 된다.

마지막으로 '전달할 수 없는 메시지'를 전달하는 것이 진정한 전달력이다. 내가 갖고 있는 전문성도 극히 제한된 분야의 깊이 있는 전문성이라 한 걸음만 옆으로 옮겨도 내가 모르는 분야의 전문성이 기다리고 있음을 깨달은 사람이 전달하는 메시지다. 이런 사람은 자만하지 않는다. 오히려 '아, 이건 내가 아직 잘 모르네', '이 분야는 내 전문이 아니야'라고 생각하며 배우려는 노력을 멈추지 않는 사람이다. 이렇게 자기 한계를 인정하는 순간, 뇌가 딱 빈 공간을 감지하고 비어 있는 공간을 채우려는 본능적인 학습 욕망이 생긴다. 지금까지 살아오면서 그나마 이 정도의 깨달음을 갖게 된 것도 늘 부족하고 모자라서 미완성을 채우려는 안간힘 덕분이라고 고백한다. 외부의 타자에게서 배운 덕분에 지금 이 순간에도 그나마 누군가를 위해 내가 하는 일로 도움을 주기 위해 메시지를 전달하는 것이다.

진정한 전달자는 생각지도 못한 일이 일어나는 과정을 담담히 받아들이고, 그 속에서 삶의 지혜를 배우고 나누려는 사람이다. 생각지도 못한 사고를 당해도 걸림돌에 넘어진 운이 나쁜 사례로 생각하지 않고 오히려 기존 사고를 바꿀 수 있는 디딤돌로 생각한다. 생각지도 못한 사고를 당해서 놀라긴 했지만 그 놀람으로 인해 기존의 생각의 틀 밖에서 뜻밖의 사고를 설명할 수 있는 대안을 모색하는 기회라고 생각하는 사람이 진정한 어른이자 전달자이다. **전달력이라**

는 지혜는, 바로 이런 삶의 지혜가 깨우침과 가르침의 원료로 사용되는 활동을 자

기 일이자 삶이라고 생각할 때 비로소 일어나는 것이다.

4

전달에 실패하는 것은
실패를 전달하는 것이다

비 오는 어느 날 카페에 잔잔한 재즈 음악이 흐르고, 따뜻한 커피 향이 감도는 자리에 소설가 배수아, 아리스토텔레스, 존 듀이, 마이클 폴라니, 자크 데리다, 조지 레이코프가 한자리에 모여 앉은 이유는 무엇일까? 소설가 배수아의 언어의 틈새, 아리스토텔레스의 실천적 지혜, 존 듀이의 하나의 경험, 마이클 폴라니의 암묵적 지식, 자크 데리다의 차연, 조지 레이코프의 체험적 은유에 비추어 왜 우리는 자신의 경험적 지혜를 전달하지 못하는지를 토론해 보고 더 나아가 전달력이 지향해야 할 이상적 방향에 대해 이야기를 나누는 시간을 기획해 보았다. 사회자는 이 토론의 기획자인 지식생태학자 유영만 교수이다.

언어의 틈새는 의미가 새롭게 잉태되는 창조적 공간이다

지식생태학자 유영만: (따뜻한 차 한잔을 건네며) 이런 궂은 날씨에도 소중한 시간을 내 주셔서 진심으로 감사드립니다. 저는 평생 동안 '어른의 전달력'에 대해 연구하고 개발해 왔습니다. 그런데 깊이 파고들수록, 삶으로 축적한 실천적 지혜를 올바르게 전달하는 게 얼마나 어려운 일인지를 실감하고 있습니다. 그럼에도 불구하고 저마다 다른 삶으로 깨달은 실천적 지혜를 전달하는 과정에서 왜 실패할 수밖에 없는지 근본적인 이유를 해명하고 싶었습니다. 우선 자신이 주장하는 핵심 개념에 비추어 어른의 전달력이 지향해야 할 이상적인 방향을 간략하게 제시해 주시고, 왜 어른은 전달에 실패하는지, 자신의 철학적 신념을 담은 핵심 개념에 비추어 설명해 주시면 좋겠습니다.

배수아: (찻잔에서 피어나는 김을 물끄러미 바라보다가 잔잔한 목소리로) 음… 제가 《당나귀들》[*]에서 언급한 '언어의 틈새'라는 말이 있잖아요. 저는 바로 그 틈새에, 어른이 전달하는 힘이 가야 할 방향이 있다고 생각해요. 우리가 오랜 시간 살아오면서 쌓아 온 경험적 지혜라는 건 사실 너무나도 개인적이고 감각적인 데다, 어떤 건 말로는 도저히 나 드러낼 수가 없거든요. 아무리 많은 말을 해도 다 전하지 못하는 미묘한 차이들, 말과 말 사이에 숨은 의미, 그리고 듣는 사람이 스

---

[*] 배수아 지음, 《당나귀들》, 이룸, 2005.

스로 채워야 할 여백들이 늘 남아 있는 것처럼요.

기쁨, 슬픔, 성공, 실패… 이런 경험들이 차곡차곡 쌓여, 결국엔 아주 복잡하고도 미묘한 '지혜의 덩어리'가 됩니다. 문제는 이 지혜가 단순한 정보가 아니라, 감정이나 직관, 맥락, 그리고 비언어적인 부분까지 모두 포함한다는 점이에요. 그래서 언어의 틈새가 생길 수밖에 없는 거죠. 아무리 조심스럽고 정성스럽게 말을 한다 해도, 우리가 가진 언어가 이 모든 것을 다 담아내진 못해요. 언어라는 건 본래 선형적이고, 개념적으로 배열되지만, 사람의 경험은 훨씬 입체적이고 모호한 지점이 많잖아요. 말로는 도저히 설명이 안 되는 감정이나, 순간 번득이는 직관 같은 걸 굳이 말로만 다 표현하려 들면, 도리어 깊이나 풍부함이 옅어지고 껍데기만 남기도 해요. 이 틈새를 외면하고, 자기 경험을 완전히 언어로 전달하려고 애쓰다 보면 종종 답답함이나 좌절을 느끼게 돼요. '나는 분명히 다 설명했는데, 왜 못 알아듣지?' 이런 생각이 드는 것도 결국 언어의 한계를 인정하지 않아서일 수 있죠. 하지만 반대로 생각해 보면, 저는 이 언어의 틈새야말로 어른들이 꼭 바라봐야 할 가치 있는 공간이라고 봐요. 이 틈새 덕분에 듣는 사람이 스스로 생각하고, 자기 경험을 돌아보며, 새로운 의미를 만들어 낼 수 있는 '창조적 공간'이 자연스럽게 열리거든요.

어른의 지혜는 정답을 주는 게 아니라, 오히려 누군가의 마음속에 또 다른 질문을 싹틔우는 씨앗 같은 게 아닐까요. 오히려 언어가 완벽하지 않기에, 그 부족함 속에서 더 깊은 성찰과 진짜 소통이 이루어질 기회가 생깁니다. 그래서 어른이라면, 자신이 전달하는 말의 틈과 여백을 두려워하기보다는, 그 여백을 이해하고 존중하면서 힘을 실어 줘야 하지 않을까 생각해요. 듣는 사람이 그 틈을 스스로 메우고 자기 식으로 받아들일 수 있도록 조용히 안내해 주는 것도 어른의 역할인 것 같아요.

실천적 지혜는 숙고 끝에 내리는 결단과 행동의 산물이다

지식생태학자 유영만: 배수아 작가님 말씀을 듣고 나니까 뭔가 가슴이 뭉클해지는 것 같았어요. 역시 언어의 깊이는 정말 끝이 없는 것 같아요! 이번엔 아리스토텔레스 선생님께서 말씀해 주실 차례인가요?

아리스토텔레스: (온화한 미소를 띠며) 지식생태학자님, 그리고 여기 모이신 지혜로운 분들. 이런 사색의 자리에 함께할 수 있어 영광입니다. 제 생각에 어른의 전달력이 지향해야 할 이상적인 방향은 바로 《니코마코스 윤리학》**에서 말하는 '실천적 지혜(phronesis)'의 계승에 있다고 봅니다. 어른의 지혜는 책에서 얻는 단순한 지식이 아니에요. 삶 속에서 여러 가지 일을 직접 겪으면서 올바른 선택을 하고,

---

** 아리스토텔레스 지음, 천병희 옮김, 《니코마코스 윤리학》, 숲, 2013.

더 나은 길을 찾아가는 과정에서 쌓이는 실천적인 지혜죠. 이론이나 기술에 기반한 지식과는 달리, 실천적 지혜는 상황에 따라 유연하게 달라질 수밖에 없어요. 즉 딜레마 상황이나 여러 가지 해답이 가능한 회색지대에서 빠른 숙고 끝에 올바른 의사 결정을 내리고 과감하게 실행하는 능력입니다. "이렇게 하는 게 옳다"고 단정하기보다는 "나는 이런 고민 끝에 이렇게 행동했고, 이런 결과가 나왔다" 하고 자신만의 경험과 생각을 솔직하게 들려주는 게 더 의미 있죠.

정답을 '주입'하는 게 아니라, 왜 그런 판단을 했는지 또는 어떤 고민 끝에 문제를 해결했는지, 그 실질적인 과정을 투명하게 보여 주는 게 바로 바람직한 전달 방식이에요. 많은 사람들이 자신이 힘들게 얻은 지혜를 제대로 전달하지 못하는 이유는 바로 실천적 지혜의 본질을 제대로 이해하지 못하고, 암기하는 지식처럼 가르치려고 하기 때문이에요. 숫자 공식이나 역사적 사실처럼 언제 어디서나 통하는 진리로 여겨서 "내가 해 봤더니 이게 맞아" 식으로 이야기하면 듣는 사람의 처지와는 점점 멀어지죠. 실천적 지혜는 항상 그때그때 상황에 따라 달라지는 건데, 틀에 박힌 답처럼 내놓아 버리면 듣는 사람 입장에서는 와닿지 않을 수밖에 없어요. "예전에는 이랬어, 그러니까 따라만 해"처럼 결론을 강요하면 더더욱 그렇고요.

어떤 문제의 해법을 설명서처럼 알려 주고, 무조건 따라야 한다고 밀어붙이면 전달은 실패하기 쉽습니다. 실천적 지혜의 핵심은 '이렇게 하면 된다'는 기술적 답이 아니라, '지금 이 상황에서는 무엇이 옳을까?'에 대한 고민이에요. 그래서 누군가가 직접 판단해 볼 기회를 앗아 가면, 결국 진짜 지혜는 전해지지 않게 되죠. 게다가 자신이 지혜를 배웠던 예전의 환경과, 지금 듣는 사람이 살아가는 환경이 서로 다르다는 점을 제대로 인식하지 못하면 또 실패해요. 과거에 통했던 방법이 오늘날에는 의미 없을 수도 있는데, 무작정 "내가 해 보니까 이게 답이야"라고 하면 사람의 마음을 움직이기 힘들죠. "내가 왕년에 말이야…"로 시작하는 이야기들이 잘 통하지 않는 이유도 이 때문이에요.

하나의 경험은 하나의 완결된 경험적 성취감이다

지식생태학자 유영만: 아리스토텔레스 선생님의 지혜로운 말씀까지 들으니 정말 이 자리가 더 풍성해지는 것 같습니다. 배수아 작가님의 언어의 틈새와 아리스토텔레스 선생님의 실천적 지혜는 전달력의 핵심을 꿰뚫고 있는 개념이라고 생각합니다. 그럼 다음은 존 듀이 선생님의 하나의 경험에 비추어 전달이 실패하는 이유를 어찌 보겠습니다.

존 듀이: (활기찬 눈빛으로 고개를 끄덕이며) 지식생태학자님, 좋은 토론의 장을 열어 주셔서 감사합니다. 저는 전달자는 궁극적으로 제가

《경험으로서 예술 1》[***]과 《경험으로서 예술 2》[****]에서 말하고 있는 '하나의 경험(an experience)'을 창조하는 방향으로 나아가야 한다고 생각합니다. 경험은 그냥 일상적으로 일어나는 여러 사건들의 나열이 아니라, 시작과 끝이 명확하고, 어떤 만족스러운 해결에 이르는 '완결된 과정'을 말합니다. 예를 들어, 산책을 하는 것도 그냥 걸어가는 게 아니라, 특별한 풍경을 발견하고, 새로운 깨달음을 얻고, 다시 집으로 돌아와 그 경험을 되새기는 모든 과정이 통합될 때 비로소 하나의 경험이 되는 거죠. 하나의 경험은 소극적 경험(passive experience)과 적극적 경험(active experience)으로 나뉘는데 소극적 경험은 그냥 외부적 자극이 제공하는 대로 받아들이는 감각적 깨달음입니다. 이에 반해 적극적 경험은 주체가 문제 상황에 직면하고, 그 문제를 해결하기 위해 능동적으로 탐구하고, 판단하며, 행동하는 과정입니다. 예를 들면 지나가다 단풍이 들어 가는 풍경을 보고 직관적으로 소리 지르며 감탄하는 게 소극적이고 1차적인 경험이라면 그 경치의 아름다움을 곰곰이 생각해 보면서 풍경의 의미가 무엇인지를 성찰하는 과정이 적극적 경험이고 2차적 경험입니다.

제가 생각할 때 진정한 전달자는 듣는 이가 소극적 경험에 머무

[***] 존 듀이 지음, 박철홍 옮김, 《경험으로서 예술 1》, 나남, 2016.

[****] 존 듀이 지음, 박철홍 옮김, 《경험으로서 예술 2》, 나남, 2016.

르게 하는 게 아니라, 능동적인 하나의 경험을 통해 스스로 지혜를 구성하도록 이끄는 방향으로 나아가게 하는 경험의 재구성자입니다. 전달자는 자신의 지혜를 일방적으로 던져 주는 것이 아니라, 듣는 이가 그 지혜를 통해 스스로 문제에 직면하고, 탐구하며, 해결에 이르는 하나의 경험을 창조할 수 있도록 도와주는 사람입니다. 이는 단순히 지식을 주입하는 것이 아니라, 학습자가 실제적인 참여를 통해 새로운 의미를 발견하고 만족감을 느끼게 하는 과정입니다. 시행착오조차도 하나의 소중한 경험의 일부임을 인정하고, 거기서 배움을 얻도록 격려하는 태도가 중요합니다.

전달자가 실패하는 이유는 소극적 경험만을 강요하거나 제공하기 때문이라고 생각합니다. 경험에서 얻은 여러 파편적인 정보나 교훈을 무작정 늘어놓을 때 전달은 실패해요. 이것들은 듣는 이에게 의미 있는 하나의 경험으로 통합되지 못하고, 그저 무의미한 지식의 조각들로만 남아요. 마치 재미없는 교과서를 읽는 것처럼요. 듣는 이는 어떤 맥락에서 그 지혜가 나왔는지, 왜 그 지혜가 자신에게 필요한지 공감하지 못하게 되죠.

암묵적 지식은 설명할 수 없는 앎이다

지식생태학자 유영만: 존 듀이 선생님 말씀까지 들으니까, 전달자는

자신의 경험적 지혜를 명쾌하게 전달하는 게 아니라 청중이 직접 하나의 경험을 통해 높은 성취감을 맛보게 하면서 스스로 경험을 재구성하는 과정에서 통찰을 얻을 수 있도록 유도하는 경험 설계자가 되어야 한다는 생각이 들었습니다. 이번엔 마이클 폴라니 선생님의 암묵적 지식이라는 개념에 비추어 전달력과 전달자의 본질과 핵심에 대해 짚어 주시면 좋겠습니다.

마이클 폴라니: (생각에 잠긴 듯 조용히 미소 지으며) 여러분의 말씀 잘 들었습니다. 특히 존 듀이 교수님의 하나의 경험이라는 개념과도 맞닿아 있는 부분이 많다고 생각합니다. 지식생태학자님, 저에게 전달력이 나아가야 할 이상적인 방향은 바로 제가 《개인적 지식》[***]에서 말한 '암묵적 지식(Tacit Knowledge)'을 인식하고 이를 존중하는 데 있습니다. 레시피나 매뉴얼, 공식처럼 말이나 글로 명확히 전달할 수 있는 명시적 지식과 달리, 암묵적 지식은 언어나 텍스트로 온전히 설명하기 어렵습니다. 암묵적 지식은 오랜 경험과 학습을 통해 몸에 밴 주관적인 신념이나 철학, 그리고 열정이 녹아 있는 깨달음에 더 가깝죠.

　제가 생각하는 진정한 전달자는 바로 이 암묵적 지식의 중요성을 깊이 이해하고, 듣는 사람이 직접 그 지식을 체득할 수 있도록 돕

[***] 마이클 폴라니 지음, 표재명·김봉미 옮김, 《개인적 지식》, 아카넷, 2001.

는 사람입니다. 전달자가 가진 진짜 지혜는 말로 설명하기 힘든 그 암묵적 지식에 담겨 있습니다. 이 지식이 제대로 전달되려면, 듣는 사람이 직접 경험하고 몰입하며 시행착오를 겪을 수 있도록 환경을 만들어 줘야 해요. 예를 들어, 어떤 기술을 가르칠 때 단순히 매뉴얼만 보여 주는 대신, 옆에서 함께 실습하면서 몸으로 익히게 돕는 것처럼요. 말로 다 설명할 수 없는 부분은 '보여 주기'나 '함께하기'를 통해 자연스럽게 전달됩니다. 결국 진짜 배움은 지식을 머리로만 이해하는 데 그치지 않고, 몸과 마음, 감각 전반으로 받아들여 스스로 체득할 때 이뤄집니다. 이 과정에서 전달자는 언어적 설명만이 아니라, 감각적이고 경험적인 방법까지 적극 활용해야 듣는 이가 지식과 자신을 유기적으로 연결할 수 있습니다.

제가 생각할 때 암묵적 지식 전달이 실패하는 가장 큰 이유는, 모든 지식을 명시적으로, 공식이나 매뉴얼처럼 전달하려는 태도 때문입니다. 전달자가 자신의 직관이나 노하우, 손맛 같은 부분까지 "이대로만 외워라", "이렇게만 해라" 식으로 강요하면 암묵적 지식은 제대로 전해지지 않아요. 이런 지식은 머리로 주입한다고 해서 받아들여지는 게 아니라, 반복적인 경험과 실천을 통해 자연스럽게 형성되는 것이거든요. 만약 전달자가 듣는 이에게 시행착오를 겪을 기회나 몸소 참여할 수 있는 장을 만들어 주지 않는다면, 결국 학습은 이론 수준에만 머물고 맙니다. 마치 수영을 이론으로만 가르치고, 물에는 한 번도 들어가지 않게 하는 것과 비슷하다고 할 수 있죠.

의미는 고정되어 있지 않고 미끄러진다

지식생태학자 유영만: 마이클 폴라니 선생님의 암묵적 지식에 비추어 본 전달자의 역할과 실패 원인을 들어 보니, 설명할 수 없고 불분명하지만 내 몸에 각인된 지혜가 있다는 걸 인정하고 그걸 경험을 통해 전달할 방법을 개발하는 일에 매진해야 된다는 생각이 듭니다. 그럼 이번에는 자크 데리다 선생님이 주장하시는 차연 개념에 비추어 논의를 이어 가겠습니다.

자크 데리다: (의미심장한 눈빛으로 주변을 한번 쓱 훑어보더니, 나지막하고도 단호한 목소리로) 좋습니다. 전달력이라는 주제에 대해 논하자면, 저는 필연적으로 제가 《Margins of Philosophy(철학의 여백)》[•••]에서 주장한 '차연(différance)'이라는 개념을 이야기할 수밖에 없습니다. 어른의 전달력이 가져야 할 방향은, 바로 이 차연의 존재를 인정하고, 심지어 이를 적극적으로 활용하는 데 있다고 봅니다. 차연은 차이를 명사로 보지 말고 부단히 의미가 미끄러지면서 변화를 거듭하는 동

[•••] Jacques Derrida·Alan Bass, 《Margins of Philosophy》, University of Chicago Press, 1984.

사로 보자는 문제의식에서 잉태된 개념입니다.

우리가 무언가를 전달하려 할 때면, 상대가 그것을 곧바로, 완전히 이해해 주길 바라게 마련이죠. 하지만 언어라는 건 본래부터 완벽하게 의미를 전달할 수 없어요. 단어 하나의 의미는 다른 단어들과의 차이 속에서만 만들어지고, 그 의미는 늘 조금씩 미뤄지거나(유보) 또 완전히 닿지 못한 채로 남아 있곤 합니다. 그러니까 언어라는 건 결코 딱 고정된 의미만을 지니지 않고, 늘 다른 단어들과의 차이를 통해 구성되죠. 그래서 완전한 의미 전달은 결국 미래로 계속 미뤄지게 돼요. 우리가 무슨 말을 하더라도 그 뜻은 늘 흔들리고, 한 가지 의미로만 해석될 수 없어 여러 방향의 이해가 가능해지는 겁니다. "딱 이거야!" 하고 정확히 전달되는 의미란 사실상 존재하지 않는 셈이죠.

우리가 지혜를 후대에 전하려는 마음 역시 다르지 않습니다. 그 지혜라는 것도 언어로 옮겨지는 순간 이미 원래 의미와는 어딘가 달라지고, 새로운 해석이 일어납니다. 차연이라는 생각에 비춰 볼 때, 진짜 이상적인 전달자란 의미의 불완전함과 유동성을 받아들이고 적극적으로 활용해서, 듣는 사람이 더 능동적으로 참여할 수 있도록 안내할 줄 아는 사람입니다. 전달자는 자신이 나누려는 지혜가 단 한 번에 꽉 들어맞는 진리나 유일한 정답이 될 수 없다는 점을 스스로 인식해야 해요. 언어의 한계 때문에, 어떤 경험이나 깨달음도 누군가에게 전해지는 즉시 수많은 해석의 길이 열리고 마는 거죠. 사실 이걸 이해하는 게 오히려 바람직한 전달의 출발선이 될 수 있습니다.

배수아 작가님의 말과도 이어집니다. 많은 사람들은 언어 속에 자연스럽게 존재하는 '틈'이나 '여백'을 메우려고 하지만, 오히려 이런 빈 공간을 더 용기 내어 이용할 필요가 있어요. 언어는 분명히 힘 있는 도구지만, 동시에 담아내지 못하는 미묘한 틈이 늘 남아 있습니다. 그리고 그런 틈은 듣는 이에게 새로운 의미를 만들어 낼 수 있는 여지를 주기도 하죠. 이 점을 이해하지 못하면 내 말이 왜곡되거나 받아들여지지 않는 걸로만 생각해 괜히 실망하게 됩니다. 굳이 모든 걸 빠짐없이 설명하는 대신, 일부러 비워 두기도 하고, 상대가 의문을 가질 만한 지점도 남겨 둠으로써, 듣는 이가 스스로 곱씹거나 질문하고, 자신만의 해석을 만들어 가도록 이끄는 게 더 좋을 수 있습니다. 지혜를 일방적으로 주입하기보다는, 그 사람이 자기 상황과 맥락 안에서 능동적으로 생각하고 새로운 의미를 다시 만들어 내도록 도와주는 거죠.

차연이라는 관점에서 보면, 전달이 실패하는 주된 이유는 언어와 의미가 완벽하게 닿을 수 있고 고정돼 있다는 환상에 사로잡혀 있기 때문이에요. 내가 전하는 이야기가 상대에게 오차 없이 전해지고, 오직 하나의 정해진 뜻으로 이해되길 바랄 때 오히려 정말로 그 전달은 실패하게 되죠. 언어는 그 자체로 늘 다른 단어들과의 차이 속에서만 의미를 얻고, 완성된 이해란 늘 어딘가로 미뤄질 수밖에 없다는 점을 받아들이지 않으면, 상대의 오해나 재해석을 무조건 실패로 간주하고, 결국 소통에 벽이 생깁니다. 더 나아가 자신의 경험을 변치 않는 진리, 일종의 '원본'처럼 여기고, 다른 세대의 해석이나 반론은 애초에 인정하지 않을 때, 전달은 완전히 단절됩니다. 어른의 지혜란 결국 그 어른 고유의 경험과 시간, 맥락에서 비롯된 건데, 이를 타인의 삶이나 또 다른 세대의 현실에 억지로 끼워 맞추려 한다면 반드시 어긋남이 생길 수밖에 없습니다.

전달자는 의미의 다리를 연결하는 은유 설계자다

지식생태학자 유영만: 데리다 선생님의 차연 개념은 평소에 생각했던 전달의 의미를 완전히 뒤집는 파격적인 신념이자 전달자의 역할을 근본부터 다시 생각해 보게 만드는 혁명적 주장이라고 생각합니다. 전달의 본질적 의미에 대해서도 재고해 보는 결정적인 사건이었습니다. 마지막으로 조지 레이코프 선생님의 의견을 들어 볼까요? 전달자의 필살기, 체험적 은유법에 대해 설명해 주실 것 같아서 기대가 큽니다.

조지 레이코프: (고개를 끄덕이며 차분하고 설득력 있는 목소리로) 데리다

교수님의 깊이 있는 통찰에 이어, 저는 우리가 전달력에 대해 생각할 때, 인간이 세상을 어떻게 인지하는지부터 깊이 들여다봐야 한다고 생각합니다. 제가 말하고자 하는 '체험적 은유'라는 관점에서 보면, 진짜 중요한 전달이란 듣는 사람의 경험 속에서 지혜를 다시 짜내는 과정에 있습니다.

우리가 세상을 바라볼 때 단순히 있는 그대로 이해하는 게 아니라, 각자 살아오면서 쌓은 물리적 혹은 사회 문화적 경험을 바탕으로 추상적인 개념을 자연스럽게 은유로 풀어낸다는 점이 흥미롭습니다. 예를 들어, 시간을 돈처럼 여기기도 하고, 사랑을 여행에 빗대기도 하죠. 어른들이 주는 경험의 지혜도 이런 식의 은유 안에서 이해되고 전해집니다. 그런데 앞서 간 세대와 젊은 세대 사이에는 자라 온 시대도 다르고 겪어 온 일 역시 많이 다르다 보니, 똑같은 은유를 써도 그 근저에 깔린 경험적 토대가 달라서 오해가 늘 생깁니다. 그래서 올바른 전달이란 자기만의 은유만 내세우기보다는, 상대가 지금 어떤 은유로 세상을 보고 있는지부터 살피고, 그에 맞는 새로운 체험적 은유를 찾아내서 지혜를 포장해 주는 데 있다는 겁니다.

체험적 은유의 관점에서 보면 전달자는 자기 머릿속 은유 체계에만 머무르지 않아야 하죠. 듣는 이의 생각과 문화, 그리고 살아온 맥락까지 한 걸음 더 들어가서, 함께 공감할 수 있는 새로운 체험적 은유 즉, 비유와 그림을 스스로 만들어 내야 진짜로 지혜를 건넬 수 있습니다. 그래서 지혜를 나눌 때는 듣는 사람이 지금 어떤 틀로 세상을 바라보는지, 젊은 세대라면 요즘 어떤 방식으로 추상적인 개념을 풀어내는지부터 조심스럽게 들여다보아야 합니다. 예를 들어, 요즘 젊은 세대가 '인생'을 게임 플레이에, '성공'을 멋진 자동차로 치환해서 비유한다면 이를 이해하고 따라가는 노력이 먼저입니다. 내가 쌓은 지혜를, 듣는 이의 경험과 문화에 맞춘 체험적 은유로 한 번 더 번역해서 건네야 잘 닿습니다. "옛날엔 말이야…" 같은 낡은 비유를 고집하기보다는, "요즘 네가 하는 '~' 같은 거야"처럼 새로운 비유로 다가가야 공감도 잘 생깁니다. 예를 들어 '꾸준함'이란 주제를 설명할 때도 "소 팔아 쥐 잡는다" 식의 옛말보다는 "게임에서 매일 퀘스트 깨듯 계속해야 효과가 쌓이는 거야"라고 표현하면 훨씬 더 직관적으로 이해될 수 있죠.

결국 전달자는 자신의 경험적 지혜와 상대의 현실 경험을 이어주는 단단한 '은유의 다리'가 되어야 합니다. 듣는 이가 삶의 교훈을 머리로만 이해하는 것이 아니라, 온몸으로 경험하게끔 구체적이고 살아 있는 은유를 적극적으로 제시해야 한다는 뜻입니다. 이런 과정을 거칠 때 지혜가 단순한 추상적 정부가 아니라 생생한 경험으로 바뀌어 흡수됩니다. 전달자는 경험적으로 깨달은 지혜를 청중이 구체적인 현실에 비추어 전달하고자 하는 의미를 이해할 수 있도록 비유법을 창조하는 은유 설계자(metaphor designer)인 것입니다.

많은 사람들이 지혜를 전하려다 실패하는 이유는, 자기만의 체험적 은유가 보편적일 거라고 착각해 상대의 인지적 배경을 무시하기 때문입니다. 어른들이 노력이라는 개념을 '흙수저가 용 된다' 혹은 '고생 끝에 낙이 온다' 같은 식으로 비유할 때, 정작 젊은 세대는 '투자 효율'이나 '성과 관리' 쪽으로 은유하는 경향이 있죠. 이런 은유의 충돌은 서로서로 언어가 엇갈리는 것과 같아서, 결국 제대로 뜻이 전달되지 못합니다. 구체적 경험에 뿌리내리지 않은 추상적 말만으론 아무리 진심이 담겨 있어도 마음을 움직이긴 어렵죠. 사람의 뇌는 추상을 이해하려 할 때, 무의식적으로 자신만의 구체적 경험에서 끌어온 생생한 이미지를 찾으려 합니다. 만약 전달자가 이런 연결고리를 만들어 주지 못한다면, 듣는 이는 어렵고 지루하다고 여기거나 아예 마음을 닫아 버리기 쉽습니다.

지금까지 소설가 배수아의 언어의 틈새, 아리스토텔레스의 실천적 지혜, 존 듀이의 하나의 경험, 마이클 폴라니의 암묵적 지식, 자크 데리다의 차연, 조지 레이코프의 체험적 은유에 비추어 전달력의 이상적인 방향을 추구하는 과정에서 왜 전달이 실패하는지 알아보았다. 언어의 한계로 우리가 '하나의 경험'을 통해 축적한 '실천적 지혜'와 '암묵적 지식'을 '체험적 은유'로 표현하려고 노력해도 의미는 고정되어 있지 않고 계속 미끄러지면서 다른 의미로 태어나는 '차연'과

‘언어의 틈새’를 극복하려고 노력하는 것만이 전달의 실패를 방지하는 게 아님을 알게 되었다. 오히려 ‘언어의 틈새’에서 의미가 새롭게 잉태된 창조적 가능성을 열어 놓고 청중으로 하여금 여백의 의미를 재해석하는 기회를 주는 방법도 새로운 전달 전략이 될 수 있음도 깨달았다. 미완성이기에 완성을 향하는 노력이 계속될 수 있다는 희망이 전달자에게는 이전과 다른 노력으로 의미 전달에 매진하게 만드는 원동력으로 작용하게 만든다.

5

진짜 메시지는 말 뒤에 숨은 메타 메시지에서 나온다

우치다 타츠루의 《소통하는 신체》*에 보면 누군가의 "너는 나를 좋아하니?"라는 질문과 그에 대한 대답 "좋아해" 사이의 시간이 짧고 긴지의 여부에 따라 친구로서 좋아한다는 의미와 이성으로서 좋아하는지의 여부를 순식간에 판단할 수 있다는 말이 나온다. "좋아해?"라는 물음과 "응, 좋아해"라는 대답 사이의 시간이 짧으면 이성으로는 관심이 없고 친구로 좋아한다는 의미다. 반면에 이성으로 좋아한다고 생각할 경우에는 "좋아해?"라는 물음과 동시에 잠시 머뭇거리면서 "음… 좋아해"라고 대답한다는 걸 경험적으로 알고 있을 것이다. 우치다 타츠루의 관심은, 잘못 해석하면 심각한 후유증이 올 수도

---

* 우치다 타츠루 지음, 오오쿠사 미노루·현병호 옮김,《소통하는 신체》, 민들레, 2019.

있는 이런 말을 왜 쓰는지 즉, 왜 인간은 언어 사용 방식을 개선하려고 노력하지 않는 것일까이다.

어떤 물음 앞에서 이 사람이 물음을 통해 나에게 알고 싶은 것은 무엇인지, 물음에 관한 물음을 던져 진짜 알고 싶은 내용이 무엇인지를 알아내는 물음을 메타 메시지(meta-message)라고 한다. 메타 메시지는 메시지 뒤에 숨어 있는 메시지 전달자의 전달 의도나 메시지를 통해 진짜 전달하고 싶은 깊은 의미다. 예를 들면 "오늘 저녁에 뭐 먹을까?"라는 질문에 담긴 메시지는 저녁 메뉴를 추천해 달라는 표면적 의미다. 하지만 메시지 이면에 숨어 있는 진짜 의미는 "나는 너랑 같이 맛있는 거 먹고 싶어! 너랑 함께하는 시간, 우리 관계가 소중해!"라는 나와 너 사이의 소중한 관계 속에서 주고받는 따듯한 관심과 애정을 상징적으로 말해 주는 것이다.

메시지의 뒤안길에 메타 메시지가 살아간다

박사 논문을 쓰는 제자에게 "학위 논문 심사 날짜를 잡자"고 말했다면 다른 논문 심사위원들과 일정을 조율해서 모두가 가능한 날짜를 가급적 빠른 시간에 잡아서 심사를 진행하자는 메시지다. 메타 메시지에는 "내가 네 논문을 읽어 보니 이 정도면 박사 학위를 받을 정도로 논문을 잘 썼다. 그러니 심사 날짜를 잡아서 공식적인 절차를 밟아 나가자"라는 메시지가 숨어 있다. 메타 메시지에는 제자를 믿고 별문제가 없으면 박사 학위를 수여하는 절차를 밟아 나가겠다는 의도가 숨어 있다.

앞서 언급한 우치다 타츠루에 따르면 메시지와 메타 메시지의 관계는 암호로 쓰인 전보와 암호로 쓰인 전보에 담긴 메시지의 의미를 이해하는 해독표의 관계에 비유될 수 있다. 암호 해독표가 없으면 암호를 해석할 수 없다. 마찬가지로 메타 메시지에 담긴 숨어 있는 깊은 의미를 해독하지 못하면 겉으로 드러난 메시지를 통해 전달하고 싶은 생각을 파악하기 어렵다. '메시지'가 겉으로 드러나는 '정보'라면, '메타 메시지'는 그 정보가 오가는 과정에서 우리의 관계는 어떤지를 확인시켜 주는 훨씬 중요한 본질적인 '소통의 층'이다. 전달력이 살아나지 못하고 실패하는 주원인도 사실은 메타 메시지를 오독할 때 일어난다. 전달력을 높이려면 결국 메시지와 메타 메시지 사이의 관계에 주목하면서 주어진 상황에서 메시지에 담긴 메타 메시지의 의미를 제대로 해석해 내야 한다.

메시지와 메타 메시지가 충돌할 때

현실에서는 본래의 메타 메시지가 왜곡되거나, 그 의미를 제대로 파악하지 못하게 조직적인 방해를 받는 경우가 자주 있다. 이런 상황을 그레고리 베이트슨은 《마음의 생태학》[**]에서 '이중구속 이론'이라고 설명했다. 이 이론은, 겉으로 드러나는 언어적 메시지와 그 너머에 숨어 있는 비언어적 메타 메시지가 서로 상반될 때, 메시지를 받는 사람이 어떤 선택을 해도 딜레마에서 벗어나기 어렵다는 내용이다. 다시 말해, 동시에 서로 모순되는 지시나 기대를 받으면서 어느 쪽도 쉽게 회피할 수 없는 상황, 그리고 그 모순을 직접적으로 지적하거나 말할 수도 없는 환경이 계속되면, 개인은 극심한 심리적 혼란이나 고통을 경험하게 된다.

좀 더 풀어서 말하자면, 한 사람이나 집단이 서로 반대되는 명령이나 기대를 보낼 때 받는 사람은 무엇을 해도 결국 문제에 봉착하게 된다. 그 과정에서 "이게 모순된 상황이다"라고 말하지도 못한다. 이렇게 모순된 상황이 반복되면, 무엇을 하든 비난받게 되고, 결국 심한 혼란에 빠지게 되는 것이다.

이중구속 이론을 어른이 전달하는 힘이라는 측면에서 살펴보면, 아랫사람에게 큰 혼란과 상처를 줄 수 있다. 이 이론이 가장 자주 나타나는 곳은 부모와 자식, 상사와 부하의 관계다. 예를 들어, 부모가 사랑을 내세우며 이중적인 메시지를 보낼 때가 그렇다. "나는 널 정말 사랑한단다. 네가 원하는 건 뭐든지 다 해 줄게"라는 따뜻해 보이

[**] 그레고리 베이트슨 지음, 박대식 옮김, 《마음의 생태학》, 책세상, 2006.

는 말 속에도, 사실은 "내 기대 안에서만 네가 자유롭다"는 숨겨진 의미가 깃들 수 있다. 자식이 자기 생각대로 다른 선택을 하려 하면 부모는 불안해하거나 속상해하고, 때로는 노골적으로 실망을 표현한다. "네가 그러면 엄마(아빠)는 너무 실망할 거야." "정말 날 사랑한다면 그렇게 할 수는 없어." 이렇게 전달되는 신호들은 자식에게 깊숙이 각인된다. 자식 입장에서는 '부모가 날 사랑한다'는 말과 '내 선택을 막으려 하는 행동' 사이의 모순을 제대로 지적하기 어렵다. '부모님은 나를 사랑해서 그러는 거야', '감히 부모님께 따질 수는 없지' 같은 생각에 갇히는 순간, 이미 이중구속의 덫에 빠진다. 겉으로는 사랑이라는 포장지를 두르고 있지만, 사실상 부모의 이런 전달 방식은 자식에게 심각한 심리적 압박과 혼란을 주는 파괴적인 힘이 된다. 그래서 자식은 '내가 뭘 해도 엄마나 아빠 마음엔 안 드나?' 하고 스스로를 의심하게 되고, 자존감도 점차 무너진다. 이런 상황이 반복되면 뭐라도 해 보려는 의욕이 꺾이고, 심할 경우 거짓말이나 회피 같은 행동으로 이어질 수 있다.

이중구속 상황에서는 머리로 이해하기도 전에 먼저 몸이 감지하는 경우가 많다. 이때 내 몸이 보내는 신호에 귀를 기울이면, 어느 순간 이중구속의 덫에서 조금은 벗어날 수 있을지도 모른다.

메시지의 의미와 메타 메시지의 진심이
일치해야 마음이 놓인다

"김 대리, 이번 프로젝트는 자율적으로 알아서 진행해 봐! 자네 판단을 믿으니, 소신껏 해!"라는 상사의 말에는 이중적인 뜻이 숨어 있다. 겉으로는 김 대리에게 재량권을 주는 듯하지만, 막상 김 대리가 주도적으로 움직이면 상사가 사사건건 간섭하고, 작은 부분까지 일일이 지시한다. 심지어 김 대리가 처음 제안했던 아이디어를 자기 아이디어인 것처럼 포장해 보고하거나, 결과가 기대에 미치지 못할 때는 "김 대리가 혼자 판단해서 그렇게 된 거지!"라며 모든 책임을 떠넘긴다. 이렇게 '알아서 해'라는 말이 실은 '내 눈치 잘 봐'라는 뜻이었던 셈이다.

김 대리 입장에서는 '자율적으로 하라고 했으면서 왜 이렇게 간섭할까?' 하고 의문이 들어도, 상사에게 직접 따지기는 쉽지 않다. 조직 문화 특성상 상명하복을 중시하기도 하고, 고과 평가에서 불이익을 염려할 수밖에 없기 때문이다. 이런 상사의 전달 방식은 겉으로는 '쿨하고 자율적인' 리더십처럼 보이지만, 실제로는 직원의 자율성을 꺾고 혼란과 불신만 남기는 무책임하고 해로운 모습이다. 김 대리는 무엇을 해도 지적을 받고, 이런 상황이 반복되면서 '그냥 시키는 대로 하자', '내 의견은 말하지 말자'처럼 점점 수동적으로 변하거나 무력감에 빠지기도 한다. 이런 사례들을 종합해 보면 결국, 전달력은 단순히 논리적으로 말을 잘하는 데서 끝나지 않는다. 메시지와 그 이면의 메타 메시지가 일치하고 신뢰할 수 있을 때 진짜 힘을 발휘한다. 그렇지 않으면 아무리 멋진 말을 해도 상대에게는 혼란과 상처만 남길 뿐이다.

존 버거의 《다른 방식으로 보기》[•••]에서는 보기에 대한 본질과 통찰이 이어진다. 아무리 많이 본다고 해도 결국 자신이 보고 싶은 것만 본다. 보는 것은 선택일 수도 있지만, 동시에 배제이기도 하다. 한 번에 모든 것을 볼 수 없기에 우리가 전경을 선택하면, 선택받지 못한 다른 것들은 자연스럽게 배경으로 밀려난다. 인식이나 시선을 바꿔 배경을 다시 전경으로 끌어당기는 순간, 그제야 전에는 보이지 않던 풍경이 모습을 드러낸다.

결국 '본다'는 것은 '보이는 것'을 선택한다는 의미다. 우리는 내가 아는 것, 보고 싶은 것만을 본다. 사막에 가면 모래가 가장 먼저 눈에 들어온다. 모래가 보이기 때문에, 그리고 모래를 보고 싶기 때문에 모래가 보인다고 할 수 있다. 그 밖의 것들은 의식의 선택에서 배제되기 때문에 보이지 않는다. 하지만 시인 이문재는 〈사막〉이라는 시에서 모래 자체가 아니라, '모래와 모래 사이'를 본다. 사막에 가면 모래만 보이는 이유는 '사막'이라는 단어가 우리 인식에 충분히 각인되어 모래와 하나로 연결되어 있기 때문이다. 사막이라는 개념

••• 존 버거 지음, 최민 옮김, 《다른 방식으로 보기》, 열화당, 2012.

이 우리의 상식 속에서 이미 '모래'라는 이미지를 낳았기 때문이다. 일상에서 만들어진 상식이지만, 그 틀에 갇혀 살다 보면 상식은 '익숙함'이라는 껍질을 만들어 우리의 감각을 둔하게 만든다. 이문재 시인이 사막에서 모래가 아니라 '모래와 모래 사이'를 바라본 것은, 익숙함을 벗어나 새로운 시각으로 세상을 바라보려는 시인의 시선, 그리고 시적 상상력이 있었기 때문이다.

메시지는 지도이고 메타 메시지는 지형이다

어른다운 전달력이란 남들이 스쳐 지나쳤거나, 아예 알아차리지 못한 것을 일부러 골라내어 보고, 보았던 것들을 자기만의 시선으로 새롭게 해석해 내는 '색다른 시력'에서 비롯된다. 이 시력을 갖추려면 관념적 지식 속에 감춰진 기호의 세상을 깨뜨리고, 오로지 오감으로 직접 자극을 받아들이는 습관이 몸에 배어야 한다. 오민석이 《이 황량한 날의 글쓰기》[****]에서 지식을 관념의 처자, 그리고 지각을 감각의 자손으로 비유했듯이 관념에 파묻힌 사물들의 기호는 오히려 우리의 감각을 무디게 만들기 일쑤다. 기존의 지식으로 이미 해석되고 정리된 일상은 상상력을 날게 하지 못하기 때문에, 사실상

[****] 오민석 지음, 《이 황량한 날의 글쓰기》, 시인동네, 2022.

죽어 있는 폐허나 다름없다는 뜻이다.

전달력은 이미 정형화된 지식을 논리적으로 설명하는 힘이 아니다. 오히려 몸과 마음으로 겪어 온 수많은 경험에서 우러난 감각적 통찰로, 스치듯 만나는 어떤 장면이나 감정에 깊이와 무게를 더한다. 아무리 맛있는 음식을 먹었다 해도, 그 미묘한 맛을 책상머리 지식만으로 설명할 수는 없다. 비슷하게, 전달력 역시 마른 이론보다 온몸으로 체득한 감각에서 비롯된 언어, 그러니까 자신의 몸에서 벼려 낸 말로써 겨우 청중의 마음을 두드리는 간절함이다.

보고 싶어도 볼 수 없는 것이 있듯, 듣고 싶어도 들을 수 없는 것이 있다. 어떤 말을 수도 없이 들었더라도, 결국 내 귀에 들어오는 건 내가 듣고 싶은 것뿐이다. 아무리 좋은 이야기라도 내가 그것을 받아들일 준비가 되어 있지 않으면, 아쉽게도 스쳐 지나갈 뿐이다. 결국 듣는다는 행위 역시 끊임없는 '선택'과 '배제'의 연속이다. 수많은 소음 가운데 내가 원하는 소리만 골라 듣는 것처럼, 그 소음마저도 내 감각이 번역해 내야 비로소 언어의 감각으로 다가온다. 듣고 싶어서 귀를 기울였다고 해도 막상 내 삶의 폭과 깊이가 미치지 못한다면, 아무리 좋은 말도 제대로 들리지 않는다. 내 삶을 뛰어넘는 이야기는 결국 전할 수도, 들을 수도 없는 법이다.

이런 맥락에서 보면 메시지도 쉽게 눈에 들어오는 게 있고, 잘 보이지 않는 게 있다. 대개 메시지는 잘 보이는 편이지만, 정작 그 뒤에 숨어 있는 메타 메시지는 슬머시 모습을 감춘 채 남아 있는 경우가 많다. 메시지만 따라가다 보면, 메타 메시지가 담고 있는 수많은 의도와 깊은 사연을 알아채기 힘들다. 그런 의도와 사연에 다가서려면, 메시지가 안내하는 지도만 맹목적으로 따라갈 것이 아니라, 메시지 이면에서 펼쳐지는 다양한 상황과 분위기, 그리고 보이지 않는 뒷이야기까지 몸으로 느껴 보려는, 단단한 상상력이 필요하다.

지도는 곧 메시지다. 그리고 메타 메시지는 지도 사이사이에 형식적으로 드러나지 않는 동네 사람들의 살아 있는 이야기다. 골목 어귀를 울리는 아이들의 조용한 함성처럼, 메타 메시지는 흔적 없이 숨어 있다. 이런 숨은 사연과 배경까지 읽어 내려면, 전달자가 온 힘을 다해 드러내고자 하는 맥락의 현장에서, 각양각색의 표정과 복잡한 실타래 같은 상황을 몸소 읽어 내듯 헤아리는 감각이 필요하다. 단순히 지도를 따르는 것만이 아니라, 지형 전체를 꿰뚫어 보려는 상상력이야말로 메시지 뒤에 숨겨진 본질에 다가가는 핵심 열쇠다. 메시지를 전하려는 사람과 전달받는 사람 모두 유념해야 할 이야기다.

WHAT

PART 2

전달력
이란
무엇인가?

6

산전수전이 빚은 몸의 언어,
명불허전의 영향력이다

뛰어난 전달력을 보유한 사람의 10가지 핵심 역량

전달력은 단순히 전달하는 기술에서 나오지 않는다. 아리스토텔레스식으로 말하면 논리적으로 설명하는 로고스나 감성적으로 설득하는 파토스, 그리고 전달자의 신체적 아우라에서 풍기는 신뢰감이나 에토스가 조화롭게 균형을 맞출 때 전달력은 배가된다. 전달력은 전달하는 사람의 풍부한 경험을 근간으로 설득력에 영향을 주는 다양한 변수들이 전달 장면에서 역동적인 상호 작용을 하면서 만들어 내는 사회적 관계의 합작품이다.

· 체력: 신화 창조의 원동력은 체력이다

전달력의 원동력은 체력이다. 전달자는 입으로 메시지를 전달하는 사람이 아니라 몸으로 자기 삶을 증명하는 사람이다. 몸이 부실하면 전달자의 메시지를 듣는 사람도 믿음이 떨어진다. 자기 관리에 실패한 사람의 메시지를 귀담아들어 줄 사람은 없기 때문이다. 꿈의 목적지까지 헌신적으로 몰입해서 가게 하려면 몸이 따라 주어야 한다. 전달자가 꾸준히 운동해서 신체성으로 자기 정체성을 보여 줘야 하는 까닭이다. 전달력은 전달 메시지에 열정과 신념이 담겨 있어야 한다. 신념과 열정은 강인한 체력이 뒷받침되지 않으면 살아 움직이지 않는다. 체중이 실린 메시지라야 묵직한 울림을 줄 수 있다. 신화 창조의 주역은 머리가 아니라 몸이다. 체력이 곧 실력이고 태도이자 매력이다. 체력 없이 실행할 수 없고 실행하지 않고 꿈의 목적지까지 가는 데 필요한 실력을 쌓을 수 없다.

· 실행력: 행동이 통찰을 낳지 통찰이 행동을 낳지 않는다

전달력은 실행력에서 나온다. 실행해 본 사람만이 실천을 촉구할 수 있는 방향으로 전달할 수 있다. 실행해 본 경험이 없으면 실행력도 없고 실행력이 없으면 실력도 없다. 전달자의 실력은 실행력에서 나온다. 실행해 본 사람만이 실전 현장에서 생생하게 배운 현장의 교훈을 징험석 통찰력으로 전달할 수 있다. 전달을 어제와 다르게 하고 싶은 사람은 전달 기술을 배울 것이 아니라 어제와 다르게 실행해 보는 경험을 축적하는 게 빠른 길이다. 실행에 옮기다 보면 생각대로 풀리는 일도 있고 그렇지 않은 일도 많다. 그러나 일단 행동하다 보면 어제와 다른 통찰력을 얻을 수 있다.

· 도전력: 한계는 한 게 없는 사람의 핑계다

전달력의 파워는 도전력에서 나온다. 불가능하다고 생각하는 한계에 도전해 본 경험이 없으면 반전을 일으키는 전달력을 키울 수 없다. 전달력의 핵심과 중심은 도전하는 과정에서 통념을 깨부순 실패 사례나 경험적 깨달음 또는 에피소드를 통해서 뒤통수를 치는 깨우침에서 나온다. 도전하면서 겪은 삶의 교훈은 관념적으로 배운 깨달음보다 전달력의 임팩트가 남다르다. 믿고 있던 신념도 통념이 될 수 있음을 확인하는 방법은 한계에 도전하면서 깨달은 경험적 교훈이다. 한계는 해 보지도 않고 책상에서 안 된다고 생각하는 사람들의 핑계에 불과하다.

· 문해력: 언어의 한계가 사고의 한계다

전달력은 문해력이 좌우한다. 문해력은 단순히 어휘력이 있다고 길러지지 않지만, 어휘력이 없이 문해력은 개발되지 않는다. 문해력은 주어진 맥락에서 전달자가 전달하고 싶은 의중이나 의도를 간파하는 능력이다. 또는 전달자의 숨은 의도가 문맥에 따라 변화되는 맥락적 의미를 포착해서 적확하게 이해하는 능력이다. 전달력을 드높이기 위해서는 우선 다양한 어휘력을 신장시켜 적재적소에 적확한 언어를 구사해야 한다. 아무리 실행해 본 경험이나 도전을 통해 깨우친 깨달음이 많아도 언어가 타성에 젖어 있으면 전달력은 급감된다.

가장 효과적인 방법은 독서다. 책은 새로운 언어를 배울 수 있는 개념의 텃밭이다. 책을 읽으면서 만나는 새로운 개념은 세상을 바라보는 관점의 렌즈를 장착시켜 줄 뿐만 아니라 낯선 생각을 품게 만들어 준다. 독서의 가장 큰 위력은 개념적 렌즈를 장착하게 만들어 주는 힘에 있다. 전달력의 크기는 언어적 변주의 가능성에 비례한다. 언어가 가난해지면 생각도 가난해지고 전달력도 미천해진다. 비슷한 생각도 어떤 언어의 옷을 입고 밖으로 나가는지에 따라 천차만별의 효과가 나타난다. 깨달은 경험적 통찰력을 어제와 다른 언어로 벼리지 않으면 언어가 나를 버린다. 언어를 벼리는 일은 내가 느끼는 감정과 표현하고 싶은 생각에 가장 적확한 언어를 찾아 단련하고 연마하는 과정이다.

· 상상력: 생각지도 못한 발상이 생각의 지도를 바꾼다

전달력은 상상력이다. 첫 번째, 상상력은 타인의 아픔이나 불편함을 역지사지로 생각하는 다정함이다. 청중의 마음을 읽고 어떤 상황에서 무슨 곤란한 문제를 겪고 있는지를 측은지심으로 사랑하면 그들이 겪고 있는 불편, 불안, 불만족스러운 일상을 읽어 낼 수 있다. 이때 전달자는 청중의 아픈 부분을 어루만져 주는 다정한 메시지를 전달하는 가운데 치유되고 있다는 느낌을 공유할 수 있다. 전달자는 시종일관 청중 입장에서, 청중이 전달자의 메시지를 어떻게 받아들이고 이해하는지를 감지하면서 주어진 상황에 맞는 메시지에 의미를 입혀 공감과 감동을 유발하는 사람이다.

두 번째, 상상력은 발상이 아니라 연상이다. 새로운 걸 생각하는 발상에서 상상력이 나오지 않고 이미 있는 기존의 것을 어제와 다르게 연결하는 가운데 상대가 겪고 있는 아픔을 치유할 수 있는 놀라운 아이디어가 나온다. 상상력은 치밀한 논리적 사유가 장벽을 만나 고심하는 바로 그 지점에서 생각 너머를 생각하는 이유 없는 다정함이다. 타자가 처한 위치를 역지사지로 생각하고 상대가 겪고 있는 난처한 입장을 내가 직접 겪어 보면서 공감한 바를 어떻게 현실로 구현할 것인지를 집요하게 물고 늘어지는 돌파력이 추가될 때 상상은 공상이나 망상, 허상이나 몽상으로 전락하지 않고 현실을 변혁시키는 힘으로 작동하기 시작한다.

· 역발상: 정상에 간 사람은 하나같이 다 비정상이다

전달력은 역발상일 때 그 영향력이 폭등한다. 전달자는 통념의 덫에서 빠져나와 고정관념의 뒤통수를 치며 생각의 물구나무를 자주 서는 사람이다. 전달자는 정상적인 사람들의 상식적 발상에 몰상식한 시비를 걸면서 청중이 믿고 있는 신념도 통념이 될 수 있다는 사실을 통렬하게 비판하는 사람이다. 전달자는 역경을 뒤집어 경력으로 만드는 사람이며 정상에 간 사람은 정상이 아님을 몸으로 증명해 주는 역발상 실천가다. 누구도 기대하지 못한, 기대를 망가뜨리는 뜻밖의 놀라움에서 역발상의 싹이 자란다. 역발상은 원래 그렇다고 생각하는 통념, 물론 그렇다고 치부하는 고정관념, 당연하다고 생각하는 기정사실에 의심을 품고 의문의 물음표를 던질 때 시작된다.

· 질문력: 틀 밖의 질문을 던지는 사람이 뜻밖의 답을 낳는다

전달력은 질문력으로 드높아진다. 전달은 일방적 메시지 전파가 아니다. 전달은 끊임없이 질문을 던지고 문제를 제기하면서 청중으로 하여금 전달하려는 메시지를 감지하고 던진 질문에 스스로 생각하면서 낯선 관문으로 입문하게 하는 과정이다. 탁월한 전달력은 뛰어난 질문, 호기심 어린 낯선 질문에서 나온다. 전달력이 높은 사람은 자기 생각만 시종일관 이야기하지 않고, 중간중간 상대에게 생각하던 방향을 바꿔 이전과 다르게 생각하게 하는 마중물을 던진다.

전달력의 수준은 전달자가 청중에게 던지는 질문의 수준에 비례한다. 깊이 있는 질문, 깨달음을 유도하는 질문, 낯선 생각을 떠올리게 해 주는 질문, 당연함을 부정하고 고정관념을 깨부수는 질문을

수시로 던지면서 메시지를 전달할 때 청중은 그 메시지의 의미심장
함을 다르게 받아들이기 시작한다.

· 경쟁력: 색달라지면 남달라진다

전달력은 경쟁력으로 차별화된다. 경쟁력은 경쟁자와 경쟁하
는 가운데 생기기보다 어제의 나와 비교하는 경쟁에서 대체 불가능
한 고유한 컬러와 스타일이 탄생된다. 경쟁력은 남과 경쟁할수록 차
별화가 되지 않고 오히려 비슷해진다. 진정한 경쟁력은 그래서 남보
다 잘하려는 노력에서 생기지 않고 전보다 잘하려는 안간힘에서 생
긴다. 남다르게 노력할수록 나만의 색다름이 없어지기 때문이다. 남
달라지려고 노력하기보다 자기만이 할 수 있는 색다름을 찾아 차별
화시키는 전달력을 키워 나갈 때 경쟁력은 저절로 생긴다. 경쟁자와
의 비교는 나만의 색다름을 남다르게 바꾸려다 결국 나만의 고유한
색깔도 잃어버리는 어리석음을 범할 수 있다. 지금까지 살아온 경
험적 깨달음을 나만의 언어로 번역하는 전달력이 차별화된 경쟁력
의 관건으로 작용한다. 컬러(color)가 킬러(killer)다. 우리는 저마다의
컬러대로 살아간다. 자기만의 색깔이 성깔로 나타난다. 내가 만드
는 모든 전달 자료들은 내가 살아오는 가운데 경험한 삶의 색깔대로
의미를 담아 재미있게 전달하기 위해 준비하는 것이다. 나만의 색깔
을 드러내는 가장 효과적인 방법은 내가 좋아하거나 왠지 마음이 끌

리는 단어를 선정, 그 단어대로 생각하고 행동하며 스토리를 만드는 것이다.

·설득력: 논리적 설명력보다 감성적 설득력이 중요하다

전달력은 설득력의 다른 이름이다. 설득력은 논리적 설명력보다 먼저다. 감성적 설득력은 산전수전 겪어 본 도전과 실천적으로 적용해 본 실행력에서 나온다. 전달력으로 청중의 마음을 뒤흔들려면 내가 겪은 이야기를 갖고 설득, 의미를 심장에 꽂아 의미심장하게 해야 만들어야 한다. 자기만의 스토리가 있어야 설득력이 생기고 설득력이 있어야 전달력을 높일 수 있다. 겪어 본 이야기가 많은 사람은 다른 사람의 이야기로 설명하지 않고 자기 이야기로 감성적으로 설득한다. 의미심장한 감동을 받은 사람은 그때부터 행동하기 시작한다.

·브랜딩: 당신의 삶은 이미 책 한 권이다

전달력의 출발점이자 종착역은 브랜딩이다. 마케팅이 남과 다르게 되기 위한 경쟁을 통해 최고가 되려는 노력이라면 브랜딩은 어제의 나와 다르게 되기 위한 자신과의 경쟁을 통해 유일한 내가 되려는 과정이다. 전달력은 결국 대체 불가능한 자기만의 컬러와 스타일로 누구도 흉내 내기 어려운 자기만의 고유한 휴먼 브랜드를 각인시키는 과정이다. 휴먼 브랜딩으로서의 전달력이 있어야 누군가로부터 호명을 받고 자기 사명을 완수하며 소명대로 살아가는 삶을 영위할 수 있다. 지금까지 설명한 9가지 요소(체력, 실행력, 도전력, 문해력, 상상력, 역발상, 질문력, 경쟁력, 설득력)를 모두 연결, 휴먼 브랜딩 과정에 통합시키는 과정이 바로 브랜딩으로서의 전달력을 드높이는 과정이다. 그리고 말로 전달하는 강연과 더불어 글로 전달하는 책은 자신의 독보적인 브랜딩으로 만드는 강력한 수단이다. 우리는 모두 저마다 고유한 책이다. 사람은 이미 책 한 권을 능가하는 삶을 살아왔기 때문이다.

이렇듯 전달의 힘은 전달 내용과 방법 이전에 전달자의 실천적 경험에서 나온다. 내 삶을 능가하는 전달력을 기술적으로 배운다고 해도 전달 과정에서 감동을 주기는 어렵다. 전달은 살아온 삶, 살아가는 삶, 살아 내고 싶은 삶만큼의 내용을 토대로 이루어진다. 전달은 이런 점에서 기법이나 기교의 문제가 아니라 삶의 문제다. 전달력을 드높이기 위한 1차 전제조건은 어제와 다르게 살아가는 삶이다. 물론 경험한 것만큼 그대로 다 전달할 수 없다. 언어적 번역의 문제가 걸려 있기 때문이다. 아무리 색다른 경험을 했어도 그 경험을 적확한 언어로 벼리지 않으면 경험은 한순간의 이벤트로 스쳐 지나가는 기억이 될 것이다. 나는 전달력을 드높이기 위해 다음의 3단계를 거쳐 발전을 거듭해 오고 있다.

1세대 전달력, y=ax

《바보의 벽》[*]이라는 책을 쓴 요로 다케시가 구안해 낸 뇌의 일차방정식이 y=ax다. 여기서 y는 뇌 속에서 처리된 결과 나타난 반응을 지칭하며, a는 현실의 무게 계수, 그리고 x는 뇌 속에 입력된 정보를 지칭한다. 이 공식은, 뇌 속에 정보가 입력되어서 나타나는 반응의 강도의 차이는 입력되는 정보가 갖는 현실의 무게를, 정보를 입수하는 입력 주체가 어느 정도 강하게 느끼느냐에 따라 달라질 수 있음을 말해 주고 있다. 즉 뇌에 아무리 좋은 정보(x)가 입력되어도 그 정보를 해석할 수 있는 경험적 깊이와 넓이(a)가 없으면 뇌 속에서 일어나는 깨우침(y)은 거의 없다는 의미다. 경험이 없는 사람이 전달하는 방법이나 기법만을 배워서 청중을 감동시키기에는 역부족이다. 땀을 흘리며 자신이 직접 겪어 본 이야기가 없으면 감동을 주기 어렵다. 다른 사람의 이야기를 확률적 연결 가능성과 논리적 패턴에 따라 생성하는 인공지능의 글을 읽고 감탄사는 연발할 수 있지만 감동을 받기는 어려운 까닭도 여기에 있다.

경험해 본 사람은 그렇지 않은 사람에 비해 언어 선택과 사용도 남다르다. 경험이 없이 책상에서 관념적으로 공부한 사람의 언어는 생기가 없고 건조하다. 반면에 밑바닥 인생을 살면서 다양한 경험을

---

[*] 요로 다케시 지음, 양억관 옮김, 《바보의 벽》, 재인, 2003.

해 본 사람은 비록 사용하는 언어가 고급스럽지 않지만 진실한 마음과 땀의 언어가 그대로 살아 숨 쉰다. 바보의 벽을 넘어서지 못하는 전달력은 3가지로 요약할 수 있다. 첫째, 경험이 0에 가까워지는 경우, 아무리 좋은 정보가 뇌에 입력되어도 이걸 해석할 수 없을 때 전달력도 0에 가까워진다. 세상의 좋은 정보가 넘쳐 나도 주체적으로 해석할 수 있는 능력이 없기 때문에 방관자로 살아가거나 무관심으로 일관하며 무료한 삶을 살아갈 수 있다. 둘째, 자신의 경험을 진리 판단의 유일한 근거로 생각하는 경험의 절대화가 발생하는 경우다. 자기 경험에 갇혀 사는 좌정관천의 전달력은 다른 세계를 살아 보지 않는 이상 치유하기 어려운 질병이다. 셋째, 경험으로 생기는 현실 무겟값이 '마이너스(-)'로 상정되는 경우다. 경험은 경전이지만 그건 당신의 이야기일 뿐 사실이 아니라고 근거 없는 비난의 화살을 날리는 사람이 발휘하는 전달력은, 전달하기도 전에 에너지를 빼앗아 실패를 전달하는 꼴이 된다.

2세대 전달력, $y=er^2$

1세대 전달력이 지니고 있는 문제나 한계를 극복하기 위해서 필요한 조치는 우선 내가 겪은 경험은 세상을 살아가는 동안 경험해야 할 모든 영역 중에서 극히 일부에만 해당된다는 점을 받아들이는 겸

허한 자세다. 더 나아가 내가 경험적으로 깨달은 지혜도 어떤 상황에서는 통용되지 않는 편견일 수도 있음을 받아들이는 자세가 필요하다. 내가 모든 걸 다 경험할 수 없으니 나의 경험으로 생긴 신념도 언제든지 통념이나 고정관념으로 바뀔 수도 있음을 열린 마음으로 바라보고 나의 입장도 수시로 수정할 수 있음을 인정하는 자세가 더 큰 깨달음으로 가는 출발점이다. 이때 필요한 명언이 있다. "지금 네 곁에 있는 사람, 네가 자주 가는 곳, 네가 읽는 책들이 너를 말해 준다." 괴테가 한 말이다. 내가 누구인지를 알아보는 방법은 내가 만나는 사람, 내가 어떤 공간에서 해 보는 경험, 그리고 내가 읽는 책을 물어보면 된다. 오늘날의 나는 내가 만나는 사람, 내가 해 본 경험, 내가 읽었던 책들이 만든 것이다. 내 안에는 사람을 만나서 생긴 인간적 깨우침, 직접 부딪치며 얻은 경험적 깨우침, 독서를 통해서 깨달은 지적 깨우침이 살아 숨 쉰다.

직접 경험만으로 뇌에 입력되는 정보를 해석하는, 1세대 전달력을 표현하는 $y=ax$의 한계를 극복하고 문제를 해결하기 위한 한 가지 대안으로 $y=er^2$이라는 공식을 구상한 것이다. 여기서 'e'는 '경험(experience)', r^2에서 첫 번째 'r'은 '인간관계(relationship)'를, 두 번째 'r'은 '독서(reading)'를 의미한다. 괴테가 말한 명언에 비추어 재정리하면 네 곁에 있는 사람이 인간관계, 네가 자주 가는 곳이 경험, 네가 읽는 책이 독서에 해당된다. 괴테가 명언에서 강조한 3가지 측면을 다른 말로 바꾸면 네가 자주 가면서 겪은 경험은 체(體), 네 곁에서 만나는 사람과의 관계는 인(仁), 네가 읽는 책으로 생기는 깨달음을 지(智)에 대입할 수 있다. 체인지(體仁智)는 영어의 'change'와 발음이 똑같다는 생각으로 만든 말로, 나는 체(體), 인(仁), 지(智)를 갖춘 인재만이 세상을 체인지(change)할 수 있다는 주장을 담아 《체인지(體仁智)》**라는 책을 내기도 했다.

　체인지(體仁智)는 본래 체인지(體認知)였다. 진정한 변화라면 직접 체험해(體) 보고 깨달았을(認) 때 남는 지식(知)이 있어야 한다는 가정에서 출발한 문제의식의 소산이었다. 그러다 체인지(體認知)를 구성하는 3가지 한자를 확연하게 구분할 수 없어서, 그동안 쓴 원고를 3가지 카테고리로 나누는 데 문제가 생겼다. 즉 체(體)와 인(認), 체(體)와 지(知)는 구분되지만 인(認)과 지(知)는 구분이 되지 않고 인지(認知)처럼 하나의 단어로 묶이기 때문이다. 체(體)는 몸이지만 인지(認知)는 새로운 사실을 알아채서 머릿속에 각인하는 과정이다. 즉 인지는 몸으로 체험한 생각을 머리로 정리하면서 탄생하는 앎이다. 그래서 체인지(體認知)의 인(認)을 다른 글자로 바꾸려고 고민하다가 어질 인(仁)을 만나게 되었다. 체인지(體認知)의 인(認)이 개인이 깨달은 '앎(knowing)'을 강조하는 반면 체인지(體仁智)의 인(仁)은 다른 사

** 유영만 지음, 《체인지》, 위너스북, 2018.

람의 아픔을 느낄 줄 아는 관계 차원의 공감 능력을 강조한다. 깨달음이 개인 차원에 머무르는 체인지(體認知)와 인간관계로 확산하면서 사회적 변화를 일으키는 체인지(體仁知)에 주목해서 체인지(體認知)의 인(認)을 인(仁)으로 바꾸었다.

무엇보다도 체인지(體仁知)의 인(仁)을 통해서 강조하려는 것은 내가 경험해 보지 못한 타인의 아픔에 공감하는 능력의 지혜였다. 체험적 고통으로 깨달은 앎과 느낌으로 다른 사람의 아픔을 치유해 줄 수 있다. 우리가 새로운 지식을 공유하고 창조하는 이유는 다른 사람의 아픔을 함께 고민하고 공감하며 치유해 주기 위해서다. 타인의 아픔을 긍휼히 여기는 측은지심을 강조하기 위해서 체인지(體認知)의 인(認)을 인(仁)으로 바꾼 것이다.

그다음 체인지(體仁知)는 한 단계 더 발전해서 체인지(體仁智)로 변신을 시도했다. 이 둘의 근본적인 차이는 지능과 지식을 넘어서는 지성과 지혜의 차이다. 체인지(體仁知)의 지식도 체험적 느낌으로 체득하는 지혜의 성격을 포함하고 있다. 지능과 지식보다 지성과 지혜를 강조하는 이유는 4차 산업혁명이나 인공지능 기술이 발전하면서 인간 학습을 능가하는 머신 러닝(Machine Learning)이나 딥 러닝(Deep Learning)을 통해 웬만한 지식과 지능은 인공지능이 순식간에 대체할 가능성이 현실화되고 있기 때문이다. 그래서 지능, 지식과는 근본적으로 다른 지성, 지혜의 본질과 성격을 근본적으로 성찰하고 전망해야 한다는 문제의식이 싹튼 것이다.

《체인지(體仁智)》에서는 진정한 변화를 이끌어 낼 키워드로 체험(體), 공감(仁), 지혜(智)를 다룬다. 이 3가지 키워드는 하나의 결과를 향한 시작과 끝으로 연결되어 있다. 경험의 추동력인 '몸(體)'은 극한의 고통과 역경 속에서 자신의 한계와 맞서 싸워야 얻을 수 있는 강렬하고, 굳건한 경험적 깨달음이다. '공감(仁)'은 강렬한 경험을 통한 깨달음이 타인에 대한 공감으로 이어지는 마음이다. '지혜(智)'는 경험적 깨달음과 타인에 대한 공감으로 실천하며 탄생하는 살아 있는 지혜다. 따라서 세상과 분리된 평면적 지식이 아니라 깨달음을 통해 다져진 진짜 지혜다. 인공지능 시대를 맞아, 현재는 통합과 융합의 시대이고, 이것과 저것을 엮어 시너지를 낼 수 있는 통합적 인재를 필요로 한다. 남다른 상상력과 지혜는 남다른 경험과 공감 그리고 실천을 통해서만 얻어진다. 스스로의 삶을 남다르게 개척하고 싶다면, '체인지'를 갖춰야 되는 이유다. 전달력은 체인지(體仁智)의 지혜로 영향력을 행사함으로써 듣는 사람의 삶을 체인지(change)하는 과정이다. 그 출발점이 몸의 경험이고, 겪어 본 경험이 있어야 가슴으로 다가오는 공감 능력이 생기며, 결론적으로 머릿속에서 정리된 최종 산물이 지혜(智慧)다. 지혜는 책상 공부의 결과가 아니라 몸으로 겪어 본 경험적 산물이다. 경험적 산물인 지혜가 듣는 사람의 혜안과 안목을 높여 줄 수 있는 전달력의 정수다.

3세대 전달력, $y=er^2t/l$

이 공식에서 y는 전달력, e는 특정 환경에서의 경험(experience in environment), r은 주체적 책 읽기(reading)와 인간관계(relationship), t는 비판적 또는 과학적 사고 과정(thinking), l은 언어(language)로 수식화될 수 있다.[•••] 여기서 분자에 위치한 경험과 독서, 그리고 인간관계를 통해 깨달은 깨우침에 대한 비판적 사고는 많을수록 좋다. 분모의 언어는 간단하고 명료할수록 전체 값이 커진다. 언어로 구성된 분모가 작아질수록 분자의 비중이 커지면서 전달력의 가치도 더불어 올라가는 방정식이다.

문제는 1세대와 2세대 전달력에서도 설명한 바와 같이 경험(e)이 제로에 가까워질수록 아무리 많은 책을 읽고(r) 다른 사람을 만나고(r), 생각(t)이 깊어져도 총량은 늘지 않는다. 나머지 변수가 아무리 높아져도 결괏값 y, 즉 전달력이 영향력을 미칠 가능성은 제로에 가까워진다. 그만큼 경험은 전달력을 개발하는 핵심 변수라는 점을 여러 번 강조해 왔다. 이는 거꾸로 축적된 경험이 많은 사람이야말로 전달력을 높이는 데 유리하다는 뜻이다.

전달력이 살아 움직이려면, 다른 사람의 경험적 깨달음의 산물

[•••] 이 개념은 필자의 《코나투스》라는 책에서 일생이론을 구축하는 방정식으로 언급한 바 있다.

을 모방하거나 복사본으로 전락하는 학습에서 탈피해야 한다. 대체가 불가능한 전달력은 계획적이고 단속적인 체험을 반복할 것이 아니라 어제의 경험이 오늘의 경험과 연결되면서 연속적인 깨달음이 축적됨으로써 자기만의 서사나 이야기를 창조해야 한다. 내가 삶의 주도권을 쥐고 내 몸이 직접 겪어 보는 우발적인 경험이 반복되어야 대체 불가능한 나만의 서사가 탄생하고, 그러한 서사가 있어야 그 사람 고유의 역사로 기록된다.

• 독서는 전달력을 배가시키는 자극제다

전달력을 개발하는 데 필요한 하나의 필요조건이 독서다. 경험은 전달력을 높이기 위한 경전으로 작용한다. 하지만 경험이 업데이트되지 않거나 내가 겪은 경험을 다양한 관점으로 해석하는 별도의 노력을 전개하지 않으면 나 역시 나의 경험의 덫에 걸려 좌정관천의 오류에 빠질 수 있다. 내가 겪어 봤다고 해서 그 경험이 언제나 진리이자 많은 사람들이 그대로 따라서 겪어 봐야 되는 전형은 아니다. 나의 경험이나 경험적 깨달음으로 얻은 깨우침의 무늬도 편견이나 선입견으로 오염된 의견일 수 있기 때문이다. 경험의 편파성을 극복하는 한 가지 방법은, 나와 다른 세계에서 다른 경험을 하며 자신의 사유 체계를 증축하는 사람이 쓴 책을 읽어 보는 것이다. 책은 내가 직접 겪어 보지 못했던 새로운 세계가 있음을 알려 줄 뿐만 아니라 비슷한 경험을 했어도 다른 관점과 논리로 다르게 생각한 흔적을 만날 수 있는 최적의 매개체다. 경험적 자극과 더불어 나와 다른 사람의 생각의 흔적이 담겨 있는 책을 읽음으로써 지적 자극을 받는 간접 경험을 축적할 수 있다.

책에 빠져서 읽은 다음 다시 책에서 빠져나와 주체적인 나의 생각으로 저자의 의도와 의미를 재해석하면서 내 삶에 비추어 부단히 성찰하는 활동이 이어질 때, 책은 단순히 사고방식의 혁명을 일으키는 외부적 자극제를 넘어 내 삶을 주체적으로 반성하고 재해석하는 놀라운 지적 자양분으로 자리매김한다. 모든 텍스트는 콘텍스트의 산물이다. 사람은 저마다의 사연과 배경이 스며들어 있는 콘텍스트에서 몸으로 겪어 본 희로애락을 버무려 씨줄과 날줄로 직조해 낸다. 특정한 콘텍스트에서 탄생된 텍스트를 자기 경험에 비추어 주체적으로 해석하고 비판적으로 자기 지식으로 재창조하는 독서를 하는 인간만이 이전과 다른 문제의식으로 감동을 줄 수 있는 텍스트를 창작할 수 있다.

• 인간관계는 나의 전달력을 반성하게 만드는 양면 거울이다

사람이 경험을 하면서 깨달은 깨우침이 흔적도 책이지만 한 사람 자체도 이미 책 한 권을 넘어선다. 사람은 사람을 만나서 어제와 다른 사람으로 거듭난다. 오늘의 나는 내가 지금까지 맺어 온 인간관계의 사회 역사적 합작품이 되는 이유다. 내가 만나는 사람이

나인 이유는 내가 만나는 사람이 나를 만들어 주기 때문이다. 관계가 인간이라는 존재를 만들어 간다. 존재는 관계의 부산물이다. 존재인 인간은 그 인간이 만들어 가는 관계를 벗어날 수 없다. 오늘과 다른 나로 내일 거듭나기 위해서는 지금까지 만난 사람의 관계를 넘어 다른 사람과의 관계를 맺어 나가지 않으면 안 된다. 인간관계라는 양면 거울은 타인에 대한 경종이자 나 자신을 향한 반성이며 성찰이다. 자신의 신념도 통념일 수 있으며 가치 판단의 근거나 기준도 관성적으로 고착화된 고장 난 고정관념일 수도 있다. 때문에 끊임없이 양면 거울에 비추어 반추해 보고 성찰하는 노력을 이어 가야 한다. 자기주장을 일방적으로 내세우는 사람 앞에서 나 역시 이런 사람이 아닌지도 양면 거울에 비추어 스스로의 모습을 반성할 수 있다.

"지옥, 그것은 타자이다." 사르트르가 말한 대로 타자가 지옥이라면 나의 미래는 타자를 만나지 말아야 할 것인가? 그렇지 않다. 지옥처럼 느껴지는 타자도 만날 수 있지만 무한한 깨달음을 주는 타자도 있다. 인간관계의 깊이가 전달력으로 자극을 줄 수 있는 깨우침의 깊이를 결정한다. 내가 만나는 사람과의 관계가 내가 성장할 수 있는 높이를 결정한다. 나는 혼자 성장하는 독립적 개체가 아니라 더불어 성장하는 관계의 다른 이름이다. 인간관계와 마찬가지로 나의 실력도 나 혼자 발휘하는 독립적 역량이 아니라 관계 속에서 함께 주고받는 사회적 상호 작용의 산물이다.

• 비판적 사고로 걸러지지 않는 경험은 위험하다

경험과 독서, 그리고 인간관계의 삼각 축이 전달력을 개발하는 원료로 쓰이기 위해서는 어떻게 해야 할까. 이 3가지를 녹여 내는 나만의 관점과 시각을 통제하고 조정하는 '생각'이 통념에 사로잡히지 않고 부단히 움직여야 한다. 여기서 말하는 생각은 머리로 하는 관념적 생각보다 몸이 움직여 느끼는 감각적 깨달음이며 다른 사람의 생각에 물음표를 던져 재고해 보는 비판적 사고에 가깝다. 누군가가 옳다고 믿는 신념 체계를 무조건 따라가는 생각이 아니라 내가 직접 겪어 보고 내 몸에 좋은 느낌을 주는지 나쁜 느낌을 주는지를 주체적으로 판단하는 각성과 일맥상통한다. 이 시점에서 니체가 《선악의 저편·도덕의 계보》[****]에서 '우리'나 '그들'이 주어로 작용하는 선(good)과 악(evil)의 도덕(moral)을 넘어서 '나'에게 좋고(good) 나쁜(bad) 윤리(ethics)를 따르는 삶이 노예가 아니라 주인으로 살아가는 삶이라고 이야기한 것에 주목할 필요가 있다.

우리나 그들이 주어인 도덕은 언제나 이렇게 사는 게 성공한 삶이라고 한다더라 하는 형식으로 구전되어 사람들에게 전해진다. 누

[****] 프리드리히 니체 지음, 김정현 옮김, 《선악의 저편·도덕의 계보》, 책세상, 2002.

군가 어떤 의도로 정한 것인지도 모를 뿐만 아니라 왜 그것이 우리 모두가 지켜야 할 보편적인 도덕인지에 대해서는 누구도 문제를 제기하지 않고 맹목적으로 믿고 따를 뿐이다. 내가 무엇을 하는 것이 나를 기쁘고 행복하게 만드는지 고려하지 않고, 우리가 공유하는 가치 판단의 기준을 따르고 언제나 나 아닌 그들의 눈치를 보면서 그들과 나를 비교하면서 살아가는 노예의 삶이다.

전달력을 개발하는 과정에서 '생각한다'는 것은 이러한 타성과 고정관념에 젖어 사는 것을 의미하지 않고, 이전과는 다르게 생각하는 것을 의미한다. 당연함에 시비를 걸고 근본과 근원을 따져 보는 물어봄이며, 이전과는 다른 물음을 던져 베일에 가려진 이면을 드러내려는 치열한 몸부림이다. 또 '생각한다'는 것은 책상머리에 앉아서 관념적으로 상념의 날개를 펼치는 게 아니라 다양한 실험과 모색을 통해 몸으로 다가오는 느낌에 반응하며 색다른 대안을 찾으려는 안간힘이자 전달력을 개발하는 모든 실천적 활동 속에서 일어나는 성찰적 자기반성이다. 자기 경험이 독단에 기반한 편파적 신념이나 갈등하는 의견이나 주장과도 타협을 거부하는 외로운 고집으로 흐르지 않고, 열린 마음으로 다름과 차이를 존중하는 개방적 신념으로 자리 잡기 위해서는 자기주장만 옳다는 의지는 잠시 괄호 안에 집어넣고 주장의 신뢰성이나 타당성을 검증할 수 있는 문을 열어 놓아야 한다.

• 자기만의 언어는 체중이 실린 몸의 언어다

자기만의 언어는 자신이 몸으로 겪은 단독적인 경험을 그 경험이 발생한 상황적 맥락성을 배경으로 사유하는 가운데 경작되는 애쓰기의 산물이다. 언어는 개념적 의미를 전달하는 단순한 기호가 아니라 신체적 경험을 결부시키는 몸의 반응이다. 어떤 문장을 읽으면 머리로 이해되기 전에 몸이 먼저 반응을 보이면서 그 문장을 쓰는 작가의 몸이 경험하는 감각적 체험이나 깨달음의 느낌이 내 몸에도 고스란히 느껴지기도 한다. 자기만의 언어는 관념적 사유의 산물로 탄생하는 머리의 언어가 아니라 경험적 고통이나 상처, 성취의 즐거움이나 좌절의 아픔을 담아내려고 애쓰는 가운데 비로소 모습을 보여 주는 몸의 언어다.

자기만의 언어는 특정 공간이나 상황에서 직면했던 난제를 해결하거나 딜레마 상황에서 벗어나기 위해 절치부심할 때, 기존 언어로는 지금 난국을 돌파하는 대안이 구상이 안 될 때 지금의 고민을 풀어낸 언어를 벼리고 벼리는 가운데 새로운 언어를 벼릴 때 탄생된다. 그때 언어의 틈새를 메꾸기 위해 내가 벼린 언어에는 나의 치열한 고민과 깊이 파고들었던 생각의 깊이가 고스란히 무게가 실린다. 순간 고민하는 시간은 두꺼워지고 단어의 무게가 무거워지면서 그 단어가 품고 있는 의미도 설명할 수 없을 정도로 깊어진다. 언어를 벼리는 시간은 SNS에서 정보가 흐르는 것처럼 얄팍하지 않고 단어의 의미를 반추하며 되새김질을 반복하는 시간이라 두꺼워진다.

자기만의 언어에는 이렇게 시간의 두께가 만들어 내는 의미의 중력이 실린다. 한 인간이 특정 공간에서 보내는 시간의 합작품인 셈이다. 즉, 특정 시간과 공간에서 겪은 경험을 특유의 문제의식으로 녹여 내면서 이전에 없었던 새로운 언어로 다듬고 벼려서 만들어 내는 사투의 산물이다. 뛰어난 전달력은 직접 경험하고, 어제와 다른 책을 읽고, 이전과 다른 사람을 만나서 깨달은 교훈을 자기만의 언어로 번역하는 과정에서 개발되는 성취물이다. 아무리 색다른 경험을 하고 경이로운 책을 읽고 놀라운 사람을 만나 어제와 다른 깨우침을 얻었어도 그걸 어제와 다른 언어로 서술하거나 설명할 언어가 부실하거나 부재하다면 깨우침은 몸속에서 침잠된 채 깊은 겨울잠에 빠질 것이다.

전달력은 산전수전이 낳은 삶의 결론이다

이단의 길을 거침없이 걸어가며 76세에 자살로 한 생을 마감한 명나라의 사상가 이지(李贄)가 쓴 고전 《분서(焚書) I, II》[**]와 《속 분서》[***] 그리고 그에 대한 평전을 읽다 보면 자신이 겪어 낸 고통스러

[**] 이지 지음, 김혜경 옮김, 《분서 I》, 한길사, 2004.
이지 지음, 김혜경 옮김, 《분서 II》, 한길사, 2004.

[***] 이지 지음, 김혜경 옮김, 《속 분서》, 한길사, 2007.

운 체험을 자기만의 언어로 번역하면서 세상에 둘도 없는 자기만의 이론을 구축하는 과정을 엿볼 수 있다. 그에 따르면 찬란한 무늬로 그려지는 글은 산전수전을 겪으면서 내면에 쌓인 감정의 응어리들과 고심을 거듭하며 깊은 생각에 잠겼을 사색 탐험의 산물이다.

전달력이란, 이와 같은 산전수전의 경험과 마주침을 재료로 삼아 나에게 인간적 자극을 주는 사람과의 마주침은 물론 나와 다른 세계에서 살아가는 사람이 쓴 책과의 마주침으로 받은 지적 자극이 내 생각의 용광로에서 서로 뒤섞이면서 어제와 다른 언어로 번역되는 가운데 탄생한 융복합적 산물이다. 즉 가장 이상적인 전달력은 책과 사람을 읽으며 겪어 낸 자기만의 경험적 서사를 낯선 생각으로 녹여 내는 과정에서 날 선 언어로 벼리고 벼리는 가운데 그 어디서도 들을 수 없는 대체 불가능한 메시지를 전달하는 코나투스 전달력이다. 코나투스는 대체 불가능한 원본의 자부심과 세상을 뒤흔들고 싶은 욕망으로 색다르게 그리고 가장 나답게 살아갈 때 빛나는 명불허전의 고유한 자기다움이다. 다른 사람의 성공 지도를 따라가고 다른 원본과 비교하며 자기계발을 할수록 자기가 계발되지 않는 전달력으로 복사본만 대량 양산하다가 결국 복사본으로 인생을 마감할 수도 있다.

규정된 의미를 파괴하는
미지의 도끼다

좋은 메시지는 사리 판단을 어둡게 하는 편견이나 선입견을 깨고 잠들어 가는 영혼을 뒤흔드는 힘이 있다. 진리라는 이름으로 포장된 가짜 심장을 건드려 다시 심장 뛰는 삶으로 이끌어 가는 추진력이자 추동력을 말한다. 통찰력 있는 전달자는, 편리로 포장된 진리의 벽을 무너뜨리고 삶은 누구에게나 일리 있는 의미를 지닌 것이라서 저마다의 컬러와 스타일로 살아 내지 않으면 사라질 수밖에 없음을 깨우쳐 주는 각성제의 역할을 한다. 세상의 진리를 전달하는 한 가지 방법은 이것이 내가 믿는 진리니까 믿어야 된다고 설명하지 않는 것이다. 뛰어난 전달자는 무엇이 진리냐는 물음보다 "왜 그것이 진리인지, 누가 그걸 진리라고 정했는지?" 또는 "우리가 믿는 진리를 믿고 따라야 한다는 강제성을 누가 정한 것인가?"라는 질문을 선호한다. 이처럼 맹목적 믿음을 의심해 보는 질문을 니체는 계보학적 질문이라고 한다.

전달력은 언어적 점성을 깨부수는 도끼질이다

계보학적 질문은 익숙한 것, 당연한 것을 더 이상 익숙하지 않도록 당연하지 않은 것으로 바라보게 만드는 비판적 질문이다. 기원을 찾아 올라가 나의 조상이 위대하다는 점을 밝혀냄으로써 나를 정당화하려는 족보학과 다르게 계보학은 기원을 찾아 올라가긴 하지만 그 기원이 얼마나 근거 없는 믿음인지를 의문에 부치고 비판하는 방법이다. 이런 계보학적 질문은 누군가의 강의를 듣고 무조건 전달자가 주장하는 메시지를 믿는 것이 아니라 그렇게 주장하는 사람의 근본적인 의도는 무엇인지, 어떤 근거로 그렇게 생각하고 판단하는 것인지를 따져 보고 파헤치는 질문이다.

현명한 전달자는 내가 옳다고 믿는 신념을 확신하고 한 치의 의심도 없이 만고불변의 진리로 설명하지 않는다. 세상의 모든 진리는 그것을 주장하는 사람의 편견과 편리에 물들어 있기 때문에, 그렇게 옳다고 믿는 신념이나 가치 체계를 비판적으로 재검토하면서 의문의 여지를 남겨 놓는다. 이에 따르면 전달력은 익숙한 세계에 길들여져 있는 세상의 관습을 벗기고 새로운 습관의 옷을 입히려는 안간힘이다. 또한 녹슨 철로 위를 힘겹게 운행하면서 껍데기에 가려져 있던 낡은 관습과 통념들을 통렬하게 깨부수고 굳어진 습관의 저변에서 힘겹게 살아가다 고장 난 고정관념과 타성의 찌꺼기들을 들추어 강력한 세제로 세탁하는 세척력이기도 하다. 여기서 말하는 세탁이나 세척은 개념적 처방이 아니라 몸으로 감각한 깨달음의 언어로 폐부 깊숙이 자리 잡은 식상한 상식을 흔들어 깨우는 신체적 각성이다. 실천 앞에는 언제나 과감한이라는 형용사가 붙고, 검토 앞에는 적극이라는 부사가 달라붙어 다른 형용사와 부사의 접근을 허용하지 않는 언어적 관성을 깨부수는 도끼질이 바로 전달력이다.

전달력은 낯설게 하기다

낯설게 하기는 특히 많은 사람들이 오랫동안 공유해 온 개념의 의미를 재정의함으로써 똑같은 현상도 전혀 다르게 바라보게 만드는 시도다. 예를 들면 흔한 컵 하나를 보고도 "이 컵은 단순한 음료 용기가 아니라, 우리 삶에 끊임없이 채워지는 열정이나 기회를 담는 그릇"이라고 비유하는 것이다. 낯설게 하기의 천재는 시인이다. 시인은 동일한 사물이나 현상을 보고도 전혀 다른 관점으로 재해석한 다음 지금까지 쓰지 않았던 언어로 사물이나 현상을 전혀 다르게 바라보게 만든다. 예를 들어 반칠환 시인은 〈둥근 시집〉이라는 시에서 나

이테에 대해 '여름의 연서', 그리고 '겨울의 난중일기'라고 참신하게 비유했다. 이와 같은 새로운 표현은 강력한 힘을 갖고 전달된다. 아무리 새로운 생각을 했어도 그걸 매개하는 언어가 타성에 젖어 있으면 생각도 전달도 힘을 잃는다.

전달력은 범주에 갇힌 의미를 해체하는 작업이다

정병근 시인은 〈눈과 도끼〉라는 시에서 '눈'을 '미지의 도끼'에 비유했다. 눈이 미지의 도끼인 까닭은 아직 모르는 미지의 세계를 바라보는 고정관념을 도끼로 깨부수듯 새로운 깨달음의 시각을 열어 주는 창조적 파괴자의 역할을 하기 때문이다. 눈으로 사물이나 현상을 바라보며 오래 머무는 순간 하나의 앎이 탄생된다. 하지만 그 앎으로 인해 다르게 생각할 수 있는 앎은 차단된다. 사물을 바라보는 관점이나 시선이 사선(死線)을 그어 놓는 순간 일정한 범주로 묶어서 의미를 고정시켜 버린다.

오민석 시인이 《이 황량한 날의 글쓰기》라는 책에서 말했듯, 시선이 멈추는 순간 사물은 기존 앎으로 의미가 규정되고 다른 의미와 만나 일정한 범주를 만들어 간다. 범주 속에 갇힌 사물은 다르게 정의될 가능성을 상실한다. 기존 앎으로 사물이 폐허가 되기 전에 미지의 도끼로 그 앎을 깨부수기 위해서는, 기존 시선으로 바라보는 노력을 멈추어야 한다. 다른 시선이 바로 미지의 도끼 역할을 하는 다른 눈이다. 한 가지 의미로 규정하려는 시선에 저항하는 힘이 미지의 도끼다. 이러한 관점에서 봤을 때 전달력이란 미지의 도끼를 갖고 규정당한 의미의 껍질을 깨부수는 의미 해체 작업이며, 범주 속에 갇힌 공통점보다 범주에 포함될 수 없는 차이를 발견하는 힘으로 깨달음을 주는 영향력이다. 전달력의 핵심은 규정당한 의미를 거부함으로써 의미를 다르게 부여할 수 있는 통로를 열어 이전과 다르게 생각하는 잠재성을 일깨우는 힘이다.

이재무 시인은 〈나는 여름이 좋다〉에서 '소음'을 '사물들의 모국어'로 재해석했다. 소음을 시끄러워서 피곤함을 자극하는 소리로 정의하지 않고, 낯선 음악처럼 전달한 것이다. 사람이든 사물이든 하나로 정의해서 정체된 명사의 의미로 한정하지 말고 모든 명사가 품고 있는 의미를 부단히 바꿔 가며 어제와 다른 명사로 거듭나는 동사로 바꿔서 해석하면 전달력에는 새로운 영향력이 생긴다. 이재무 시인이 〈동사를 위하여〉에서 노래했듯, 명사는 하나의 의미를 품으면 그걸 죽을 때까지 간직한다. 대부분의 불변하는 진리나 경전은 진리를 명사 속에 간직한다. 반면에 동사는 한곳에 정주하지 않고 어제와 다른 의미를 품고 일상을 탈출한다. 의미의 결정체를 명사로 가두지 않고 어제와 다른 의미의 주로를 달리면서 늘 다른 의미로 변주한다. 탈주와 자유로 이어진다. 진정한 전달력은 모든 추상 명사에 갇힌 정체된 의미의 결정체를 문제의식에 녹여 움직임을 부여한다.

　기존 앎이 정체되어 다른 앎으로 대체되지 않고 신념의 그늘에 가려지고 확신의 틀 안에 갇히면 앎은 암이 된다. 앎이 암으로 바뀌는 까닭은 왜 그런지 근거나 이유도 찾아보지 않고 남들이 그렇다고 생각하는 앎에 맹목적인 믿음을 갖고 따라가기 때문이다. 니체식으로 말하면 나의 주관적이고 윤리적인 가치 판단 기준을 따라가지 않고 사회가 정한 보편적이고 도덕적인 옳고 그른 기준에 매몰되어 살아가는 와중에 앎은 암으로 서서히 바뀌는 것이다. 전달력은 앎이 암으로 바뀌기 전에 각성제를 처방하고 통증을 유발해서 앎의 병원에 입원시키는 경고장이다.

전달력은 잠재력을 실현하려는 생명력이다

전달력은 니체식으로 또 다르게 말하면 도덕을 따르기보다 윤리를 추구하는 설득력에 가깝다. 《선악의 저편·도덕의 계보》에서 말했던 선과 악을 가르는 도덕(moral)을 폐기하고 나의 입장에서 좋고 나쁜지를 판단하는 윤리(ethics)를 중심으로 판단하고 의사 결정하는 힘이다. 니체가 도덕을 비판적으로 재해석하고 왜 윤리적 기준을 따르라고 했는지, 전달력 역시 도덕적 정언명령(定言命令)을 따라가는 설명력이라기보다 윤리적 선호도를 따라가는 설득력인지를 알아보려면 우선 도덕과 윤리의 차이가 무엇인지를 이해할 필요가 있다.

"어려운 사람을 도와주며 봉사하는 삶을 살아야 한다." "개인적인 욕망은 가급적 억제해야 한다." "어른들에게는 자리를 양보해야 한다." 이러한 가르침들은 사회가 개인에게 주입한 '도덕적 명령'이다. 이러한 도덕이 개인의 진정한 성장과 삶의 긍정에 도움이 되지 않는다고 니체는 비판한다. 니체가 말하는 도덕은 한마디로 말하면 사회가 정한 '보편적' 선악의 굴레다. 도덕은 주로 사회 전체가 합의하고 강요하는, 혹은 사회를 유지하기 위한 강제적인 규범에 더 가깝다. 니체가 말하는 도덕은 주로 기독교적 가치관이나 약자들이 강자들을 길들이기 위해 만들어 낸 '노예 도덕'이라고 봤다. 개인의 독자적인 판단이나 삶의 긍정을 억압하고, 인간의 생명력과 개성을 획일적인 틀에 가두는 굴레로 작용한다고 비판하는 것이다. 개인의 '좋고 나쁨'의 감각이 아니라, 사회의 질서 유지를 위해 강제된 '옳고 그름'에 대한 약속이 바로 도덕이다.

이에 반해 윤리는 개인이 창조하는 '좋고 나쁨'의 주관적 판단 기준이다. 사회적으로 정해진 보편적 도덕이 사람이 처한 상황에 따라 달라질 때 필요한 지침이 바로 윤리적 판단 기준이다. 니체에게 윤리는 개인이 스스로 삶의 가치를 창조하고, 자신의 '힘에의 의지'를 바탕으로 '좋고 나쁨'을 주체적으로 결정하는 주관적인 기준이다. 여기서 '힘에의 의지'는 타인을 억압하는 것이 아니라 자신의 잠재력을 최대한 실현하려는 생명력의 표현이다. 즉 자기 극복과 창조적 변화를 통해 더 풍부하고 강력한 존재가 되려는 근본적 충동을 의미한다. 어제보다 나아지려는 창조적 에너지이자 자기답게 살아가려는 생산적인 욕망이다. 니체는 윤리적 판단 기준에 따라 자유롭게 가치를 창조하는 과정을 통해 기존의 도덕을 넘어설 것을 주장한다. '노예 도덕'에 대칭되는 '주인 도덕'의 개념이 바로 윤리다. 즉, 강하고 건강한 정신을 가진 개인이 자신의 생명력과 위버멘쉬(초인)가 되려는 의지를 바탕으로 주체적으로 판단하는 결단과 용기가 필요한 것이다. 여기서 '좋다, 나쁘다'는 사회의 보편적 기준이 아니라, 개인의 생(生)의 증진과 관련하여 주관적으로 평가되는 가치다. 자기 자신을 긍정하고, 삶을 찬미하며, 자신의 존재를 스스로 긍정하는 모든 것이 '좋은 것'이다.

전달력은 근거 자체를 뒤집어엎는 혁명가적 영향력이다

뛰어난 전달자는 주인으로 살아가기 위해 용기, 명예, 자긍신을 중시하며 자신의 탁월함을 과감하게 표현함으로써 어제보다 나아지려는 위버멘쉬의 생명력을 긍정하고 개인의 잠재력을 최대한 발휘하는 삶을 살아가는 방향을 강조한다. 지금까지 우리는 너무 선악에 종속되어 개인적으로 좋아하고 싫어하는 기준을 전면에 내세우지 못하고 살아왔다. 니체는 그동안 우리는 사회가 정한 도덕적 기준에 종속되어 바깥의 기준에 기반을 둔 원심력에 끌려다니는 노예적 삶을 살아왔음을 스스로 비판해 보고, 어제와 다른 나로 변신하려는 노력을 통해 주인으로 살아가는 위버멘쉬가 되라고 강조한 것이다.

니체가《아침놀》*에서 분류한 네 등급의 '사상가'는 네 등급의 '전달자'에 적용해도 일맥상통한다. 첫째, 현상의 표면을 바라보는 '피상적 사상가'다. 둘째, 심층이나 현상의 이면을 파고들어 깊은 곳을 연구하는 '심오한 사상가'다. 셋째, 사물의 근거를 파고들어 현상 밑의 바닥을 탐구하는 '철저한 사상가'다. 마지막으로 머리를 진흙탕에 박고 밑바닥을 뚫고 들어가서 파헤치고 뒤엎는 '지하의 사상가'다. 마지막 지하의 사상가는 심오한 사상가처럼 깊이를 추구하거나 철저한 사상가처럼 근본을 해명하지 않고 깊이 뿌리박고 있는 근거 자체를 뒤집어엎는 사상가다.

니체의 표현을 따르면 이들이야말로 사랑스러운 지하 철학자다. 니체는 평생 지하의 사상가처럼 깊이 파고들어 세워 놓은 이전의 철학적 전통을 뿌리째 전복시켜 지금까지의 철학적 탐구와 성취 결과가 무의미하며 잘못된 신념에 근거하고 있음을 파헤친 전복과

---

* 프리드리히 니체 지음, 박찬국 옮김,《아침놀》, 책세상, 2004.

파괴의 스승이다. 현명한 전달자가 지향해야 하는 사상가는 바로 마지막 네 번째 지하의 사상가라고 할 수 있다.

8

전달의 고수는 배달이 아닌 통달로 완성한다

전달을 잘하는 사람은 뭔가 다르다. 고수 전달자는 가장 먼저 모든 메시지를 그 메시지가 태어난 맥락에 비추어 친절하게 설명하거나 해석해 준다. 전달을 잘하는 사람은 첫째, 똑같은 메시지라도 맥락에 따라서 다르게 이해되거나 오해될 수 있는 가능성의 텃밭이 맥락이라는 점을 잘 안다. 둘째, 전달을 잘하는 사람은 뻔한 이야기도 전달의 임팩트가 높게 메시지를 디자인하는 사람이다. 예를 들어 건강을 위해 운동하라고 전달하기보다 운동하는 동안은 동안(童顔)이라고 말한다. 셋째, 전달을 잘하는 사람은 기존 해석에 반하는 색다른 해석을 시도하는 사람이다. 사회적 관습이나 습관화된 해석의 틀이나 고정관념을 통렬히 부정하고 전달자 특유의 신념과 철학이 담긴 의미 해석으로 주목을 끈다. 넷째, 전달을 잘하는 사람은 이전 창작품을 색다르게 표절해서 자신이 전달하고 싶은 메시지의 의미를 이미지로 각인시키는 사람이다. 마지막으로 전달을 잘하는 사람은 역경(逆境)을 뒤집어 경력(經歷)으로 만드는 역발상의 달인이다. 전달의 고수는 메시지를 단순히 배달하는 데 그치지 않고 전달하고자 하는 의미가 품고 있는 이미지를 각인시켜 통달에 이르는 길로 안내한다.

① 맥락적 의미를 전달하라

전달을 잘하는 사람은 말을 잘하는 사람이 아니라 전달하는 메시지의 맥락적 의미를 설명하거나 설득하는 능력이 남다른 전달자다. 모든 메시지는 특정한 맥락에 비추어 볼 때 비로소 의미를 지닌다. 즉 텍스트는 언제나 콘텍스트에서 태어난다. 여기서 텍스트는 전달하고 싶은 모든 메시지다. 텍스트로서의 모든 메시지는 그것이 탄생한 사연, 배경, 하소연 등이 내재된 콘텍스트 속에서 탄생된다. 문제는 SNS 시대, 빈번하게 일어나는 대부분의 소통은 노골적으로 결론을 보여 주는 텍스트 정보를 빠르게 공유하지만 사실 그 텍스트 정보가 어디서 누가 어떤 문제의식을 갖고 만들었는지에 대한 콘텍스트는 실종된 상태로 피상적 의미만 전달된다는 것이다. 콘텍스트에 담긴 텍스트의 의미를 읽어 낼 의도도, 시간도 없다. 숏폼(짧은 형태의 콘텐츠)이 유행하면서 메시지는 짧아지고 탈맥락적인 이미지나 메시지가 영상으로 전달되면서 콘텍스트는 완전히 실종되고 있다.

맥락 없이 정보 전달에 치중하다 보면 세상에서 일어나는 사건과 사고의 단편적 의미를 전달하는 데 급급한 나머지, 사건과 사고가 일어난 원인의 터전이었던 콘텍스트에 비추어 입체적으로 생각하는 의미를 전달하지 않는다. 전달되는 메시지의 속도가 중요하지 그 메시지가 품은 의미의 밀도는 중요하지 않다. 콘텍스트 없이 텍스트만을 전달할 때 오해가 생기고 갈등이 발생한다. 특히 우리말은 고맥락 언어라서 똑같은 말이라도 맥락에 따라서 전혀 다른 의미를 품는 텍스트로 바뀐다. 예를 들면 "너 물 먹었니?"라는 질문은 "갈증이 나서 물을 마셨느냐?"고 물어보는 말일 수도 있지만 "당신은 조직에서 해임되었는가?" 하고 물어보는 말일 수도 있다. "너 손 씻었니"라고 물어보는 질문도 "외출 후에 손을 깨끗이 닦았느냐?"고 물어보는 말일 수도 있지만 "그동안 해 오던 나쁜 짓을 이제 그만두었느냐?"고 물어보는 말일 수도 있다. 전달을 잘하는 사람은 사소한 메시지라고 할지라도 그 메시지가 지닌 맥락적 의미를 소상하게 밝혀 가면서 청중이 납득할 수 있도록 설명은 물론 설득하는 사람이다.

② 전달은 상식을 어루만지는 메시지 디자인이다

많은 사람들이 SNS로 나에게 "좌파입니까, 우파입니까?" 하고 묻는다. 이런 질문에 대해서 "새는 좌우 양 날개로 날아갑니다"라고 대답하면 상대방은 더 이상 정치적 성향이나 입장에 관한 질문을 던지지 않는다. 변화는 '양식'에 호소할 때보다 '상식'을 어루만져 줄 때 일어난다. 노명우 교수의 《세상물정의 사회학》[*]을 읽고 충격을 받았다. 특히 이 책에 나오는 상식과 양식의 차이를 보고 작은 차이지만 세상은 학자들의 논리적인 양식보다 평범한 사람들의 감정에 호소하는 상식이 바꾼다는 사실을 다시 한번 확인하게 되었다. 전달을 잘하는 사람도 결국 양식에 호소하는 사람이 아니라 상식을 어루만져 주는 사람이다. 뛰어난 전달자는 메시지를 귀로 쏙쏙 박히게 만들어서 심장에 꽂히게 만든다. 옳은 이야기지만 가슴에 와닿는 메시지로 가공하는 능력, 이런 능력은 옳은 말을 논리적으로 전달하기보다 같은 말이라도 보다 구체적인 이미지가 떠오르는 메시지로 가공하는 능력이다.

세계적인 미래학자 다니엘 핑크는 《파는 것이 인간이다》[**]라는 책에서 우리 모두는 저마다 다른 아이디어나 상품 혹은 서비스를 파는 세일즈맨이라고 주장한다. 전달자 역시 자신의 콘텐츠를 파는 세일즈맨이며, 이를 전달자에 대입해 보면 '파는 것이 전달자'이다. 혹자는 이 말에 동의하지 않을 수도 있다. 하지만 **전달자는 자신의 전문성을 활용하여 전문성을 갖고 있지 않은 불특정 다수의 사람들, 즉 비전문가에게 지**

---

[*] 노명우 지음, 《세상물정의 사회학》, 사계절, 2013.

[**] 다니엘 핑크 지음, 김명철 옮김, 《파는 것이 인간이다》, 청림출판, 2013.

신의 전문적 지식이나 노하우를 파는 사람들이다. 그렇다면 과연 전달자는 자신의 전문성을 잘 팔고 있을까? 해당 분야의 전문적인 지식을 많이 갖고 있는 사람일수록 전문적인 용어를 사용하여 비전문가에게 전문적으로 설명하는 경우가 많다. 전문가의 전문적인 설명을 비전문가가 이해하지 못하는 경우도 많다. 문제는 전문가의 전문적인 설명에 대한 비전문가의 모르는 마음을 전문가가 잘 모른다는 데 있다. 이게 바로 '지식의 저주' 또는 '전문가의 저주'다.

그러나 진정한 전문가는 전문적인 용어를 사용하지 않고도 자신이 말하고 싶은 의도나 의미를 비전문가에게 아주 쉽게 설명하거나 감성적으로 설득한다. 사실 '판다'라는 의미의 영어, sale이라는 말도 우리말로 발음하면 '살레'라는 말로 들리지 않는가? 상품과 서비스만 파는 게 아니다. 아이디어도 파는 것이고, 내가 하려고 계획한 기획도 파는 것이다. 책을 쓰고 강연하는 저자도 자신의 생각을 파는 세일즈맨이고 평범한 사람들이 주고받는 대화도 결국 내 생각을 상대방에게 팔아서 내가 원하는 것을 얻는 것이다. 전달력이 중요한 이유다. 내 것을 사게 만들려면 상대의 마음을 움직여야 한다. 마음이 움직여 감동하면 행동이 따른다.

③ 기존 해석에 반하는 색다른 해석을 하라

"사실은 없다. 해석이 있을 뿐이다"라는 니체의 말처럼, 객관적 사실은 존재하지 않는다. 누가 어떻게 해석하느냐에 따라 사실은 별

다른 의미를 지니지 않는 중립적 현실이 될 수도 있고 진심이 담긴 진실이 될 수도 있다. 세계는 해석자의 관점적 차이에 따라 사실을 넘어 사기가 담길 수도 있고 진실이 담긴 진리가 될 수도 있다. 또 니체는 모든 진리는 곡선으로 휘어져 있다고 했다. 진리는 직선으로 목표에 도달하는 객관적 지식의 과학적 표현이 아니라 주관적 신념의 산물이다. 동일한 사실이라고 할지라도 누가 어떤 관점으로 어떻게 해석하느냐에 따라 전혀 다른 의미로 다가올 수 있다. 이런 점에서 니체는 사실은 없고 해석만이 존재할 뿐이라고 이야기한 것이다.

전달을 잘하는 사람은 해석이 뛰어난 사람이다. 프랑스의 수학자이자 물리학자인 앙리 푸앵카레가 "수학은 각기 다른 사물에 대해 같은 이름을 부여할 수 있는 예술이다. 시란 하나의 사물에 대해 다양한 이름을 부여할 수 있는 예술이다"라고 말했듯이, 노련한 전달자는 다양한 사물이나 현상을 보고 공통적인 패턴을 찾아 단순화시키거나 하나의 사물이나 현상을 보고도 다른 관점과 시각으로 다양하게 해석할 수 있는 예술적 안목과 식견이 뛰어난 사람이다.

④ 전달은 이전 작품의 표절이다

새로운 문장으로 주장을 펼칠 수도 있지만 기존의 명대사, 인두 같은 문장, 속담이나 격언 또는 명언, 거리의 간판 문구나 마케팅 메시지를 차용, 자신이 전달하고 싶은 메시지를 얼마든지 다른 이미지로 각인시킬 수 있다. 전달을 잘하는 사람은 자신이 겪어 본 경험을 색다른 언어로 벼리고 벼려서 독특한 문장을 건축한 다음 재미있고 의미심장하게 메시지를 디자인하는 데 탁월하다. 메시지를 디자인 하는 방법 중 하나로 표절이 있다. 여기서 말하는 표절은 한 글자도 바꾸지 않고 그대로 베끼는 게 아니라 이전 작품에 동원된 단어를 자신의 목적에 맞게 변형-적용함으로써 생각지도 못한 생각의 지도 를 그려 내어, 전하고 싶은 메시지의 임팩트를 다르게 바꾸는 것이 다. "독창성이란 들키지 않은 표절이다." 영국의 지식인이자 신학자 윌리엄 랠프 잉의 말이다. 여기에서도 표절은 남의 작품을 그대로 베끼는 게 아니라 뭔가 다르게 재창조하는 과정이다. "훌륭한 예술 가는 가까이서 베끼고(copy), 위대한 예술가는 멀리서 훔친다(steal)." 피카소가 한 말이다. 훌륭한 예술가와 위대한 예술가의 차이도 결국 남들이 쉽게 찾아가지 않는 이질적인 분야나 거리가 먼 분야에서 아 이디어나 원리를 가져와 색다르게 바꾸는 데 있다.

⑤ 역발상을 시도하라

식상한 사람은 상식의 틀에 갇혀 사는 사람들이다. 식상한 사람 은 상식에 시비를 거는 몰상식한 사람의 발상을 인정하지 않는다. 상식의 세계에서는 도저히 통용될 수 없는 원칙이나 생각이라고 판 단하기 때문이다. 신입사원을 채용하기 위해 상식적인 사람들이 면접관으로 임명되면 상식을 벗어나는 사람들이 채용될 수 있을까? 상식의 세계에 시비를 걸고 정상적인 사람의 발상에 의문을 던지는 비정상적인 사람은, 상식과 정상만을 옳은 것으로 인정하는 사람들에 의해 그야말로 몰상식하고 비정상적인 사람들로 취급될 것이다. 하지만 한 가지 분명한 사실은 세상을 이끌어 가는 사람은 정상적인 범주에서 벗어나 비정상적인 방법으로 정상을 정복하려는 사람들이라는 점이다. 한마디로 정상에 오른 사람은 정상이 아니다.

역발상을 시도하는 방법 중에 가장 간단하면서도 그 효과는 상상을 초월하는 발상법이 있다. '~에는 ~가 있다'는 말을 '~에는 ~가 없다'는 말로 대체하면 아주 새로운 발상이 시작된다. 예를 들면 '선풍기에는 날개가 있다'는 말을 '선풍기에는 날개가 없다'는 말로 대체하면 '날개 없는 선풍기'가 탄생된다. '스테이플러에는 침이 있다'는 말을 '스테이플러에는 침이 없다'고 역발상을 시도하면 '침이 없는 스테이플러'가 탄생된다. '음식점에는 메뉴가 있다'는 말을 고집하는 한 모든 음식점에는 메뉴가 있는 음식점밖에 생각이 안 나지만 '음식점에는 메뉴가 없다'고 생각하면 '메뉴 없는 음식점'이라는 새로운 콘셉트의 음식점이 탄생된다.

역발상을 시도하는 두 번째 방법은 대부분의 사람들이 '원래 그렇다', '당연하다', '물론 그렇다'고 생각하는 이면의 원래, 당연, 물론의 세계에 물음표를 던져 시비를 걸어 보는 것이다. 세상에는 원래

부터 그런 것이 없으며 당연한 것도, 물론의 세계도 존재하지 않는다. 어느 순간부터 사람들이 그렇게 생각했을 뿐이다. 예를 들어 대부분의 사람들은 사과가 위에서 밑으로 떨어지는 것이 당연하다고 생각했다. 하지만 오로지 뉴턴만이 당연한 사과의 낙하 현상에 대해서 물음표를 던져 궁리에 궁리를 거듭하다 마침내 만유인력 법칙을 발견한 것이다. 당연하다고 생각한 우리는 당연하지 않다고 생각한 뉴턴이 출제한 문제에 대해 답을 찾는 인생을 살고 있다. 이처럼 원래, 물론, 당연의 세계에 물음표를 던짐으로써 상식이라고 생각한 세계에서 몰상식한 발상을 시작, 마침내 감동의 느낌표를 찾는 과정이 바로 역발상이다.

전달은 "사정은 언제나 외롭습니다"를 전하는 메시지다

사정(事情)은 사연에 담겨진 무수한 정황들이 얽히고설켜서 언어로 다 담아낼 수 없는 안타깝고 애처로운 장면이 씨줄과 날줄로 엮여 있는 상황이다. 사람은 살아가면서 어쩔 수 없는 사정이 생기고 그 사정 때문에 생각지도 못한 일을 당하기도 한다. 사정에는 사람의 아픔과 슬픔이 소리 없는 아우성으로 울분을 토해 내는 몸부림이 숨겨져 있다. 사정에 담긴 애틋한 사연의 깊이와 넓이는 당사자가 아니고서는 그 내막을 알지도 못할 뿐만 아니라 안다고 해도 직접 겪어 본 경험이 없는 제3자는 관객의 입장에서 객관적으로 관조할 뿐이다.

그런데 딱한 사정을 겪고 있음에도 불구하고 주어진 상황에서 대안을 찾아보려고 안간힘을 쓰는 와중에 누군가에게 내가 겪고 있는 힘겨운 입장을 호소했지만 "네 사정이 그렇게 중요해?"라고 묻는 사람들을 얼마든지 만날 수 있다. 이런 질문을 던지는 사람을 수많은 민원을 매뉴얼대로 처리해야 하는 사람이라고 가정하면, 일면 이해가 가는 그러나 이해할 수 없는 질문이기도 하다. 내가 겪은 안타까운 사정을 누군가에게 설명하려고 생각하는 순간, 언어 부족은 물론 당시의 정황을 일일이 지적하면서 구체적인 사연과 배경을 설명해서 이해시키기에는 여러 가지 면에서 역부족이다. 당사자가 당황하는 것은 물론, 그 설명을 듣는 상대방도 황당하기 그지없다. 표정에 담긴 딱한 사정은 감지되지만 그것이 도무지 어떤 상황에서 발생한 사연인지는 알 길이 없기 때문이다.

사정을 온몸으로 겪어 낸 사람이 있다.[•••]그 사정의 옳고 그름이나 어쩔 수 없는 일이라서 속수무책이었음을 알아달라고 대책을 마련해 주는 누군가에게 하소연을 해도 못 알아듣는 경우가 많다. 아

<hr>

••• 이어지는 글은 〈프레시안〉 기사 "'그건 네 사정이고' 반대편에서 시작되는 은밀한 밤의 수업!"(2013.08.23)을 읽고 소고를 정리해 썼음을 밝혀 둔다.

무리 설명해도 관례에 없거나 기존 법 조항을 참고해도 마땅한 대안을 제시할 수 없으면 '그건 당신 사정이고'라고 말하는 대책 없는 말을 듣게 되는 경우가 더 많다. 이런 말을 들으면 맞는 말이긴 하지만 사정의 정중앙에서 시시각각 다가오는 모든 아픔의 메아리를 온몸으로 다 받아 내야 하는 당사자에게는 삶은 비극일 수밖에 없다는 체념이 온몸을 파고들면서 믿고 따르던 신념이 말살된다. 이런 말은 우리가 일상에서 범상하게 자주 접하는 비극적 대화다. 당신에게는 사소한 사정일 수 있지만 나에게는 일생일대 생명과 생존이 걸린 심각한 문제일 수 있다.

똑같은 사정 이야기를 듣고도 한 사람은 "그건 네 사정이야"라고 말하지만 그런 사정을 많이 겪어 본 어른에게 여쭤보면 "참 딱하게 됐다, 이제 어떻게 할지 생각해 보자"라고 말한다. 세월의 무게를 짊어지고 밑바닥 인생을 겪어 본 진정한 어른은 함부로 재단해서 상대방의 아픈 가슴에 다시 비수를 꽂지 않는다. '그건 네 사정'이라는 말과 '그건 인간의 사정'이라는 말에는 작은 표현의 차이지만 공감의 차이는 매우 크다. 전자는 네가 겪은 사정은 잘 모르겠고 그걸 이해할 수 있는 장치는 지금으로서는 없으니 알아서 하라는 말이다. 반면에 '그건 인간의 사정'이라는 말은, 누구나 겪을 수 있는 안타까운 사정이니 우리 모두 그걸 극복하거나 이겨 낼 수 있는 대안을 함께 찾아보자는, 진정한 어른의 애정과 관심이 서려 있는 말이다.

내가 상대방의 사정을 온전히 이해할 수 있는 길은 열리지 않는다. 그 길 위에서 짐작하고 공감하며 당사자의 아픔을 추측할 수밖에 없다. 고통의 곁에서 고통의 진면목을 겪어 내는 당사자의 사정을 몸으로 감각하며 공감하지만 여전히 그건 다른 사람의 사정이라서 내가 온전히 경험하며 느낄 수 없는 불가사의다. 그럼에도 관행이나 관례로 일방적으로 재단하거나 기존 법과 제도로 일방적으로 판단, 상대의 사정(事情)을 사정(査定)해서는 안 된다는 철칙을 몸에 아로새긴다.

9

전달자의 롤
: 티칭하지 말고 코칭하라*

어제와 다른 인간으로 거듭난다는 말은 무슨 뜻일까? 생물학적으로 살아남기 위해 '노동(labor)'을 하는 수준을 넘어서야 할 뿐만 아니라, 이 지상에서 무엇인가 영속적인 것을 남기기 위해 '작업(work)'을 해야 함은 물론, 우리의 삶을 더 좋은 삶으로 만들기 위해 무엇인가를 다른 사람들과 함께 시작하는 '행위(action)'를 해야 한다고 할 수 있다. 한나 아렌트에 의하면 노동은 인간의 생명 유지를 목적으로 하는 신체적이고 생물학적인 활동으로서, 사적 영역에 속한 활동이다. 한마디로 생존 수단을 확보하기 위한 의식적 작용이다.

● 이 글은 필자의 책 《2분의 1》 2부 3장의 '티칭은 절반으로, 코칭은 두 배로'를 참고로 작성했음을 밝혀 둔다.

이에 반해 작업은 먹고살기 위한 노동의 차원을 넘어서 세상에 의미 있는 무엇을 만드는 활동(making)을 통해, 자신이 살아가는 의미와 가치를 후세에도 확인받기 위해 제작하는 일이다. 즉 작업은 생존에 필요한 수단을 쟁취하려는 노동과 달리 자신의 고유함을 세상에 드러내고 후세에 남기는 '생활'을 하기 위해 무엇인가를 만들어 '사용'하게 만드는 과정이다. 학문적 탐구나 예술적 창작 활동이 여기에 해당된다. 먹고살기 위해서 필연적으로 노동을 할 수밖에 없었던 인간이, 자신이 살아가는 의미와 가치를 자연에 존재하지 않는 유용한 인공물을 만들어 냄으로써 세계와의 연계를 꿈꾸는 것이다.

세상은 독립적인 노동이나 작업을 통해 혼자 살아갈 수 없는, 사회적이고 정치적인 역학이 만들어 가는 관계망 속에서 움직인다. 한나 아렌트가 이 시점에서 고민한 화두는 인간이 평생 누리고 살아야 할 '좋은 삶'이란 과연 어떤 삶인지를 근본적으로 물어보는 일이었다. 그녀가 말하는 좋은 삶이란 먹고사는 생존과 더불어 살아가는 공동체에서 다른 사람과 구분되는 자신만의 유일한 독특성이나 탁월성을 자기만의 말과 행위를 통하여 타인에게 드러냄으로써 새로움과 새로움이 소통하며 서로 배우고 공존하는 것과 관계된 활동 양식이다. 여기서 말하는 '행위'란 사회적 동물인 사람이 자신이 몸담고 있는 공동체에서 자신의 독특한 차이와 고유한 개성을 드러냄으로써 다른 사람이 지닌 색다름과 어울려 함께 살아가는 관계 지향 활동을 말한다. 예를 들면 자신의 주장으로 상대방을 설득하려는 정치적인 활동이나 각종 시민단체에 참여함으로써 자신의 존재 의미를 다른 사람과 공유하는 실존적 활동이다. 한나 아렌트는 행위라는 개념이, 고대 그리스의 폴리스에서 이루어지던 공동의 정치적 활동에 뿌리박고 있다는 점에 주목한다. 사적 영역에서 독립적으로 일어나는 노동이나 작업과 다르게 공적 영역에서 일어나는 자기다움을 드러내는 말과 행위는 다른 사람을 전제로 펼쳐지는 관계적 사건이다.

타인과 함께 빛나는 전달자가 되어야 한다

이 시대의 진정한 전달자는 코치다. 코치는 더불어 살아가는 관계 지향적 공동체 건설에 함께 참여하는 과정을 도와주는 사람이다. 시도 때도 없이 잔소리를 하고 단점을 지적, 꼬투리를 잡기보다 상대방의 강점이나 재능을 찾아 칭찬해 주면서 무엇보다도 새로운 가능성을 발굴할 수 있는 마중물의 질문을 던져 내가 함께 살아가는 공동체 구성원으로서 무엇을 어떻게 하면서 기여하고 공헌할 수 있는 삶을 살 수 있을지를 끊임없이 성찰하게 만들어 주는 사람이다. 구체적인 방법을 일방적으로 가르치기보다 상대가 스스로 깨닫고 용기를 갖고 새로운 일에 시도할 수 있도록 사기를 북돋아 주는 코칭의 대가다.

코치는, 상대방에게 살아 있다는 느낌을 주는 욕망의 물줄기가 무엇인지를 찾아, 본래 지향하려던 방향으로 물꼬를 터 줌으로써 같이 하면 그 가치가 배가되는 일이 무엇인지를 부단히 성찰하고 행동하면서, 함께 몸담고 있는 공동체를 위한 선한 영향력을 주고받는 사람이다. 스피노자가 말하는 코나투스를 찾아 자기 본성이나 개성이 지향하는 방향으로 욕망이 꿈틀거리게 만들어서 어제보다 더 나아지려는 노력을 자극하는 사람, 함께 에너지를 나눔으로써 시너지를 창조하는 주인공이 바로 진정한 코치이자 이 시대가 요구하는 전달자다.

내가 책 《코나투스》에서 정리했듯, 코나투스는 나에게 코드가 맞는 일이 무엇인지를 찾아갈 때 기쁨이나 행복의 정서가 흐르고 나에게 아픔이나 슬픔을 주는 정서는 가급적 거부하려는 움직임이다. 나하고 코드가 맞는 일이나 사람에게는 코나투스 에너지가 증가하고 코드가 맞지 않는 일이나 사람에게는 코나투스 에너지가 감소하거나 거부하려는 움직임이 일어난다. 능력 있는 코치는 다른 사람의 코나투스와 비교하면서 비참하게 살지 않고 자기만의 고유한 코나투스가 지향하는 욕망을 따라 원본대로 살아가는 방법을 몸소 깨우쳐 주는 사람이다.

사람은 저마다 다른 코나투스를 갖고 있다. 코치로서의 어른은 다른 사람의 코나투스를 모방해서 따라가게 하는 벤치마킹 전략보다 저마다 고유한 개성적인 코나투스를 찾아 어제보다 명랑하고 행복한 삶을 영위할 수 있도록 도와주는 코나투스 발견 도우미다. 즉 정답을 제시해 주는 사람이라기보다 코칭을 받는 사람이 이미 답을 갖고 있지만 그걸 찾지 못할 때 좋은 질문을 던져서 자기다움의 코드를 스스로 찾아내도록 이끌어 주는 도우미다. 진정한 코치는 상대방으로 하여금 살아 있게 만드는 힘이 무엇인지를 찾는 길로 인도할 뿐만 아니라 어디로 가야 할지 모를 때 북두칠성이나 나침반처럼 방향 설정을 함께 모색한다. 당신은 누군가의 인생의 방향을 잡아 주는 코치로서 살아왔는가?

다음에 제시되는 내용은 내가 수십 년간 대학 강단과 외부 강연 무대에서 많은 학생들과 청중을 만나면서 깨달은 경험적 노하우의 산물로, 높은 전달력을 가진 코치의 특징을 정리했다. 진정한 소통은 일방적으로 메시지를 강요하는 게 아니라 실천과 행동을 유도하는 감동적인 메시지를 재미있고 의미 있게 전달하는 과정이다. 참견은 가급적 최소화하고 참여는 극대화하여 강의를 듣는 사람도 수동적 학습자가 아니라 적극적이고 능동적인 학습 참여자임을 각인시킬 때 전달력은 더욱 효과적인 자기 발견의 중요한 전략으로 자리매김된다.

① 카운슬러 - 마음의 터전을 마련하다

타인의 감정을 경청하고 이해하며, 그들이 자신의 내면을 안전하게 드러낼 수 있는 심리적 공간을 제공하는 능력이다. 단순한 듣기를 넘어, 상대의 감정을 공감하고 인정함으로써 깊은 유대감을 형성하는 것을 의미한다. 모든 코치나 전달자는 상대방의 마음을 훔치는 연인이다. 물건을 훔치면 범인이고, 마음을 훔치면 연인이라고 하지 않았던가.

힘든 일을 겪고 있는 친구에게 "정말 힘들었겠구나", "네가 그런 감정을 느끼는 것이 당연해"와 같이 감정을 인정하는 말로 시작하며, 그의 이야기를 중간에 끊지 않고 끝까지 들어 주는 적극적 경청과 체중을 실어 전달하는 공감의 대화가 필요하다. 직장 동료가 업무 문제로 스트레스를 호소할 때, 해결책을 제시하기보다 "무엇 때문에 가장 힘든지 이야기해 줄 수 있을까요?"라고 물으며 그의 감정적 어려움을 먼저 다독이는 태도를 보여 주는 게 중요하다.

훌륭한 코치는 상대의 마음을 터치하는 카운슬러다. 상대의 이야기를 귀 기울여 들어 주면서 마치 나의 아픔인 것처럼 가슴으로 생각해 줄 때 마음과 마음은 아무런 꾸밈없이 만나 공감하고 공명의 장이 만들어진다. 그 위에서 코치는 상대의 심금을 울릴 수 있는 커뮤니케이션의 탑을 쌓아 나갈 수 있다. 유능한 코치일수록 공감력이 높은 이유는 공감은 경험하지 않고서는 익힐 수 없는 신체적 겪어 봄의 산물이기 때문이다. 공감은 마음과 마음이 만나 어루만져 주는 터치에서 비롯된다. 진정한 코치는 자신의 주장을 일방적으로 티치(teach)하지 않고 상대의 입장에서 마음을 터치(touch)한다.

② 포수 - 보이지 않는 의중을 꿰뚫어 보다

겉으로 드러나지 않는 상대방의 진정한 의도, 감정, 혹은 숨겨진 요구를 민감하게 감지하는 능력이다. 마치 야구에서 포수가 투수의 의도를 읽고 공의 궤적을 예측하듯, 비언어적 단서와 미묘한 신호를 통해 상대방의 내면을 통찰하고 거기에 상응하는 적절한 방법을 상황에 맞게 적용하는 노하우다. 열 길 물속은 알 수 있으나 한 길 사람 속은 알 수 없다는 말은 그만큼 사람의 속마음을 헤아리기가 어렵다는 의미다. 끊임없이 살펴보고 들어 보며 상대의 마음을 헤아리는 수밖에 없다. 대화 중 상대방의 눈빛이 흔들리거나, 목소리가 미세하게 떨리는 것을 포착하여 그가 불편하거나 숨기고 싶은 이야기가 있음을 알아차리는 것도 상대에 대한 깊은 배려와 환대에서 나오는 자세나 태도다. 겉으로는 괜찮다고 말하지만, 표정이나 한숨에서 지친 기색을 읽고 "요즘 많이 힘드신 것 같은데, 제가 도울 일이 있을까요?"라고 조심스럽게 건네는 것도 상대의 마음을 얻는 한 가지 방법이다.

진정한 코치는 상대의 속마음을 캐치하는 귀명창이다. 입담의 달인이 아니라 경청의 달인이다. 그는 무엇보다도 상대의 마음을 훔치는 사람이다. 긴 말을 논리적으로 설명하지 않으면서도 상대와 함께 있다는 공존의 미덕을 심어 주는 사람이다. 주로 꼰대가 말이 많다. 꼰대는 자신이 말을 잘하는 입담의 달인이라고 생각하지만 사실은 이미 지나간 과거의 경험에서 벗어나지 못하고 타성과 고정관념에 젖은 자기만의 스피치에 빠져 있는 사람이다. 코치의 미덕은 말하지 않으면서 말하는 사람의 의중을 포착해서 고뇌하는 마음을 포근하게 감싸 안아 주는 데 있다. 모두가 자기 할 말만 하고 다른 사람의 말을 듣지 않아도, 침묵 속에서 다른 사람의 목소리를 귀담아들어 주고 상대방의 속마음을 마음속 깊이 이해해 주는 귀명창이 바로 어느 시대에나 필요한 코치의 덕목이다.

③ 내비게이터 - 위상을 드높이다

상대방이 현재 자신이 처한 상황, 위치 그리고 지향점을 명확하게 인지하도록 돕는 역할이다. 단순한 길 안내를 넘어, 스스로의 강점과 약점을 파악하고 나아가야 할 방향을 설정하는 데 필요한 통찰력을 제공히여 그의 잠재적 위상(位相)을 끌어올리는 전략가가 바로 코치이다.

위상을 끌어올리려면 무엇보다 현재 내가 어디에 있는지 위치를 파악할 수 있도록 돕는 게 필요하다. 취업 준비생에게는 막연한 불안감을 느끼게 하기보다 자신의 강점과 적성에 맞는 직무 분야를 탐색하도록 돕고, 현재 자신의 역량이 어느 정도 수준인지 객관적으로 파악하게 함으로써 효과적인 준비 전략을 세우도록 유도하는 방법이 이런 전략에 해당된다. 어떤 선택을 앞두고 혼란스러워하는 사람에게 다양한 선택지의 장단점을 함께 분석하고, 그 선택이 가져올 미래의 변화를 예측하게 하여 스스로 가장 합리적인 결정을 내리도록 돕는 방법이다. 무엇보다 전하고 싶은 메시지를 통해 상대가 자신의 위치를 객관적으로 점검하고 판단한 다음 주어진 위치에서 나의 위상을 높이기 위해 무엇을 해야 하는지를 분명하게 인식하도록 돕는 게 중요하다.

경지에 이른 코치는 질문의 달인이다. 상대방이 자신의 현재 위치를 정확하게 파악할 수 있도록 여러 가지 질문을 던져 놓고 스스로 답을 찾아 나서게 만든다. 내가 서 있는 현재 위치를 정확하게 파악해야 앞으로 가고자 하는 길에 대해서도 함께 이야기해 볼 수 있기 때문이다. 그래서 끊임없이 상대에게 지금 여기가 어딘지를 스스로에게 물어보고 대답할 수 있도록 자극을 주고 유도해 준다. 자기 입장을 일방적으로 주장하지 않고 질문을 던지는 이유는 이제껏 들어 보지 못한 질문일수록 막혀 가는 생각의 물꼬를 새롭게 틀 수 있는 대안이 나오기 때문이다.

④ 삶의 파트너 - 가능성의 텃밭을 일구다

상대방의 숨겨진 가치와 잠재력을 발견하고, 이를 함께 개발하고 성장시키는 데 조력하며, 그들의 가능성을 최대한으로 확장시켜 주는 동반자적 관계를 의미한다. 상대가 소중하게 생각하는 가치관을 파악, 그걸 소중하게 생각하는 일상적 삶의 습관이나 리추얼을 강화시켜 주는 방향으로 도움을 제공한다. 자신감 없는 동료에게 그의 작은 성공들을 구체적으로 칭찬하고, 새로운 도전을 격려하며, 필요한 자원을 연결해 주는 등 실질적인 도움을 주어 스스로의 가치를 깨닫게 하는 방법이다. 어려운 프로젝트에 직면한 팀원과 함께 문제를 분석하고, 각자의 강점을 활용한 해결 방안을 모색하며, 성공적인 완수를 통해 팀원 개개인의 역량과 자신감을 끌어올리는 전략이다.

사람들은 자신의 잠재력을 알아봐 주고 함께 성장해 줄 파트너에게 강한 신뢰와 유대감을 느낀다. 니체는 스스로 강해지려는 의지를 강조하며, 인간이 자신의 한계를 넘어서는 위버멘쉬로 성장해야 한다고 주장한다. 삶의 파트너는 이러한 니체의 철학을 상대방의 삶에 적용하도록 돕는 존재다. 또한, 공동체와 상호 부조의 중요성은 많은 철학과 고전에서 강조되는 화두다. 고대 중국의 맹자는 군자가 타인을 돕는 것을 통해 덕을 실현한다고 보았다. 상대방의 가치를 높이는 것은 단순히 개인의 성장을 돕는 것을 넘어, 서로가 연결되어 더 큰 가능성을 만들어 가는 진정한 상호 작용의 본질이다.

상대방이 고정관념이나 습관적인 사고방식(생각의 고치)에 갇혀 있을 때, 이를 깨부수고 새로운 관점과 통찰을 얻을 수 있도록 도전적인 질문이나 조언을 던져 주는 역할이다. 이는 때로는 불편하게 들릴 수 있지만, 기존 앎에 생채기를 만들어 고정관념이나 통념을 통렬하게 부정하고 어제와 다른 변신을 통해 성장하기 위한 필수적인 과정이다. "나는 원래 이런 사람이라 변할 수 없어"라고 말하는 사람에게 "그렇다면 당신이 변할 수 있다고 믿었던 때는 언제였나요?"와 같은 질문으로 자기 제한적 사고의 틈을 만들어 변신의 가능성을 스스로 깨닫게 만드는 과정이 깨달음이 새로운 경지로 안내하는 중요한 계기가 될 수 있다. 특정 문제에 대해 한 가지 해결책만 고집하는 사람에게 "만약 그 해결책이 불가능하다면, 그다음으로 생각할 수 있는 것은 무엇일까요?"라고 물어 새로운 가능성을 탐색하도록 유도하는 질문도 변신의 중요한 기폭제가 될 수 있다.

'생각 망치'는 상대방이 익숙하고 편안하다고 느끼는 생각의 틀을 흔들어 놓음으로써, 사고의 확장과 깊은 성찰을 유도한다. 이 과정에서 사람들은 이전에는 보지 못했던 새로운 '통찰'을 얻게 되고, 이는 그들의 문제 해결 능력과 삶의 지혜를 한 단계 높이는 계기가 된다. 이러한 조언은 즉각적으로 받아들여지지 않더라도, 시간이 지남에 따라 강력한 변화의 씨앗이 되는 경우가 많다. 소크라테스의 산파술은 생각 망치의 고전적 예시다. 그는 상대방이 스스로 답을 찾고 지혜를 낳을 수 있도록 질문을 통해 돕는 방식을 사용했다. 이는 통념을 깨부수고 진정한 지식에 도달하는 방법이었다.

나이가 들수록 경험의 깊이와 넓이를 심화시키거나 확산하지 않고 일정한 경계 안에 머물기 시작하면서 틀 안에 갇힌 틀어박힌 생각을 거듭하는 경우가 많다. 나이가 들면서 자기 생각만 옳다고 주장하지만 얼마나 자기 생각이 통념에 갇혀 있는지를, 낯선 자극을 받아 보기 전에는 알 길이 없다. 외부에서 입력되는 낯선 자극을 자주 받아야 생각 고치 안에서 안주하는 신념도 통념일 수 있음을 알게 된다.

⑥ 매치 메이커 - 거부할 수 없는 매력을 발휘하다

상대방이 진정으로 열정을 느끼고, 의미를 찾을 수 있는 '하고 싶은 일'을 발견하도록 돕고, 이를 현실과 연결하여 그들이 잠재된 매력을 발휘하도록 이끌어 주는 역할이다. 최고의 코치이자 전달자는 상대의 내면에 이미 꿈틀거리고 있지만 스스로 찾아내기 어려운 재미있는 능력, 재능을 찾아 나설 수 있도록 좋은 질문을 던지는 일종의 질문술사다. 자신의 숨은 재능을 찾을 수 있도록 도와주는 질문술사야말로 내 삶의 보석을 찾아 꿈의 길로 안내해 주는 인생의 연금술사가 아닐 수 없다. 자신이 진정으로 하고 싶은 일을 발견하고 몰입할 때, 사람들은 내재된 에너지를 발산하며 주변에 긍정적이고 강력한 매력을 발휘한다. 매치 메이커는 이러한 자기실현의 기회를 제공함으로써 상대방이 스스로 빛나도록 돕는다.

사람은 저마다 어울리는 일이 존재한다. 사람이 가장 아름다워 보일 때는 자신에게 어울리는 일을 할 때이다. 그래서 아름다움은 어울림에서 비롯된다. 진정한 코치는 저마다의 욕망을 포착해서 완벽하지는 않지만 그것이 충족될 수 있는 가능성을 함께 모색하면서 새로운 대안을 찾아 상대에게 어울리는 일을 매칭시켜 주는 코디다.

⑦ 눈치 9단의 소유자 - 따뜻한 눈길을 보내다

미묘한 언어적, 비언어적 단서들을 통해 상대방의 숨겨진 의도, 기분, 필요를 빠르고 정확하게 파악하는 통찰력이다. 이는 단순히 상황 판단을 넘어, 상대방에게 적절한 반응과 따뜻한 눈길을 보낼 수 있는 공감적 지능이다. 예를 들어 상대방의 짧은 한숨이나 말끝 흐림에서 그가 무언가 부담을 느끼거나 주저하고 있음을 감지하고, "괜찮아요, 편하게 말씀하세요"라고 안심시키는 말을 건넨다. 그러면 상대방은 긴장감을 완화시키고 하고 싶은 말을 준비할 수 있다. 회의 중 특정 인물이 침묵하고 있거나 시선을 피할 때, 그가 동의하지 않거나 이견이 있음을 파악하고 "혹시 다른 의견이 있으신가요?"라고 부드럽게 질문하여 발언 기회를 주는 전략도 좋은 방법이다.

상대방은 자신의 복잡한 감정이나 숨겨진 의도를 정확하게 파악해 주는 눈치 9단 앞에서 안도감과 존중받는 느낌을 받는다. 동양 철학에서는 역지사지의 중요성을 강조한다. 이는 상대방의 입장에서 생각하며 그들의 감정을 헤아리는 측은지심이다. 눈치 9단은 이러한 역지사지 능력을 극대화한 사람이다. 공감은 현대 심리학에서도 관계 형성과 사회적 지능의 핵심으로 꼽힌다. 니체는 "상대를 이해하려면 그의 고통을 알아야 한다"고 했다. 타인의 숨겨진 의중을 파악하는 것은 그들의 내면적 상황과 필요를 깊이 있게 이해하는 공감의 최고 단계이며, 이를 통해 진정으로 따뜻한 눈길을 보낼 수 있다.

코칭 경험이 쌓일수록 주어진 상황적 맥락에서 내가 주연인지 조연인지를 누구보다도 잘 알고 그 상황에 맞는 말과 행동을 적재적소에서 능수능란하게 느낌과 생각과 행동을 하나의 연줄로 엮어 나갈 확률이 높다. 좋은 코치는 눈치코치를 잘 보며 상황 파악을 근간으로 분위기나 맥락에 맞는 화두를 이끌어 가는 사람이다. 눈빛만 바라봐도 의중과 의도를 꿰뚫어 거기에 담긴 의미까지도 알아낼 수 있어야 진정한 코치다. 그러려면 상대를 평소에 꾸준히 살펴보고 애정과 관심으로 보살펴야 한다. 관심을 갖고 관찰하는 살핌이 전제될 때 상대의 아픔이나 슬픔을 해소하는 보살핌이라는 해결 대안을 제공할 수 있다.

상대방이 자신의 삶이나 목표를 주체적으로 설계하고, 그 과정에서 성취감과 자부심을 느끼며 궁극적으로는 '영광스러운 결과물'을 스스로 만들어 낼 수 있도록 돕는 조력자다. 단순한 지시자가 아니라, 함께 꿈을 현실로 만들어 가는 파트너의 역할을 강조하는 것이다. 새로운 사업 아이디어를 가진 동료에게 그의 비전을 구체화할 수 있도록 컨설팅해 주고, 필요한 인프라 구축이나 자금 확보 방안을 함께 모색하여 그의 사업이 성공적인 아치를 쌓아 가도록 돕는 것이다. 개인의 성장 목표를 설정한 사람에게 그 목표를 달성하기 위한 구체적인 학습 계획이나 실천 방안을 수립하도록 돕고, 주기적인 점검과 피드백을 통해 그가 스스로 영광의 아치를 완성해 가도록 격려하는 전략이다. 자신의 손으로 직접 영광의 아치를 쌓을 때의 성취감은 그 어떤 것과도 비교할 수 없다. 건축가는 이러한 자기 주도적인 성장의 경험을 가능하게 함으로써 상대방이 자신의 '아름다움의 극치'를 발견하고 발휘하도록 돕는다. 이는 외적인 강압이 아닌, 내적인 동기를 통한 자발적 행동 변화를 이끌어 내는 중요한 코칭 방법이다. 아리스토텔레스는 인간의 궁극적인 목표가 행복에 있으며, 이는 덕을 갖추고 자신의 잠재력을 최대한 발휘하는 활동에서 온다고 보았다. 스스로 영광의 아치를 쌓는 과정은 바로 이러한 자아실현의 과정이며, 이 과정에서 아름다움의 극치를 경험하게 된다.

실존주의 철학자들 역시 인간은 스스로 자신의 삶을 선택하고 책임을 져야 한다고 강조한다. 뛰어난 코치는 이러한 실존적 선택과 책임을 돕고, 그 결과로 나타나는 성취의 아름다움을 함께 기뻐하는 진정한 조력자다.

⑨ 조력자 - 리듬감을 높이다

상대방이 자신만의 고유한 길을 발견하고, 그 길을 걸어가는 여정 자체를 즐길 수 있도록 돕는 전달자의 역할이다. 이는 단순히 목표 달성을 넘어서, 과정 속에서 자신만의 리듬감을 찾아 삶의 활력을 불어넣게 하는 전략이다. 어떤 일을 할 때마다 불안감을 느끼는 사람에게 목표 지향적인 결과보다는 과정에서 배우고 즐기는 요소를 찾도록 격려하며, 자신만의 속도와 방식으로 나아가는 리듬감을 찾도록 돕는 방법이다. 목표를 부산물로 생각하게 만들어 과정에 충실하다 보면 자신도 모르는 사이에 목표가 달성되는 즐거움을 만끽하게 만드는 비법이다.

강박적으로 완벽을 추구하며 지쳐 있는 사람에게 작은 성공들을 축하해 주고, 때로는 실수로부터 배우는 즐거움을 알게 하며, 유연한 사고로 삶의 행진을 즐기도록 이끄는 가르침이다. 자신이 선택한 길을 행진하듯 나아가고, 그 과정에서 자신만의 리듬감을 발견할 때, 사람들은 고통을 성장의 기회로, 지루함을 흥미로움으로 바꿀 수 있는 에너지를 얻는다. 조력자는 이러한 심리적 전환을 돕고, 내면의 평온과 즐거움을 통해 더 나은 성과를 가져올 수 있음을 몸으로 보여 주는 실천적 리더다.

⑩ 분위기 메이커 - 행운의 펀치를 날리다

주변 사람들의 마음을 편안하게 해 주고, 긍정적인 에너지를 불어넣는 능력이다. 이는 상대방이 심리적 안정감을 느끼고, 나아가 행운의 기회까지 잡을 수 있도록 심리적 기반을 마련해 주는 고수들의 코칭 비법이다. 긴장감이 감도는 모임에서 유머러스한 이야기나 긍정적인 제안으로 분위기를 환기시키고, 모두가 편안하게 참여할 수 있도록 돕는 전략을 적재적소에서 활용하는 전달력의 고수들이 주로 활용하는 전략이다. 실패로 인해 좌절한 사람에게 "괜찮아, 다음엔 더 잘할 수 있을 거야"와 같은 격려와 함께 따뜻한 차 한잔을 건네며, 마음을 진정시키고 다시 일어설 용기를 주는 경우다.

분위기 메이커는 이러한 심리적 안정감을 제공함으로써 상대방이 잠재적인 불안감을 해소하고, 뜻밖의 행운의 펀치를 날릴 수 있는 최적의 심리 상태를 만들어 준다. 이는 사람의 마음을 빼앗는 것이 아니라, 자연스럽게 끌어당기는 매력을 발산한다. 맹자는 "천시(天時)는 지리(地利)만 못하고, 지리는 인화(人和)만 못하다"고 하여, 사람 사이의 조화로운 관계(인화)가 가장 중요함을 강조했다. 또한,

낙천주의는 많은 위대한 사상가들이 강조한 삶의 태도다. 분위기 메이커는 이러한 낙천적이고 긍정적인 에너지를 전파하여, 사람들에게 심리적 운치를 제공하고, 이를 통해 예상치 못한 행운의 펀치를 맞이할 기회를 주는 존재다.

이 10가지 노하우는 단순히 기술적인 코칭을 넘어, 인간에 대한 깊은 이해와 존중을 바탕으로 생각해 봐야 할 전달력의 핵심이자 정수다.

W H O

PART 3

나를
어떻게
브랜딩할 것인가?

10

내 삶을 메시지로 만드는
휴먼 브랜딩 파워

2025년 8월 28일은 내 생애 잊을 수 없는 날이다. 한국소비자브랜드위원회가 주최하고 한국경제신문·한국소비자포럼이 주관하는 '2025 올해의 브랜드 대상'에서 올해의 인물에 선정되어 수상했기 때문이다(내 생일이기도 하다). 국내 포함 해외까지 약 100만 명의 소비자 대상 설문조사 결과 지식생태학자 유영만이 올해의 인물로 선정되었다는 의미는 한양대학교 유영만 교수보다는 지식생태학자 유영만의 휴먼 브랜드를 소비자가 인정해 주었다는 점에서 그 어떤 상보다도 뜻깊은 상이 아닐 수 없다. '지식'과 '생태학자'라는 익숙한 2개의 개념이 우발적으로 접속되어 '지식생태학자'라는 낯선 브랜드 이름이 탄생한 것은 30여 년 전의 일이다. 지식생태학자라는 휴먼 브랜드는 필자의 자기다움을 가장 아름답게 드러내는 브랜드 이름이기도 하고 세상이 필자를 인식할 때 떠오르는 각인된 이미지이기도 하다. 지식생태학자라는 브랜드가 탄생되기까지의 기나긴 여정을 전달력이라는 개념에 비추어 추적해 보려고 한다. 전달력은 궁극적으로 대체 불가능한 휴먼 브랜드 이미지가 담고 있는 메시지를 세상에 알리는 과정에서 생기는 고유한 설득력이기 때문이다.

우연한 마주침이나 우발적 접촉이
색다른 깨우침이나 낯선 촉감을 낳는다

휴먼 브랜드의 여정은 요람에서 무덤까지 이어진다. 충북 음성에서 태어나 중학교 때까지 수렵, 어로, 채취, 농경 생활을 하다 장학금과 숙식은 물론 취업까지 보장해 준다는 수도전기공고에 입학했다. 밤낮으로 국영수 과목 대신 용접 기능사 자격증을 따기 위해 힘겨운 실습을 반복하는 학교생활은 내가 기대했던 고등학교 생활에 대한 기대를 완전히 벗어나는 뜻밖의 삶의 연속이었다. 우여곡절은 있었지만 그래도 병역 면제 혜택이 주어지는 평택화력발전소에 취업, 밤과 낮을 바꿔 가며 교대 근무를 난생처음 시작했다. 발전소 교대 근무가 끝나면 뚜렷한 목표도 없고 미래를 꿈꾸는 비전도 없어서 술에 의지하며 암담한 미래 한탄만 일삼기를 반복했다. 그러다가 우연히 서점에서 고시 체험생 수기집과 만났다. 오늘의 지식생태학자 유영만을 만든 운명적인 사건이었다. 공고생이 사시와 행시를 합격한 감동적인 합격생 수기집을 우연히 읽은 덕분에 고시를 공부하면 밑바닥 인생을 한 방에 역전시킬 수 있다는 잘못된 꿈을 품고 1년간 독학하며 사투를 벌였지만 당시 대입 학력고사 점수는 생각보다 훨씬 낮게 나왔다. 결과를 뒤집을 수는 없다. 받아들이고 주어진 상황에서 대안을 모색하는 길이 빠른 길이다. 한탄과 후회 또는 걱정은 앞으로 나가는 길에는 도움이 되지 않는다.

법학과를 지원, 고시 공부를 하고 싶었지만 학력고사 점수가 부족해서 선택한 운명의 학과가 한양대학교 교육공학과였다. 공고(工高)를 졸업해서인지 교육공학과(敎育工學科)의 공(工) 자가 유난히 정이 갔었다. 교육공학과가 무슨 과인지도 모르고 입학, 고시 공부를 학과 공부와 겸행하다가 군 복무를 마치고 복학하면서 또 하나의 일생일대 결단을 내렸다. 고시 공부를 하면 할수록 재미는 없고 남에게 보여 주기 위한 위인지학(爲人之學)의 불행한 공부를 계속하고 있음을 깨닫고, 복학해서 고시 공부하던 책을 다 불사르고 고시를 포기하는 일명 분서갱유 사건을 감행했다. 강제로 읽던 재미없는 독서에서 벗어나 뒤늦게 책 읽는 재미에 빠져 교육공학을 내가 하면 재미있는 공부, 즉 위기지학(爲己之學)으로 공부하면서 스승님 덕분에 모교에서 학부와 대학원 석사를 마치고 플로리다 주립대학교에 유학, 박사 학위를 받았다. 전공과목도 열심히 공부했지만 시야와 관점을 넓히기 위해 다른 과에 가서 철학이나 사회학 등 다른 분야의 과목을 폭넓게 공부하면서 혼돈이론이나 학습조직 등 다양한 분야의 이론적 관점을 배우는 소중한 깨달음의 시간을 보내다 비교적 빠른 시기에 박사 학위를 받고 삼성인력개발원에 취업했다.

삼성인력개발원에서 근무한 5년의 기간은 박사 때까지 배운 다양한 이론적 지식이 격전의 현장에서 무력하다는 사실을 깨닫는 소중한 실전 경험의 시간이었다. 1993년부터 1998년까지 근무하면서, 학습하는 속도가 환경 변화 속도보다 빠르거나 같아야 한다는 '학습조직(Learning Organization)'과 필요한 지식을 필요한 시기에 필요한 사람이 사용할 수 있도록 지식을 체계적으로 관리하자는 '지식경영(Knowledge Management)' 관련 업무를 하면서 자연스럽게 책에서 배운 학습과 지식의 본질적 의미를 재음미하게 되었다. 그리고 어떤 학습 활동을 통해 건강한 지식을 창조하고 공유할 수 있는지를 다른 관점에서 공부하고 적용해 보는 경험을 쌓아 나갔다. 우연히 미국 캘리포니아에 출장을 가서 조지 포 박사를 만나는 행운을 얻었다. 당시 조지 포 박사는 프랑스의 인시아드(INSEAD) 경영대학원 객원교수를 역임하면서 생태학적 관점에서 지식을 창조하고 공유하는 선구자적 연구를 수행하고 있었다. 그분과 지식의 본질적 속성에 관해 토론을 하며 제록스 최고 연구위원을 역임했던 존 실리 브라운과 같은 전통적인 학자들의 학습과 지식에 대한 고전적 관점에 대안적 관점을 제공하는 공부를 하는 계기가 되었다. 우연한 마주침, 우발적 접촉이 색다른 깨우침, 낯선 촉감을 낳은 것이다.

지식은 정체되어 있는 객체가 아니라 역동적인 흐름이다

생태학적 관점에서 바라보는 학습과 지식은 사회 현실과 격리된 공간에서 학습자가 독립적으로 레고 블록 같은 객체로서의 지식을 습득하는 활동이나 결과가 아니라, 생태계를 구성하는 수많은 생명체들의 상호 의존적인 상호 작용을 통해 서로 영향력을 주고받는 가운데 지식이 창조-공유되는 역동적인 흐름이다. 존 실리 브라운에 따르면 지식은 정보와는 다르게 끈적끈적하고, 눈에 보이지 않으며, 어떤 통제나 관리를 해도 밖으로 계속 새어 나갈 수밖에 없다. 예를 들어 할머니 손맛은 지식 관리 시스템에 저장했다가 그걸 필요로 하는 사람에게 빛의 속도로 공유할 수 없다. 지식은 지식을 갖고 있는 사람의 몸에 체화되어 있기 때문에 그 몸을 벗어나 분리되는 순간 정보로 전락한다.

지식을 하나의 물건이나 객체처럼 지식 소유자로부터 분리시켜 지식 관리 시스템에 저장해 놓은 다음 필요한 사람이, 필요한 시기에, 필요한 지식을, 적기에 활용할 수 있도록 조치하려는 서구의 지식경영 발상 자체가 지식을 왜곡하는 잘못된 접근 논리임을 깨닫기 시작했다. 물이 흐르지 못하고 한군데 오래 저장되어 있으면 썩듯이 지식도 흐르지 않고 지식 댐을 건설해서 거기에 가두어 놓으면 지식의 유효 기간이 지나 부패되거나 생명력을 잃어버린다. 흐름을 멈추는 순간 지식도 정체되어 정체성을 잃는다. 지식의 정체성은 정체되지 않고 정중동의 가운데에서 부단히 사람과 사람 사이, 사람과 환경 사이를 흐르며 일신우일신을 거듭해야 한다.

지식은 생태학과 만나야 다시 태어날 수 있다

조직 내에 역동적으로 흐르는 지식을 지식 댐과 같은 관리 시스템에 저장했다가 필요할 때 쓰겠다는 발상은 지식의 본질적 속성과 핵심적인 원리를 오해하고 처방된 잘못된 경영혁신 전략이다. 지식은 눈에 보이지 않고 사람 몸과 분리시켜 공유할 수 없어서 언어화시켜 문서로 정리한 다음 다른 사람에게 직접 가르칠 수 없다. 때문에 기존의 지식경영과 전혀 다른 접근 논리로 지식을 창조하고 공유하며 활용하는 대안적인 접근이 필요했고, 그 대안을 모색하는 길이 바로 내가 추구하고 지향하려는 즐거운 학습을 통해 건강한 지식을 창조하고 공유해서 보람찬 성과와 성취를 나누는 행복한 일터를 조성하고 설계하는 길이었다. 이러한 행복한 일터가 바로 내가 궁극적으로 추구하려는 지식생태계의 이상적인 모습이다.

　　1990년대 초반에 만약 내가 뭐하는 사람인지 다른 사람에게 자기소개를 한다면 어떤 메시지로 나를 각인시킬까를 부단히 절치부심하다 만난 계기가 바로 지식경영에 대한 대안 논리다. 대안적 지식경영에 대한 접근 논리를 구상하기 시작한 전환점이 지식생태계를 우연히 떠올리면서 시작된 휴먼 브랜드의 출발점이었다. 지식은 경영학보다 생태학과 우발적으로 만나면 지식의 본래적 속성이 제대로 드러날 수 있다는 믿음과 신념이 생겼다. 지식은 경영학을 만나면 자본 증식의 수단으로 전락하지만 생태학을 만나면 어제와 다른 지식으로 다시 태어나는 생태계의 보고(寶庫)가 된다. 우리가 몸담고 있는 조직이나 공동체도 숲처럼 지식의 숲을 조성하는 방안을 지속적으로 연구하면 생태계처럼 자기 조직적인 힘으로 선순환되면서 유지되고 어제와 다른 모습으로 지속 가능하게 성장하고 발전하는 아름다운 지식생태계가 조성될 수 있을 것이라는 확신을 갖고 명함의 이름 앞에 지식생태학자를 새겨 넣고 세상에 지식생태학자의 이미지를 다양한 SNS를 통해 묵묵히, 꾸준히, 천천히 알리기 시작했다.

　　자연의 생명체 중에서 화초보다 잡초가 생명력이 긴 노하우, 인삼보다 산삼이 비싸고 효능이 탁월한 까닭, 콩나물과 콩나무는 한 글자 차이지만 엄청난 차이가 존재하는 방식, 목재보다 분재가 대접을 받으며 오래 사는 비결, 하우스 배추보다 노지 배추가 김치 맛이 더 좋은 이유 등을 파고들다 보면 저마다의 방식으로 살아가는 생명체의 생존과 성장 원리에서 생태학적 감수성과 상상력을 배울 수 있으며, 여기서 얻은 지식에 대한 생태학적 관점과 접근 논리를 교육을 비롯, 사회 전반의 흐름과 추세를 이해하는 사상적 기반으로 삼을 수 있다. 어설프지만 그 첫 결과물이 2005년도에 '생태학적 교육공학의 정초마련을 위한 시론적 탐색'이라는 부제가 붙은 〈지식생태학과 교육공학〉이라는 논문으로 교육공학 연구지에 처음으로 게재했고, 2006년도에 《지식생태학》[*]이라는 책으로도 출간되었다. 그 후 후속적인 연구와 개발을 통해 박사 제자들과 공동으로 '생태학, 죽은 지식을 깨우다'는 부제가 붙은 《지식생태학》[**] 책을 2018년에 출간했다. 2023년에는 "생태계를 파괴하면 생계도 걱정된다"는 슬로건을 필두로 '지식생태학회'를 만들어 학자들만의 전문용어로 그들만의 리그에서 벗어나 고등학생은 물론 현장의 다양한 실천가들이 함께하는 재미있고 의미 있는 학회 활동을 전개하고 있다.

휴먼 브랜딩으로서의 전달력에 대하여

이 외에도 《브리꼴레르》, 《나무는 나무라지 않는다》, 《공부는 망치

---

[*] 유영만 지음, 《지식생태학》, 삼성경제연구소, 2006.

[**] 유영만 외 지음, 《지식생태학》, 박영사, 2018.

다》,《언어를 디자인하라》,《2분의 1》 등 삶에 대한 생태학적 사유를 기반으로 '제 목'을 걸고 '제목'을 정하면서 '제 몫'을 할 수 있도록 책을 써 왔다. 꾸준한 저술 작업과 함께 대중 강연, 방송과 유튜브 채널 등에 출연하면서 대중과 소통하는 지식생태학자로서의 길을 걸어가고 있다.

30여 년 전 이름 앞에 지식생태학자라는 휴먼 브랜딩을 시작, 변함없이 한길을 걸으며 어제보다 나아지기 위해 천천히, 묵묵히, 그리고 서두르지 않고 초심을 유지하려고 여전히 노력하고 있다.

앞으로도 그동안 겪어 낸 경험적 흔적과 얼룩을 어제와 다른 언어로 벼리고 벼리는 가운데 끊임없이 자아를 재서술하고 재창조하는 지식생태학자의 길을 걸어갈 것이다. 틀에 박힌 언어 사용 방식에서 과감히 탈피, 어제와 다른 은유적 사유로 익숙한 세계에서도 낯선 사유를 잉태하기 위해 우연의 바다에 몸을 던질 것이다. 지식생태학자라는 브랜드 이름은 그대로 있어도 어제와 다른 지식생태학자로 변신을 거듭할 것이다.

다시 전달력으로 돌아가 보자. 전달력은 전달 기법이나 방법을 습득, 주어진 메시지를 명쾌하게 전달하는 능력이 아니다. 삶이 곧 메시지임을 몸으로 보여 주며 자기다운 정체성을 증명하는 휴먼 브랜딩 과정에서 생기는 대체 불가능한 자기만의 핵심 역량이다. 핵심 역량은 나무로 따지면 뿌리에 해당한다. 뿌리가 깊어야 세상의 유혹을 뿌리칠 수 있으며, 아래로 뻗은 뿌리의 깊이만큼 성장할 수 있는 높이가 생긴다. 휴먼 브랜딩으로서의 전달력은 1-2년 사이에 (교육을 받는다고) 가질 수 있는 변화 능력이 아니다. 어제와 다른 삶을 살아 가면서 현실에 안주하지 않고 부단히 자기다움을 증명하는 가운데 나도 모르게 생기는 나력(裸力, Naked Strength)이다. 나력은 겨울 나 목이 혹한의 추위를 견뎌 내고 새봄의 희망을 싹 틔우듯이 자기다움 이라는 본질적 정체성으로 구축된 대체 불가능한 휴먼 파워다.

일등 복사본이 될 것인가,
유일한 원본이 될 것인가?

질문은 새로운 자기다움을 찾아 나서는 탐문이다

2007년 4월 11일 교통사고가 나서 중태에 빠졌다 간신히 정신을 차리고 던진 질문이 있다. "여기가 어디야?" "내가 왜 여기 와 있는 거지?" "여기 있는 나는 누구지?" 이런 질문은 인간의 근본적인 정체성에 관한 질문이다. 평상시에는 그 누구도 잘 던지지 않는 질문이지만 정신 나갔다가 정신을 차리면 던지는 질문이다. 나는 나답게 살고 있는 것일까? 아니면 남과 다르게 경쟁하면서 나만의 고유한 컬러와 스타일을 잊어버리고 살고 있을까? 나는 내가 사랑하는 일을 찾아 사명을 다하며 살고 있을까? 아니면 다른 사람에게 보여 주기 위해 주어진 일의 성과를 달성하는 노동하는 인간일까? 질문을 멈추고 목표 달성을 위한 질주가 시작되는 순간, 자기다움은 실종되고 남과 다름으로 세상이 정한 기준에 부응하는 인간으로 전락하기 시작한다.

성공은 가르칠 수 없다. 오로지 겪어 봐야 감지할 수 있는 신체성의 산물이다. 성공으로 가는 문은 좁은 문이다. 너도 나처럼 하면 된다는 모든 메시지(넓은 문)는 달콤한 유혹으로 나의 간절함을 자극하며 성공하고 싶다는 욕구나 도파민만 자극한다. 그러니 오늘부터 다른 사람과 비교하며 경쟁을 거듭하는 넘버원(No. 1)이나 복사본으로 살지 말고 어제의 나와 비교하며 자신과 경쟁하는 유일한 나, 온리원(Only One)이나 원본으로 살아가야 한다. 나는 그 누구와도 대체 불가능한 원본이다. 그런데 왜 다른 사람과 비교하면서 점점 그 사람과 닮아지는 복사본으로 살아가려고 할까?

전달력은 마케팅으로 생기지 않고 브랜딩으로 생긴다. 마케팅은 남과 달라지기 위해 다른 사람과 부단히 비교하고 경쟁한다. 하지만 나의 전달력은 나만이 할 수 있는 고유한 자기 정체성에서 나온다. 자기 정체성은 모방해서 생길 수 없는 고유한 자기다움이다. 그걸 드러내는 과정이 바로 브랜딩이다. 브랜딩은 오로지 나만이 할 수 있는 일이 의미를 띠고 세상에 각인될 때 내 몸에 생기는 상징적 증표다.

마케팅은 넘버원을 지향하고 브랜딩은 온리원을 추구한다[*]

브랜드란 자기다움으로 살아가면서 대체 불가능한 원본을 드러내는 정체성이다. 자기다운 브랜드는 색다른 브랜드이고, 색다른 브랜드는 모든 사람의 가슴속에서 사랑과 존경심으로 가득 찬 아름다운 브랜드다. '자기다움'은 '색다름'이고 '색다름'이 곧 우리 모두가 추구해야 할 궁극의 '아름다움'이다. 색달라지면 저절로 남달라지는데 남달라지려고 노력하다 자기 정체성마저 잃어버리고 다른 브랜드를 복제하며 복사본으로 생을 마감한다. 넘버원을 추구하는 마케팅은 남과 경쟁을 거듭하면서 결국 다른 브랜드와 닮은 복제본을 대량 양산한다. 반면에 온리원을 추구하는 브랜딩은 어제의 나와 경쟁하면서 전보다 잘하려는 노력으로 대체 불가능한 원본을 만들어 간다. 마케팅은 남과 경쟁하면서 최고가 되고 싶은 욕망을 갖고 있고 브랜딩은 어제의 나와 경쟁하면서 유일한 내가 되고 싶은 욕망을 추구한다. 마케팅을 할수록 결국 동일성의 패러다임에 갇혀 서로 닮아 가지만, 브랜딩을 계속할수록 어제와 다른 차이를 반복하면서 누구와도 비교할 수 없는 고유한 자기만의 컬러와 스타일을 갖추게 된다.

'Just Do It'이라는 슬로건을 주창하는 나이키도 신발을 팔지 않

---

[*] 이어지는 글은 아래의 도서를 참고로 작성했음을 밝혀 둔다.
권민 지음, 《엔텔러키브랜드 – 목적》, 엔텔러키, 2025.

고, 'Think Different'라며 다른 것을 생각하는 애플도 전자 제품을 팔지 않는다. 한양대학교 유영만 교수라는 '퍼스널 브랜드(Personal Brand)'는 지식생태학자 유영만이라는 '휴먼 브랜드'로 거듭날 때 비로소 유수한 대학교수라는 직업으로 다른 교수와 경쟁하지 않고 어제의 유영만이 가장 지식생태학자답게 차이를 반복하며 반전을 거듭하는 자기다움의 여정에 몰입할 수 있는 것이다.

대학교수는 퍼스널 브랜드, 지식생태학자는 휴먼 브랜드

자기답게 사는 것은 누구도 흉내 낼 수 없는 나의 이름값대로 살아가는 것이다. 한 사람의 이름값도 우여곡절의 삶을 살아가면서, 문제와 씨름하고 시름시름 앓아 가면서, 마음의 고름까지 생길 정도로 구구절절 사연을 간직한 먹구름에 담긴 주름을 펼치는 과정에서 생긴다. 지금의 먹구름이 미래의 밑거름이 되기도 한다. 이름에 담긴 수많은 사연의 주름이 자기다움과 자기다움이 아닌 것을 가늠하는 기준이 된다.

자기 이름대로 살아가는 사람에게 주어지는 최고의 칭찬이 바로 그 사람 자체가 브랜드라는 말이다. 마케팅으로 시장가치를 올리려는 상품은 남과 다르기 위해 자기다움을 추구하다 유사품으로 전락하며 상표로 인식된다. 하지만 자기다움으로 남과 다름을 증명하려는 브랜딩은 정체성을 인정받으며 상징적인 의미로 거듭난다. 이래서 마케팅은 다른 사람과 경쟁하는 것이고, 브랜딩은 어제의 나와 경쟁하는 것이다.

한양대학교 유영만 교수는 무수한 교수 중에 조명받고 싶어서 다른 교수와 경쟁하면서 차별화를 추구할수록 다른 교수와 닮아져 가며 이미지가 닳아 없어질 수 있지만, 지식생태학자 유영만은 자기다움의 소명을 받고 유영만스러운 사람이 아니라 유영만답게 대체 불가능한 원본임을 증명하는 삶을 살아간다. 소명은 오로지 자기 일을 사랑하는 사람에게만 주어진다. 자신이 하는 일을 사랑함으로써 그 누구도 쉽게 모방할 수 없는 고유한 의미와 가치를 창조한다. 지식생태학자 유영만의 소명에 충실할수록 다른 사람이나 공동체로부터 호명을 받으며 나에게 주어진 사명을 다할수록 내 삶의 혁명을 일으키며 운명조차 바꿀 수 있다. 조명받고 싶은 사람에서 호명받고 싶은 사람은 자기만의 가치를 중심으로 의사 결정을 하고 목에 칼이 들어와도 그 가치를 지켜 내기 위해 몸을 던진다. 그런 단어를 미국의 철학자 리처드 로티는 '마지막 어휘(Final Vocabulary)'라고 했다. 마지막 어휘는 평상시에는 의식의 수면 아래에서 잠자고 있다가 결정적인 딜레마 상황에 빠져 있을 때 결단과 결행 일보 직전에 눈앞에 나타난다. 마지막 어휘는 가장 나다운 색깔을 담고 있는 내 삶의 등대이자 나침반이기도 하다. 가던 길을 잃었을 때, 어디로 가야 할지 방향을 알려 주고 어디로 왜 가야 하는지를 고심하게 만들어 주는 내 삶의 가치 판단 기준이자 행동 규범이기도 하다.

가치 중심으로 삶을 준비해야 사라지지 않는다

나의 마지막 어휘는 도전이다. 미지의 세계로 향하는 호기심의 발로이자 나를 살아 있게 만드는 원동력이며, 능력을 확장하고 심화시키는 내 삶의 카니발이 도전이다. 도전은 내 능력의 한계를 알려 주기도 하지만 능력의 심화와 확장 가능성을 열어 주는 성장 발판이기도 하다. 도전은 나에게 내가 살아가는 이유이자 어제와 다르게 살아가기 위해 발버둥 치는 버팀목이기도 하다. 마지막 어휘를 중심으로 삶의 마지막까지 살아갈수록 나의 자기다움은 한계에 도전하면서 어제와 다른 나로 도약을 반복하며 완벽보다 완성을 향한 미(美)완성 교향곡을 연주할 것이다. 결국 전달력도, 내 목에 칼이 들어와도 자기다움을 증명하기 위해 마지막 단어로 건져 올린 삶을 증명하는 힘이다.

나의 심장을 두드리는 5개의 단어가 있다. 열정, 혁신, 신뢰, 도전, 행복이다. 열정적으로 어제와 다르게 생각하는 혁신으로 사람과 사람 사이의 신뢰를 소중하게 생각하며 현실에 안주하지 않고 도전하며 행복하게 살아가는 삶을 영위하기 위해, 매일 이 5가지 키워드와 관련된 생각과 행동으로 작은 스토리(story)를 만들고 나만의 시각과 관점으로 해석한 서사(narrative)를 구축, 유영만의 역사(history)를 기록하며, 유영만답게 살아가는 유영만 웨이(way)를 만드는 삶이 자기답게 살아가는 하나의 방식이라고 생각한다. 전달력을 키워야 하는 가장 중요한 이유는 자기다움을 증명하는 열정과 혁신, 신뢰와 도전, 그리고 행복이라는 핵심 가치 단어대로 살아오며 겪어 내는 스토리를 들려주기 때문이다. 대체 불가능한 원본으로 자기다움을 브랜딩하면서 세상에 자신의 이미지를 각인시키는 과정이 바로 전달이기 때문이다.

12

대체 불가능한
나만의 원본을 개발하라

대체 불가능한 강의를 하려면 대체 불가능한 자기 정체성을 휴먼 브랜드로 드러내야 한다. 내가 지금까지 살아온 삶이 나를 세상에 알리는 휴먼 브랜드의 민낯이다. 내 삶을 능가하는 나의 정체성을 브랜드로 만들어 사람의 마음을 설득할 수는 없다. 전달을 통한 설득력의 출발도 그 사람의 진실한 삶에서 비롯된다. 색다른 삶, 독특한 삶, 파란만장한 삶일수록 독자나 청중들의 마음속으로 파고들어 가는 메시지 파워도 농후하고 농밀해진다. 전달력은 기법이나 기교의 문제이기 전에 그 사람의 삶을 진정성으로 녹여 청중의 마음을 휘저으며 감동시키는 힘이다. 진심 어린 전략으로 삶에서 깨달은 경험적 노하우를 진실로 번역, 솔직담백하게 전달하는 과정에서 사람과 사람 사이에 강력한 신뢰 기반이 구축된다. 서로를 믿고 의지할 때 전달자의 의도는 의미심장하게 의미가 심장에 꽂힌다.

청중을 감동시킬 수 있는 원동력은 전달하는 방법이나 기법에서 나오지 않고 콘텐츠 자체에 담긴 진정성에서 나온다. 삶이 농밀한 사람은 전달 기술이 어눌할 수도 있다. 하지만 그럼에도 불구하고 청중이 감동하는 이유는 그 사람의 삶을 고스란히 담아서 전달하는 진심이 담겨 있기 때문이다. 지식생태학자 유영만 교수만이 전달할 수 있는 내공으로 연마한 몇 가지 독창적인 주제를 생각해 봤다. 대체 불가능한 원본을 개발해야 복사본이 대량 양산되어도 원본의 가치를 높게 평가하는 계기를 마련할 수 있다. 원본은 그 사람의 삶으로 만든 각본이다. 그러므로 원본은 복사본으로 대체 불가능하다. 삶이 다르면 각본을 다르게 써야 된다. 그때 또 다른 비교 불가능한 원본이 탄생된다.

쇠를 녹이는 손끝에서 사람을 일깨우는 지혜가 피어나다

용접이라는 일은 서로 다른 철판을 용접봉의 뜨거운 불로 녹여 한 덩어리로 이어 붙이는 기술이다. 두툼한 철판을 양쪽 거치대에 고정해 두고, 나란히 둔 틈 사이로 내내 오가며 용접봉으로 용융된 쇳물을 조심스럽게 이리저리 흐르게 해 결국 두 철판을 하나로 만드는 일. 이 모든 과정에서 가장 중요한 것은 온도를 손끝으로 다스리는 일이다. 하지만 익숙하던 용접기를 벗어나, 시험장에서 무작위로 주어진 낯선 용접기를 마주할 때, 그 기계는 낯선 이들 중에서도 유독 완고한 타자인 셈이었다. 서로 말도 쉽게 섞지 못하는 묵직한 분위기, 무겁게 내려앉은 공기. 괜히 섣불리 말을 걸기보다는, 그냥 주어진 시간과 공간 속에서 적당히 침묵을 지키게 된다. 쇠를 녹여 붙이는 용접 일이 어느 순간부터는, 차라리 죽는 게 낫겠다는 생각이 들 만큼 싫어지기 시작했다.

고등학교를 졸업한 뒤, 군 면제를 받으려면 9년의 의무 복무를 채워야 한다. 그런데 9년을 채우지 못해 고민하던 참에, 고시 준비생들의 수기집을 읽은 게 화근이 되어 엉뚱하게도 새로운 도전 욕심이 스멀스멀 피어올랐다. 무모하게 한양대학교 교육공학과에 도전장을 내밀었고, 고시 공부가 전혀 맞지 않는다는 걸 곧 깨달았다. 결국 몇 달 쌓인 고시책을 어느 달밤에 한꺼번에 태워 버렸다.

그날 이후, 나는 더 이상 철판을 용접하지 않았다. 대신 서로 다른 영역에서 건져 온 이질적인 지식을 내 안에서 녹여, 또 다른 문제의식으로 제3의 지식을 끊임없이 창조하는 지식 용접공으로 변해 갔다. 철판 용접을 할 때는 미처 몰랐던, 이질적 지식을 엮어 완전히 새로운 지평을 열어 가는 일. 내 안에서 지식융합이란 모험이, 그렇게 서서히 시작되었다.

땀으로 읽은 책, 삶으로 써 내려간 철학을 품다

아무리 땀 흘리며 읽은 책이라 해도, 그 땀방울을 실천과 시행착오로 바꾸지 않으면 진짜 내 것이 되지 않는다. 땀으로 읽은 책은 단순히 눈으로 훑은 것이 아니라, 몸을 움직여 직접 실행하며 체험한 책이다. 책상에 앉아 한 글자 한 글자 곱씹어 읽고, 가슴을 울린 그 어떤 깨달음을 몸소 실천했을 때, 몸 안에 각인된 흔적들이 언어로 매만져지고 또 매만져져, 마침내 '읽기'가 '쓰기'로 완성된다. 읽기의 진짜 끝은 책 마지막 장을 덮는 순간이 아니다. 함께 읽은 이들과 생각을 나누고, 느낀 바를 곱씹고, 그것을 내 삶에 어떻게 적용할 것인지 고민하고 기록하는 가운데 비로소 하나의 읽기가 완성된다. 지식생태학자 유영만의 전달력이란, 그저 기술이나 스킬에 있는 게 아니다. 그가 흘린 땀이 빚어낸, 오롯이 자신만의 언어로 길어 올린 독창적 개념과, 삶 속에서 건져 올린 경험적 철학이 한데 어우러져 만들어 내는 힘이다.

전달력의 근원은, 파란만장한 경험에서 길어 올린 진짜 깨달음을 자기만의 언어로 벼리고 벼린 결과로 생겨난다. 투수마다 투구폼이 다르고, 화가마다 화풍이 다르며, 소설가마다 문체가 다르듯, 어떤 전달자도 누구나 흉내 낼 수 없는 고유의 색깔로 자기만의 스타일을 드러내는 법이다. 그 남다름이야말로, 사람을 움직이고 세계를 변화시키는 힘이 아니겠는가.

교단에 서기 전, 세상의 밑바닥에서 온몸으로 배웠다

바닥을 진하게 경험해 본 이라면, 밑바닥을 헤매 본 사람 앞에서 고개를 숙이고, 다시 한번 배움의 자세로 자신을 낮춘다. 그곳에서 진심을 전하려는 사람은 무지해 빠진 이도, 모든 것을 초월한 깨달음의 경지에 이른 성자도 아니다. 오히려 그런 이는 늘 자기 안에 에로스를 품고 사는 사람, 욕망과 갈망, 살아 있음을 필사적으로 느끼는 사람이다.[*]

밑바닥을 기어 본 사람만이, 정상에 손을 뻗는 꿈을 그냥 머릿속 상상으로만 그리지 않는다. 진짜 꿈이란 온몸으로 살아가는 그 여정에서 어느 날 문득, 땀과 눈물과 상처의 부산물로 태어난다. 꿈의 목적지가 중요한 게 아니라, 나를 진정으로 사랑하는 사람이 온 존재를 던져 찰나의 섬광 같은 생의 의미를 붙잡으려 헤맬 때 어느새 이루어지는 무엇. 진심은 어떤 화려한 말이나 수식어도 달지 않는다. 아리스토텔레스가 말한 에토스, 즉 한 사람의 몸과 마음이 풍기는 아우라는 상대를 압도하는 인간적 신뢰이자, 결코 흉내 낼 수 없는

---

[*] 에로스란 무지와 지혜, 그 딱 중간 어귀에 터를 잡고 사는 신이다. 사람이 무지하면 어리석고 급한 판단으로 자꾸 넘어진다. 그런데 내 안에서 꿈틀거리는 에로스는 지혜와 무지의 중간, 그 흐린 경계에 머물러 있다. 만약 에로스가 지혜의 한쪽 끝장에 닿아 있다면, 언젠가는 오만과 나태함에 스스로를 함몰시키고 말 것이다. 다행히도 에로스는 두 세계의 경계에서 길이 없는 곳에 길을 내며, 언제나 겸손하게, 그 밑바닥의 슬픔과 기쁨을 온몸으로 익히려 애쓴다.

설렘이 되어 다가온다. 진심은 어떤 언어로도 다 설명할 수 없기에, 설명이 길어질수록 오히려 의심을 살 뿐이다. 진심은 때로 우렁찬 침묵으로 더 많은 것을 말한다.

지식은 이론이 아니라, 뜨거운 경험이 남긴 흔적이다

건설 현장에서 집을 직접 지어 본 사람이라면, 절대 지붕부터 그림을 그리지 않는다. 반드시 기초부터 천천히, 튼튼하게 쌓아 올린다. 이들에게 이론이란 허공에 하는 공상이나 관념이 아니라, 실제 삶을 지탱해 주는 한 가지 무기요 도구다. 이론이 태어나는 곳은 치열한 격전지, 바로 우리 삶의 현장이다. 복잡하고 예측할 수 없는 삶의 현장을 이론가가 온전히 담아내기는 어렵다. 그저 그중 단면을 떼어 내 관찰하고, 그것을 추상적으로 일반화해 이론이라는 형태로 번역해 볼 뿐이다. 그래서 이론은 늘 논쟁의 여지가 남아 있다. 하지만 경험 그 자체를 경전처럼 여기는 사람은, 일부 아는 것만으로 삶을 재단하지 않고, 오히려 삶을 품어 지식을 만들어 간다. 내가 직접 살아 본 깊이와 넓이를 뛰어넘어 얻을 수 있는 앎은 없다. 경영학자가 진짜 경영자가 되는 길, 교육학도가 살아 있는 교육자가 되는 길, 결국에는 '학'이라는 두 글자를 떼어 내는 데 있다. 내 몸을 관통하며 울리는 수많은 소음과 소란을 소리로 바꾸고, 그 안에서 순간의 의미와 진실을 캐내어,

결국 누군가의 삶에서 잠시 일리로 통용되는 진리를 발견하는 것. 이것이 바로 학자의 일상, 그리고 날마다 펼쳐지는 작은 혁명이다. 오늘의 평범한 걸음이 내일에는 비범한 행보가 될 수 있다는 것, 그래서 평범한 일상 속에 늘 혁명의 씨앗이 자라고 있다는 사실을, 우리는 종종 잊곤 한다.

답을 가르치기보다는 함께 질문을 찾아가는 질문술사

질문이란 어제를 벗어나, 전혀 다른 곳에서 새로운 출발을 결심하게 만든다. 뛰어난 전달력을 지닌 사람들은 언제나 질문을 던지는 마법사다. 자신이 전하고 싶은 메시지를 단순한 결론으로 일방적으로 설명하지 않는다. 대신, 넌지시 질문을 건네 청중의 시선을 사로잡고, 늘 당연하다고 믿어 온 고정관념에 슬쩍 균열을 낸다. 아이가 즉석카메라가 어떻게 탄생했는지 아느냐고 조심스레 묻는다면, 그건 바로 사진을 찍고 나서 "왜 기다려야 해?"라고 부모님에게 되물었던 그 호기심 한마디에서 시작된 것이다. 세상은 이렇듯, 질문 하나만 던져도 어디서든 호기심이 싹트고 상상이 자라나는 비옥한 터전이 된다.

진정한 전달력은 정답을 내던지는 강연에서 빛나지 않는다. 오히려, 다양한 해석과 답이 공존하는 '함께 해답을 찾아가는 여정' 속에서 비로소 꽃핀다. 질문술사는 '원래', '물론', '당연히' 같은 말을 거의 쓰지 않는다. 세상에 원래 그런 일도, 물론 그런 일도, 절대적으로 당연한 일도 없으니까. 7가지 불가사의만 있는 게 아니다. 일상 속 모든 것이 다 저마다의 불가사의이기도 하다. 우리는 호기심의 물음표를 가슴에 품고 이곳저곳 헤매다가, 마침내 찾아낸 감동의 한순간에 도달한다. 바로 느낌표가 되는 순간이다.

실패마저 한 권의 교과서로 삼는다

실패는 그저 노력의 끝자락에서 만나는 좌절이 아니다. 다시 시작하라는, 아직 끝이 아니라는 조용한 신호다. 실패는 나에게 '이 길이 아니면 또 다른 길이 있다'며, 조금은 새로운 시도와 용기를 부추긴다. 배움의 깊이란, 결국 실패로부터 얻은 내공과 비례한다. 진짜 몸으로 겪어 본 이만이, 성공으로 가는 지름길이 없다는 사실을 안다. 간절히 원했던 계약이 깨졌을 때, 큰 꿈을 품고 달렸지만 결과가 냉정하게 돌아섰을 때, 오랜 시간 정말이지 모든 걸 걸었던 노력이 무참히 짓밟힌 순간, 사람은 고개 숙여 반성하고 어느 때보다 냉정하게 자신을 돌아본다. 그 시간들이 바로 참된 배움의 시작이다.

전달력이 남다른 이들은 실패를 참담한 추억으로만 남기지 않는다. 오히려 그 경험을 새로운 도전의 뿌리, 더 나은 배움의 자양분으로 삼는다. 특별한 실력은, 바로 남다른 실패에서 태어난 멋진 자식과 같다. 쓸쓸했던 실패가 다시 단단한 실력이라는 이름의 열매로, 그 누군가에게 가장 설득력이 강한 메시지가 된다. 그런 지식 안에는, 한 사람이 사투 끝에 겨우 길어 올린 뜨거운 목소리와, 더 살 만한 세상을 바라는 진심 어린 열정이 고스란히 담겨 있다.

책을 가르치지 않는다, 삶을 읽게 만든다

우리는 책만 읽는 존재가 아니다. 사람을 읽고, 삶을 읽어 내는 능력 역시 중요하다. 물론, 책을 많이 읽으면 그만큼 사람과 삶을 바라보는 시야도 깊어진다. 하지만 단지 책만 붙잡고 있다고 해서 사람과 사회, 그리고 그 둘을 이어 주는 사랑까지 자연스럽게 이해하게 되는 건 아니다. 책 속에 담긴 사람과 삶, 사랑은 글자로 옮겨 내기 이전의, 날것 그대로의 곡선이자, 차가운 이성만으로는 담아낼 수 없는 야생의 터전을 품고 있다. 이런 야성은 누군가의 입을 빌려 받아 적는 가르침이 아니라, 예기치 않은 마주침을 통해 몸으로 느끼고 깨닫게 되는 무언가다.

마주침이 없는 삶은 아무리 오래 읽어도, 중요한 통찰을 주지 않는다. 낯선 환경을 경험하고, 익숙한 어제를 벗어나 새로운 사람을 만나는 지극히 인간적인 접촉 앞에서, 내 전공의 틀마저 넘어서는 책들을 마주할 때라야 비로소 남다른 울림과 깨달음의 조각들이 싹

튼다. 이런 깨달음조차 누군가에게 일방적으로 주입할 수는 없다. 그건 온몸으로 겪고 쌓는 일종의 신체성이기 때문이다. 그래서 진정한 스승은 가르친다는 생각보다, 오히려 함께 방향을 찾아가는 동반자다. 방법만 일러 주는 게 아니라, 우리가 함께 가야 할 삶의 목적지를 은근히 가리켜 주는 안내자, 나는 그렇게 믿는다.

지식 전달자는 우리 안의 불꽃을 발견하게 만드는 거울이다

"내 안에는 충족되지 못한 위대한 출발이 있다." 프랑스의 작곡가 가브리엘 포레의 말처럼, 우리는 오늘도 어제와는 조금 다르게 출발한다. 그리고 여전히, 앞으로 더 색다르게 시작할 가능성들이 가슴 한 켠에서 숨 쉬고 있다. 아직 깨어나지 않은 그 위대한 출발은, 직접 움직여 발걸음을 내디딜 때 비로소 '위대'해진다. 신발 끈을 조이며 어제처럼 굳어 있던 나를 벗어나 용기를 내어 딛는 첫걸음, 그 경험들이 쌓여 자기도 모르게 성장의 불씨가 된다. 때로는 거친 시련에 맞서고, 한 치 앞도 알 수 없는 위기 속에서 내디딘 그 첫발이 언젠가 누군가의 마음을 움직이고, 말과 글과 심지어 삶의 기운까지 생생히 전달할 수 있는 힘의 원천이 된다.

나는 지금까지 한 번도 내 능력의 경계를 미리 가늠하지 않았다. 끝없는 실험과 작은 모험, 과감하게 어제를 넘어서 보는 시도 속에서 오늘의 또 다른 나를 한 조각씩 만들었다. 인생에서 가장 믿을 만한 보험은, 바로 두려움을 이겨 내며 새로운 모험을 마다하지 않는 태도였다. 내가 하는 일들이 거울처럼 내 안의 자아를 비출 때, 스스로를 되돌아보고, 늘 다른 언어와 관점으로 나를 다시 써 내려가려 애쓰는 과정, 그것이 어떤 전달보다 의미심장하게 마음을 일깨운다.

13

휴먼 브랜드가 되기 위해
전달자가 던져야 할 5가지 질문

휴먼 브랜드가 되는 전달자는 사소한 경험도 버리지 않고 내면에 축적, 경험적 얼룩을 무늬로 직조하는 사람이다. 전달자는 내버리는 사람이 아니라 '써 버리는' 사람이다. 밖으로 버리면 내버리는 사람이고, 안으로 버리면 써 버리는 사람이다.

아무리 좋은 경험과 독서를 해도 소중하게 축적하지 않고 내다버리는 사람이 있다. 우발적이고 연속적인 경험보다 단속적이고 계획적인 체험을 반복하니 내면에 축적되지 않고 거기서 통찰력이 쌓이지 않는다. 단속적인 체험을 반복할수록 경험적 지혜로 축적되지 않는다. 이런 사람은 내면에 축적된 교양의 두께가 부실해서 자신이 찾고 싶은 답을 주로 밖에서 아웃소싱(outsourcing)한다. 아웃소싱하면서 주체적인 사고 능력을 상실하고 결국 세상으로부터 아웃(out)

당한다. 반면에 경험이 축적될 때마다 깨달은 통찰력을 근간으로 무조건 기록하는 사람이 있다. 내 경험만으로 전달하는 건 좌정관천의 오류에 빠질 수 있으니 독서를 통해 나와 다른 세계에서 다른 생각으로 살아가는 사람의 생각을 배우면서 생긴 아이디어를 융합, 전달하면 생각지도 못한 전달력이 생길 수도 있다. 휴먼 브랜드가 되고 싶은 전달자가 스스로 묻고 대답해야 할 5가지 질문이 있다.

지금까지 점 보며 살아왔는가, 점을 연결해서 살아왔는가?

운명을 점쟁이에게 맡기는 사람은 자신의 소명과 사명을 모르고 살아간다. 미래가 궁금해지면 꿈을 품지 않고 다시 점쟁이를 찾아간다. 반면에 살아가면서 내 몸에 각인되는 직간접적인 경험의 점을 연결해서 선을 만들고 그 시선(視線)으로 사선(死線)을 넘나들며 자기만의 관점으로 고유한 면모를 만들어 나가는 전달자는 운명을 재창조하는 니체의 위버멘쉬와 같은 사람이다. 전달자의 삶은 점-선-면의 사회적 합작품이다. 운명을 바꾸려면 오늘 내 몸에 각인되는 경험의 점을 바꾸어야 한다. 점을 연결하면 운명이 바뀐다. 전달자의 면모는 그 사람이 살아오면서 겪어 낸 점과 선과 면의 역사적 산물이다. 여기서 말하는 점은 직간접적인 경험의 흔적이다. 전달은 자기 삶으로 영향력을 미치는 행위다. 직간접적 경험의 흔적이 많은 사람은 다양한 방식으로 점을 연결, 자기만의 독자적인 사유 체계를 구축할 수 있는 기반을 쌓는다. 반면에 경험적 흔적도 바뀌지 않고 책도 안 읽는다면 내가 연결할 점이 부족해지고 결국 나만의 시선을 만들어 갈 선으로 연결되지 않는다. 연결한 점이 많은 전달자가 연상 능력도 신장된다. 전달은 새로운 발상이 아니라 연상이다.

다리가 떨리는 직장인인가, 심장 뛰는 장인인가?

《휘파람 부는 사람》[*]을 쓴 미국의 작가 메리 올리버에 따르면 우주가 우리에게 준 2가지 선물은 바로 사랑하는 힘과 질문하는 능력이다. 그런데 사랑하는 힘과 질문하는 능력은 한 가지 능력이다. 사랑하는 사람이 생기면 질문이 폭발한다. 사랑이 식으면 질문이 없어진다. 이런 점에서 사랑과 질문은 같은 능력이다. 자기 일을 사랑하지 않는 직장인은 질문이 없어진 사람이다. 질문이 없어진 사람은 틀에 박힌 방식으로 시키는 대로 살아가는 노예의 인생을 사는 사람이다. 반면에 자기 일을 사랑하는 장인은 자발적으로 질문을 던져 놓고 어제보다 더 잘하는 방법을 연구 개발한다. 월요일 아침에 다리가 떨리는 직장인과 심장이 뛰는 장인의 삶은 천지 차이다. 휴먼 브랜드

---

[*] 메리 올리버 지음, 민승남 옮김, 《휘파람 부는 사람》, 마음산책, 2015.

를 지향하는 전달자는 장인의 삶을 추구한다. 전달자로서의 삶을 사랑하고 소명을 따라가며 자신의 존재 이유를 부단히 묻고 대답한다.

지금 넘버원으로 살고 있는가, 온리원으로 살아가고 있는가?

남보다 잘하기 위해 피 튀기는 경쟁의 바다에서 살아가는 사람은 퍼스널 브랜딩을 하다 대체 가능한 복사본의 인생을 살아가는 사람이다. 엄밀히 말하면 이 사람은 마케팅을 통해 남과 비교해서 넘버원이 되려는 사람이다. 넘버원이 되는 사람은 영원히 넘버원의 자리를 고수할 수 없다. 경쟁력을 지속적으로 강화시키지 않으면 순식간에 세상으로부터 사라질 위험을 안고 살아가야 한다. 즉 넘버원이 되려는 사람은 세상으로부터 조명받기를 원하지만 세상은 이런 사람을 호명하지 않고 마침내 제명당할 운명에 처할 수도 있다.

반면에 세상의 조명보다 자신의 소명을 따라가는 전달자는 대체 불가능한 원본의 인생을 살아가며 휴먼 브랜딩을 추구한다. 똑같은 방향으로 100미터를 달리면 모두가 경쟁 상대지만 360도 방향으로 뛰면 어제의 내가 경쟁 상대다. 경쟁 상대가 밖에 있어서 언제나 남보다 잘하려는 사람과 경쟁 상대가 내 안에 있어서 언제나 전보다 잘하려는 사람의 차이 역시 천지 차이다.

넘버원이 되려는 사람은 다른 사람과 비교해서 자기를 계발한다. 다른 사람의 성공 지도를 따라갈수록 자기는 계발되지 않는다. 오히려 자기를 계발할수록 자아는 탕진될 뿐이다. 온리원을 추구하는 전달자는 자기 계발서를 읽어도 참고만 할 뿐, 자기만의 성공 지도를 자신의 성장 경험에 비추어 스스로 만들어 나간다. 다른 전달자의 성공 지도에는 나의 성장 지도가 없기 때문이다.

상품 개발에 한눈팔고 있는가, 작품 개발에 몰두하고 있는가?

상품은 소모품이지만 작품은 소유품이다. 시간과 더불어 가치가 떨어지는 상품 개발에 한눈팔지 말고 시간과 더불어 가치가 상승하는 작품 개발에 몰두해야 되는 까닭이다. 상품은 사용할수록 소모품으로 전락하지만 작품은 사용할수록 작품 개발자의 철학과 열정에 물들면서 명품으로 격상된다. 하지만 명품도 밖에서 찾으면 반품할 수 없는 소품으로 전락한다. 작품은 창작자의 열정과 철학, 혼과 마음이 고스란히 담겨 있다. 그래서 작품은 창작자의 컬러와 향기가 묻어난다. 자기만의 명품은 하루아침에 탄생하지 않는다. 매일매일 하루도 쉬지 않고 자신만의 컬러를 가꾸어 나가다 보면 어느 순간 자신의 작품이 빛을 발하기 시작한다. 일단 빛을 발하기 시작한 작품은 하찮은 세류와 세파에도 아랑곳하지 않고 세상의 어둠을 밝힐 수 있는 명품이 될 수 있다. 내 명품은 그 어떤 상품이나 작품하고도 비교되지 않는 내면의 향기다. 자기만이 낼 수 있는 향기는 그 어떤 곳에서도 찾을 수 없다. 나만의 향기를 낼 수 있는 나만의 컬러, 나의 명품을 개발하고 있는지 내 안을 들여다보자. 답은 밖에 있지 않고 안에 있다. 전달자로 나의 작품에 담고 싶은 철학은 무엇인가? 다른 작품과 구분되는 내 작품의 독창적인 컬러와 향기는 무엇이라고 생각하는가?

법대로 하는가, 방법을 개발하는가?

아마추어는 법대로 한다. 법이 정한 한도 내에서 주어진 규칙과 규율을 준수하면서 최대의 성과를 올리려고 노력한다. 하지만 프로는 법대로 안 되면 자기 스스로 도전하면서 새로운 방법이라는 법을 개발한다. 남이 걸어간 길을 빠르게 쫓아가는 게 목적이 아니라 누구도 걸어가지 않은 길을 새롭게 개척하는 게 방법 개발자가 추구하는 방향이다. 길을 잃어 봐야, 가던 길에서 벗어나 봐야 다른 길이 있음을 알 수 있다. 다른 사람의 가치에 현혹되어 사치스러운 삶의 얼룩을 만들 게 아니라 나만의 가치로 삶의 무늬를 만들어 가는 사람은 길들여지지 않고 언제나 낯선 미지의 세계로 길드는 사람이다. 전달자는 길들여진 타성에서 벗어나 길드는 다양한 방법을 소중한 깨우침으로 전해 주는 방법 개발 전문가이자 복음의 전파자다.

지식생태학자의
휴먼 브랜딩 전략

삶의 비전과 목적을 완성하는 휴먼 브랜드의 설계도

휴먼 브랜드는 한 사람이 태어나서 죽을 때까지 상품이나 상표가 아니라 상징으로 의미를 찾아가고 자기 정체성으로 세상에 이름을 드러내는 여정에서 빛나는 '브랜딩 과정의 산물'이다. 여기에는 궁극적인 목적(purpose)과 목적이 구현되었을 때의 구체적인 모습인 비전(vision), 소명에 응답하고 목적과 비전을 달성하기 위한 미션(mission) 또는 사명, 비전을 실행에 옮기는 전략(strategy)과 사명을 수행하는 핵심 가치(core values), 그리고 자기다움을 드러내 독보적인 경쟁력을 쌓는 핵심 역량(core competency)이 일사불란하게 정렬될 때 비로소 완성되는 대체 불가능한 원본의 모습이 휴먼 브랜드로 드러난다.

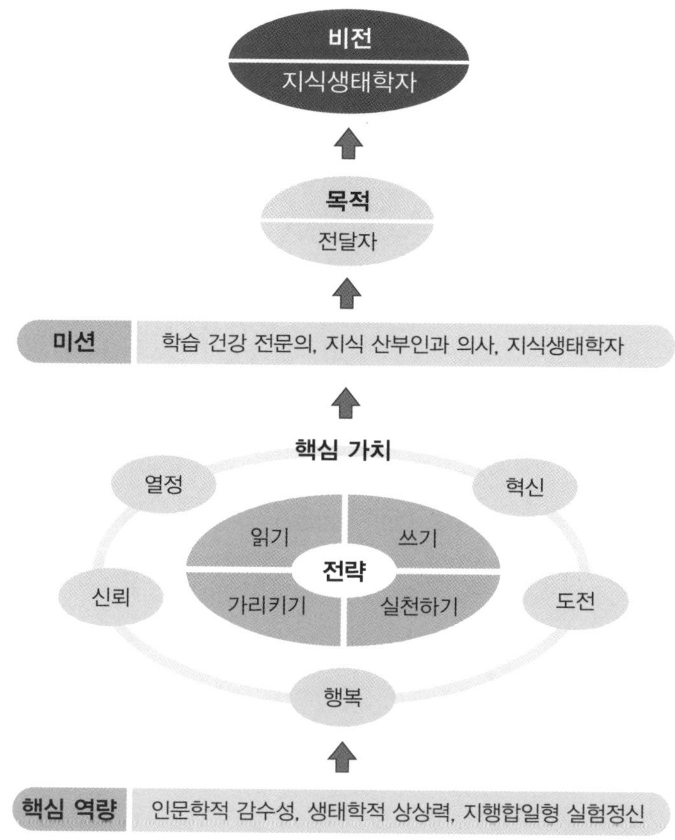

비전은 시각화(visualization)의 약자다. 내가 꿈에 그리는 미래의
모습을 그리워하면서 그리는 그림이 비전이다. 내가 그리워한 만큼
현실로 다가와 구현된다. 지식생태학자의 존재 이유에 해당하는 목적은 미

지(未知)를 기지(旣知)로 번역하고 무지(無知)를 의지(意志)로 일깨우며 지혜를 깨우치는 전달자다. 목적은 내가 왜 태어났는지에 대한 존재 이유를 깨달을 때 비로소 모습을 드러낸다. 대부분의 사람들은 목적 없이 한 사람의 존재로 세상에 내던져진다. 그렇게 살다가 내가 왜 태어났는지를 깨닫는 각성 사건이 일어나면서 자기가 세상에서 꼭 살아가야 하는 근본적인 이유를 깨닫는데 그게 바로 목적이다.

이러한 목적을 달성했을 때 구체적으로 나타나는 모습이 비전이다. 나의 비전은 재미있고 신나는 지식생태계를 조성하여 앎과 삶과 옳음이 사랑으로 하나가 될 수 있도록 지식 창출과 공유 활동에 헌신하는 지식생태학자다. 생태계처럼 다양한 생명체가 저마다 존재하는 이유와 살아가는 방식으로 경쟁과 공생을 거듭하며 살아가듯, 외부의 인위적인 개입 없이도 지식이 창조, 공유, 활용, 소멸될 수 있는 지식생태계를 조성, 앎과 삶이 옳음을 지향하면서 사랑으로 하나가 될 수 있도록 지식의 선순환 관련 연구 개발에 헌신하는 사람이 지식생태학자다.

목적을 달성한 구체적인 모습이 비전이라면 이런 목적과 비전을 달성하기 위해서 내가 반드시 해야 될 업의 본질이 미션, 곧 사명이다. 지식생태학자 유영만이 시련과 난관에도 불구하고 목적과 비전을 달성하고 실현하기 위해 매일 반복해야 하는 세 역할과 사명이 있다.

· 지식생태학자의 3가지 미션

첫째, 지구촌 주역들의 학습 질환의 치유 및 학습 건강 증진 방안을 강구해서 행복한 삶으로 인도하는 학습 건강 전문의다. 학습 질환을 예방하고 치료함은 물론 관련된 새로운 질병이나 질환을 규명하고 이를 치유할 수 있는 학습 신약 개발에 몰두하는 사람이다. 학습 건강 전문 의사는 어떻게 하면 모든 학습자들이 즐겁고 신나게 학습할 수 있는지를 연구하고 개발하는 사람이다. 둘째, 보람찬 삶의 영위에 필요한 지식 임신과 출산을 사랑으로 이끌어 주는 지식 산부인과 의사다. 지식 산부인과 의사는 건강한 지식을 임신하고 출산하기 위해 영향을 미치는 조건이나 환경을 한의학적 건강 개념에 비추어 연구함으로써 건강한 지식 산모가 건강한 지식 출산을 할 수 있는 방법을 연구하고 개발한다. 셋째, 우리가 몸담고 있는 삶의 터전에서 성취를 통해 성장하고 지식생태계를 조성하며 행복한 일터를 설계하는 지식생태학자다. 지식생태학자는 생태계에서 살아가는 생명체의 생존 방식과 원리를 도출, 인간 학습과 조직에 적용하여 시식 창조와 활용 과정이 자연스럽게 일어날 수 있는 생태학적 조건이나 환경을 연구하고 개발한다.

· 목적을 달성하기 위한 4대 전략

목적과 비전을 어떻게 실현할지에 대한 답은 전략에 들어 있고,

미션을 어떻게 수행할지는 핵심 가치로 구체화된다. 우선 목적을 달성하고 비전을 실현하기 위한 4대 전략이 있다.

첫째, 읽기(讀) 전략은 읽지 않으면 읽히고 읽으면 다르게 읽어낼 수 있다는 점을 강조한다. 수평적으로 넓게 읽으며 가로지르고, 수직적으로 깊이 읽으며 세로 지르며, 2가지 융복합 새로운 사유를 잉태하는 십자 지르기성 독서다. 편견을 방지하고 편협한 시각에 매몰되어 세상을 자기 편의주의적으로 바라보는 시각을 방지하기 위해 경계를 넘나드는 독서를 권장한다. 둘째, 쓰기(書) 전략은 쓰지 않으면 쓰러지고, 쓰면 쓰임이 달라지는 애쓰기다. 쓰기는 읽기와 독립된 별개의 활동이 아니라 읽기는 쓰기에게, 쓰기는 읽기에 호혜적 영향을 주고받으며 시너지 효과를 노린다. 셋째, 모범생을 가르치기보다 가리키는 모험생 육성(敎) 전략은 비정상적으로 정상과 경지에 이르는 문제의식을 육성한다. 생각의 물구나무를 서서 상식이 식상해지기 전에 통념을 깨고 통찰을 일으킬 수 있는 색다른 대안을 스스로 모색할 수 있는 길을 열어 간다. 넷째, 실천하기(行) 전략은 읽고 쓰면서 가리키는 교육 전략이 완성되는 비장의 무기다. 실천 없는 개념은 관념이고 개념이 없는 실천은 실패를 낳을 수 있다. 알고 난 다음 실천하는 게 아니라 실천하면서 알게 되고 그 앎이 다시 실천에 영향을 미치는 이론적 실천이나 실천적 이론을 중요하게 생각한다.

·미션 수행을 위한 5가지 핵심 가치

미션을 수행하는 방법은 핵심 가치에 들어 있다. 핵심 가치는 의사 결정의 기준이자 행동 규범이며 나를 나답게 만들어 가는 원동력이다. 첫째, 열정(passion)은 내 삶의 엔진이다. 목적을 향한 지칠 줄 모르는 에너지다. 열정이 식으면 성장도 발전도 멈춘다. 열정은 정신력의 문제가 아니라 체력의 문제다. 둘째, 혁신(innovation)은 색다름의 원천이다. 어제와 달라지기 위해 노력하는 집요함이다. 색다른 사람은 색다른 생각을 부단히 떠올려 낸다. 셋째, 신뢰(trust)는 인간관계의 기본이다. 신뢰가 무너지면 모든 게 무너진다. 신뢰는 함께 노력하지 않으면 형성되지 않는 인간관계의 사회적 합작품이다. 넷째, 도전(challenge)은 살아가는 재미다. 도전은 미지의 세계로 향하는 호기심의 발로이자 나를 살아 있게 만드는 원동력이며, 능력을 확장하고 심화시키는 내 삶의 카니발이다. 다섯째, 행복(happiness)은 삶의 목적이다. 열정적으로 살아가며 어제와 다른 생각으로 다른 사람과의 신뢰를 쌓으며 부단히 도전하는 목적은 행복하게 살기 위해서다. 행복은 목적지에 있지 않고 간이역에 있다. 어제와 다르게 행동하는 사람에게 행복은 추상 명사가 아니라 동사다.

·휴먼 브랜딩의 뿌리가 되는 3가지 핵심 역량

목적을 실현하고 비전을 구체화하기 위해 전략을 실행하고, 소명대로 미션을 수행하기 위해 핵심 가치대로 색다르게 살아가다 보면 저절로 남달라지고 가장 자기답게 살아가는 아름다운 삶이 펼쳐진다. 색다름은 자기다움을 낳고 자기다움은 아름다움을 낳는다. 그 원동력에 핵심 역량이 개입된다. 핵심 역량은 모방하기 어렵고 대체 불가능한 그 사람의 고유한 독창적 능력이다. 핵심 역량이 나무의 뿌리라면 미션은 올곧게 자라는 줄기, 핵심 가치는 줄기차게 자라는 미션을 실천하며 여러 가지 방향으로 뻗어 나가는 가지에 해당된다. 이것을 통해 궁극적으로 완성되는 목적과 비전은 꽃이 피고 맺는 열매에 해당된다. 전략은 목적이라는 꽃이 피고 비전이라는 열매를 맺기 위해 뿌리 깊게, 줄기차게, 여러 가지 다양한 방향과 방식으로 성장할 수 있도록 도와주는 광합성을 비롯한 모든 성장에 도움을 주는 다양한 방법과 수단이다. 뿌리가 깊어야 뿌리치지 못한다. 뿌리를 깊게 내려야 줄기차게 자라고 여러 가지 방향으로 뻗어 나가며 꽃이 피고 열매가 맺힌다. 그 뿌리에 해당되는 핵심 역량은 3가지가 있다.

첫째, 현장에서 현실을 만나 진실을 캐내는 인문학적 감수성이다. 현장의 아픔으로 가슴으로 사랑하는 능력이다. 타인의 아픔을 역지사지로 포착하는 측은지심이 바로 감수성이자 공감 능력을 넘어 긍휼감이다. 둘째, 관계론적 안목 중심의 생태학적 상상력이다. 타인의 아픔을 가슴으로 사랑하는 사람은 그 아픔이 나의 아픔처럼 느껴지기 때문에 이걸 치유하기 위한 다양한 아이디어를 내기 위해 밤잠을 설친다. 이연 연상으로 탄생된 창의적 아이디어가 샘솟는 원천이 바로 생태학적 상상력이다. 셋째, 삶으로 앎을 재단하는 지행합일형 실험정신이다. 생태학적 상상력으로 포착된 결과 탄생되는 결과는 아이디어일 뿐이며, 아이디어는 한두 번 현장에 접목되는 것으로는 혁신적 제품이나 서비스로 탄생되지 않는다. 어제와 다른 시도와 실험과 모색이 아이디어를 마침내 현장에 구현하여 세상의 빛이 되는 창조를 낳는다.

살만 루슈디는 《진실의 언어》[•]에서 우리가 살아가면서 만나고 사랑하게 되는 책, 그리고 이야기들이 우리를 바꾸고 또 우리를 만들어 낸다고 말한다. 나는 목적과 비전을 달성하기 위해 전략을 실행하고 핵심 가치대로 살아가며 미션을 수행하는 과정에서 경험적으로 축적한 나만의 이야기를 사랑한다. 오늘도 나는 나답게 살아가며 내가 하면 신나는 일, 사랑하는 일이 더불어 세상을 조금이라도 아름답게 바꾸는 데 도움이 될 수 있도록 대안을 찾아보고 실행하며, 어제보다 한층 더 행복한 삶을 살아가려고 한다.

● 살만 루슈디 지음, 유정완 옮김, 《진실의 언어》, 문학동네, 2025.

H O W

PART 4

전달력,
어떻게
개발할 것인가?

뒤흔들고 망가뜨리고 깨부숴라!
마음을 사로잡는 6가지 스피치 전략

"내 삶이 나의 메시지다." 간디의 말처럼 메시지(智)에는 삶을 통해 경험적으로 축적한 지혜가 담겨 있다. 이런 점에서 스피치는 테크닉(technique)의 문제가 아니라 테크네(techne)의 문제다. 테크네는 고대 그리스어에서 유래한 단어로, 단순히 결과물을 만들어 내는 기술뿐만 아니라, 그 기술을 습득하고 활용하는 지식과 지혜, 숙련된 솜씨를 포괄하는 개념이다. 아리스토텔레스에 따르면 테크네는 '생산에 관계하는 합리적인 이성의 소유 상태'라고 정의되며, 예술가의 창작 행위나 장인의 숙련된 기술처럼, 어떤 목적을 가지고 인과 관계를 이해하며 대상을 만들어 내는 지식 체계이자 실제적인 능력을 뜻한다. 테크닉은 테크네에서 파생된 현대 영어 단어이며 주로 특정 작업을 수행하는 방법, 기법 또는 기술적인 측면을 지칭한다. 이는 주로 '어떻게'에 초점을 맞추며, 특정 목표를 달성하기 위한 구체적인 절차나 숙련된 방식을 의미한다. 특정 문제를 해결하거나 효율성을 높이는 데 사용되는 도구적 측면이 강하다. 결론적으로, 테크네가 전체적인 '앎'과 '제작 능력'이라면, 테크닉은 그 '앎'을 구현하는 '부분적인 방법'이다.

스피치는 기법이나 기교로 무장, 필요한 시기에 써먹는 기술적인 방법의 문제가 아니라 주어진 상황을 읽어 내고 청중을 감동시켜 삶을 변화시키는 각성의 예술에 가깝다. 이는 단기간의 훈련으로 연마해서 습득하는 기능적 전문성의 영역이라기보다 장기간의 자기 변신과 계발을 통해 꾸준히 체득해야 될 종합적인 예능을 넘어, 한 사람의 삶을 바꾸고 사람의 미덕을 쌓아 나가는 본능적 욕망에 밀착되어 있다. 마음을 사로잡는 스피치를 해야 서로 잡을 수 있다. 청중을 사로잡으려면 스피치(SPEECH)의 영어 이니셜을 따라가는 6가지 전략으로 전달해야 한다.

① Steal - 청중의 마음을 훔쳐서 뒤흔들어라

7-30초 법칙이라고 있다. 7초 만에 첫인상이 결정되고 30초 만에 강의가 재미있는지 아닌지를 판단한다는 법칙이다. 첫인상이 7초 만에 약간 부정적이었어도 30초 만에 다시 두 번째 이미지를 흥미진진하게 이끌어서 강의가 들을 만한 내용이라는 사실을 각인시

켜야 한다. 스피치 서두는 무조건 놀랍게 시작하면서 호기심을 자극한 다음 이 스피치를 끝까지 듣지 않으면 나만 손해 볼 것이라는 강한 암시를 줘야 한다.

나는 강의를 시작할 때 고정관념이나 선입견을 깨는 서두 메시지를 구상한다. 예를 들면 '한양대학교 유영만 교수를 소개합니다'라는 사회자의 멘트와 함께 무대에 올라가는 순간 청중은 대학교수에 대한 선입견으로 이미 어느 정도 스피치 내용을 예상하고 있다. '교수님이니까 쉬운 이야기를 어렵게 이야기하겠구나', '현실과 무관하거나 동떨어진 이야기를 하겠구나'와 같은 선입견과 고정관념을 갖고 있다.

이를 깨기 위해서 나는 "대학교수에는 3가지 부류가 있다"고 이 야기를 시작한다. 첫째로 어려운 이야기를 무척 어렵게 설명하는 평 범한 교수, 둘째로 쉬운 이야기를 아무도 모르게 횡설수설하는 황당 한 교수, 셋째로 어려운 이야기를 쉽게 설명하는 보기 드문 교수. "여 러분, 저는 오늘 어떤 유형의 교수로 여러분을 만날까요?"라고 질문 을 던진다. 그럼 대부분 보기 드문 교수로 스피치를 해 달라고 부탁 한다. 이어서 나는 "대학교수와 거지는 여러 가지 공통점이 있다"고 첨언한다. 예를 들면 출퇴근 시간이 일정하지 않다, 항상 뭔가 들고 다닌다, 수입이 일정하지 않다, 수많은 사람들을 만나면서 살아간다, 작년에 한 말 또 한다, 되기는 어려운데 되고 나면 밥은 먹고 산다. 이런 공통점을 재미있게 이야기하면 이제 청중은 교수에 대해 갖고 있던 선입관을 깨고 강의에 집중할 마음가짐을 고쳐먹는다.

전달자는 초반 30초 내에 청중의 이성과 감성을 강탈하여 스피 치에 대한 흥미와 호기심을 극대화해야 한다. 이는 무관심의 장벽을 허물고, 청중이 스스로 귀를 기울이게 만드는 강력한 시작점이다.

② Point - 핵심 메시지를 제시해서 주목을 끌어라

청중의 마음을 훔친 후에는 스피치 전체를 관통하는 명확하고 간결한 핵심 메시지를 제시해야 한다. 우선 전체 스피치 내용을 요 약한 빅 메시지를 한 줄로 제시해야 한다. 한 줄로 승부수를 던져 청

중의 마음을 훔치지 못하면 실패다. 핵심 메시지는 내가 스피치를 왜 들어야 하는지 단 한 가지 주제로 정리한, 스피치 전체를 관통하는 말이다. 인간의 인지 능력은 복잡한 정보보다는 명확하고 구조화된 정보를 선호한다. 핵심 메시지는 청중의 사고를 안내하는 등대와 같다. 하나의 스피치에 너무 많은 메시지가 담기면 청중은 길을 잃기 쉽다. 따라서 '무엇을 말할 것인가'보다 '무엇을 남길 것인가'에 집중해야 한다. 전달하고 싶은 핵심 메시지를 질문 형식으로 제시하면서 2가지 개념을 자연스럽게 비교해서 제시하는 것도 하나의 방법이다.

예를 들면 "당신은 지금 침을 흘리며 변덕스럽게 흔들리는 추종자로 살아가고 있습니까? 아니면 땀을 흘리는 변화를 통해 세상을 뒤흔드는 추월자로 살아가고 있습니까?"처럼 침과 땀, 추종자와 추월자를 비교해서 생각해 보는 질문 형식의 핵심 문장을 제시한다. 이어서 다음과 같은 후속 질문을 던져 오늘 말하고 싶은 핵심 메시지를 다양한 질문의 관점에서 생각해 보게 만들어도 좋다. "당신은 지금 남의 성공 비법에서 편법을 찾고 있습니까? 아니면 땀 흘리며 창조한 나의 성공 비법으로 고유한 방법을 개발하고 있습니까?" "당신은 지금 남의 인사이트(insight)에 중독되어 인스턴트(instant) 인생을 살고 있습니까? 아니면 나의 인사이트를 개발하려고 어제와 다른 마주침을 얻기 위한 아웃사이트(outsight)를 추구하고 있습니까?"

③ Empirical - 직접 겪고 깨달은 이야기를 말하라

추상적인 이론이나 통계보다는 연사 자신이 직접 겪고 체험하며 얻은 생생한 경험적 지식과 통찰을 공유해야 한다. **인간은 이야기에 반응하고, 특히 진정성에 공감한다.** 스피치의 본론에서 자신의 경험을 통해 깨달은 이야기를 중심으로 청중의 공감을 불러일으키는 한 가지 방법이 있다. 소위 ELOB 전략이다.

첫째 'E'는 Example & Episode, 즉 예를 들면 나는 이런 재미난 일을 통해 시행착오를 겪었다는 말로 시작한다. 글은 나의 체험적 사례나 재미난 에피소드를 소재로 시작하는 게 좋다. 육하원칙에 근거해서 과거에 겪었던 사건(事件)에 담긴 말 못 할 사연(事緣)이나 예기치 못하게 당한 사고(事故)를 통해 내 사고(思考)가 바뀐 경험을 가능하면 구체적으로 묘사하는 것으로 글을 시작한다. 사건은 내가 의도적으로 일으킨 일이고 사고는 나의 의지와 관계없이 당한 일이다. 거기에 담긴 재미난 또는 아픈 사연이나 에피소드를 담아내면 그 자체로도 훌륭한 글이 된다.

둘째 'L'은 Lessons & Leverage, 즉 내가 겪어 보니 이런 걸 깨달았다는 교훈을 이야기한다. 사건과 사고 체험을 반추하는 가운데 내가 배운 인생의 교훈이 무엇인지 3가지 정도 적어 보자. 경험을 매개로 성찰하는 시간을 가지면 누군가에게 경험은 소중한 배움의 원천으로 작용한다. 반대로 경험을 반복해도 아무런 배움을 얻지 못하는 사람은 시행착오를 반복해도 동일한 실패를 반복할 수 있다. 내가 겪은 사건과 사고를 통해 배운 교훈을, 실에 구슬을 꿰듯 한두 가지 배움의 주제로 정리해야 일이관지의 배움을 얻을 수 있다. 그렇지 않으면 산만한 추억의 파편으로 날아갈 뿐이다.

셋째, 'O'는 Opinion & Outsight, 즉 다른 사람은 어떻게 생각하는가, 라는 질문을 통해 다른 사람의 경험으로부터도 배우는 타산지석의 지혜다. 나의 경험이 배움의 소중한 원천이 되기도 하지만 고집과 무지의 장본인으로 작용할 수도 있다. 우자(愚者)는 경험에서 배우고 현자(賢者)는 역사에서 배우는 이유다. 그래서 항상 나와 다른 세계에서 다른 생각을 하면서 살아가는 다른 사람의 경험을 들어 보면서 새로운 깨달음을 얻을 수도 있다. 나와 다른 세계에서 살아가는 사람의 생각에 접속하는 가장 강력한 방법은 책을 읽어 보는 것이다. 나와 비슷한 경험을 한 사람은 나와 다른 의견을 어떻게 제시하는지, 다른 사람의 글을 인용하면서 나의 경험적 교훈을 되짚어 보고 내 생각을 정당화할 수 있다. 아니면 나와 다른 생각을 제시하는 반론을 인용하면서 나와 다르게 생각하는 가능성을 열어 볼 수도 있다. 책을 읽지 않고 내 경험의 틀에 갇히면 위험해지는 이유다.

마지막으로 'B'는 Benefits & Behavior, 즉 그래서 나보고 어쩌라고, 라는 질문을 통해 화룡점정의 권고 사항이나 제언을 처방전 형태로 제시한다. 내가 직접 경험한 사건과 사고를 통해 배운 교훈을 기술하고 다른 사람의 경험적 깨달음에 비추어 성찰했으면 이제 한 가지 결론이 남았다. 나의 메시지를 들은 사람이 앞으로 어떻게 하면 좋을지 실천적 지침이나 지금 당장 활용할 수 있는 처방전을 3가지 정도 정리해서 제시해 주는 것이다. 예를 들면 첫째, 너무 오랫동안 생각만 하지 말고 지금 당장 나가서 실천해 보자. 방법을 미리 구상한 다음 실천하기보다 행동으로 옮기는 가운데 방법은 부각된다. 둘째, 너무 완벽하게 준비하다 시간 보내지 말고 어느 정도 준비되면 실천하면서 준비하는 것이 효과적이다. 완벽한 때를 기다리다 몸에 때만 낀다. 시작하는 가장 좋은 방법은 그냥 시작하는 것이다. 셋째, 혹시 잘못되지나 않을까 앉아서 고민이나 걱정만 하지 말고 두려움에 정면 도전해 보자. 생각보다 두려운 대상이 아니었음을 두려움에 도전해 보면 알 수 있다. 이런 식으로 마지막 제언이나 권고 사항을 정리해서 주면서 대미를 장식하면, 상대가 행동으로 옮길 가능성도 그만큼 높아진다.

④ Extraordinary - 기대를 망가뜨려 뜻밖의 생각을 유도하라

청중의 일반적인 예상이나 상식을 뒤엎는 방식으로 스피치를 전개하여, 그들이 뜻밖의 새로운 관점을 얻도록 유도하는 것이다. 예를 들면 책 쓰기의 중요성을 강조하는 내용으로 내가 〈세바시〉 강연을 녹화할 때 로마 시대 정치 철학자 키케로가 한 말을 인용하면서

첫마디를 시작한 적이 있다. "세상이 타락했다. 잡것들이 너 나 할 것 없이 책을 내려고 한다."

'잡것들이 아니고서야 누가 책을 내랴'라는 반전 메시지에 이어서 허먼 멜빌, 프란츠 카프카, 너새니얼 호손, 찰스 디킨스, 바뤼흐 스피노자, 그리고 한국의 유영만 교수의 공통점을 물어보는 영상이었다. 영상 도입부에 이들의 공통점을 물어보는 질문을 던진 다음 잠시 숨 고르기를 하고 이어서 한 사람씩 삶의 여정을 간단히 소개했다.

"1819년 미국 뉴욕에서 태어나 13세에 학업을 중단, 상점의 잔심부름, 농장일 등을 하다가 20세 무렵에 포경선의 선원이 되어 남태평양으로 떠납니다. 그는 포경선에서의 체험을 소설 《백경》으로 썼습니다. 그가 바로 허먼 멜빌입니다.

1883년 7월 체코 프라하에서 태어나 죽기 2년 전까지 14년 동안 보험국의 관리로 근무했던 그는 거대한 조직 속에서 소외된 인간의 모습을 《변신》과 《성》 등의 작품을 통해 그렸습니다. 그가 바로 프란츠 카프카입니다.

1804년 미국 매사추세츠 주에서 태어나 35세에 우체국장이 되려다 실패하고 대신 세관에서 지루한 일상을 보내던 그는 세관의 해묵은 서류철 사이에서 소설 《주홍글씨》를 창작합니다. 그가 바로 너새니얼 호손입니다.

1812년 영국 포츠머스에서 태어나 아버지가 감옥에 갔던 12세 무렵부터 공장에 다니면서 불우한 아동 노동을 해야 했습니다. 그는 어린 시절의 경험 덕분에 《올리버 트위스트》라는 역작을 탄생시킵니다. 그가 바로 찰스 디킨스입니다.

1632년 유대인 혈통으로 태어났지만 신을 부정하고 유대교 교리를 비판했다는 이유로 24세에 파문당하고 유대교 사회에서 영원히 추방됩니다. 그 후 렌즈 깎는 기술을 배운 뒤부터는 하숙집 다락방에서 은거하면서 렌즈 갈이를 직업 삼아 극히 단순한 생활을 반복하다 1677년 44세라는 비교적 젊은 나이에 폐병으로 사망했고 《에티카》가 출간됩니다. 그가 바로 바뤼흐 스피노자입니다.

1963년 충북 음성에서 태어나자마자 아버지를 여의고 수렵, 어로, 채취, 농경 생활을 즐기며 자연에서 놀다 수도전기공고에 입학, 전기 용접 기능사 자격을 취득합니다. 일찍부터 음주와 방탕 생활로 삶의 위기를 맞지만 다행히 경기도 평택 화력발전소에서 2년간 근무하며 회색빛 청춘을 보내다 우연히 고시 체험생 수기집을 읽고 고시 공부하러 대학에 갑니다. 하지만 고시 공부가 인생을 행복의 목적지로 데려다줄 것 같지 않아서 달밤에 공부하던 책을 불사르는 분서갱유 사건을 감행한 후 독서로 습득한 개념과 산전수전 겪은 파란만장한 경험을 융복합, 지금까지 100권의 책을 쓰거나 번역한 사람이 있습니다. 그가 바로 한국의 유영만 교수입니다.

이들은 모두 과거의 어느 순간에는 모순과 절망의 깊이로 상처의 깊이를 잠재우는 삶의 예술화를 꿈꾸고, 노동의 괴로움 덕분에 사고의 높이를 구축하는 소설을 쓰며, 시련과 역경의 뒤안길에서 절치부심의 이불을 덮고 새벽을 맞이하는 시인이 되고 싶었던 사람들입니다.

이들은 모두 한때는 잡것이었지만 잡다한 고된 노동 경험을 감동의 경전으로 뒤바꾼 사람이고, 역경을 뒤집어 색다른 경력으로 만든 작가이며, 평범한 보행을 비범한 행보로 뒤바꾼 역전의 명수이자 진저리 속에서 진리를 발견, 자신을 휘어잡는 본질적 욕망의 물줄기, 코나투스로 일생이론을 구축한 삶의 철학자들입니다.”

허먼 멜빌, 프란츠 카프카, 너새니얼 호손, 찰스 디킨스, 바뤼흐 스피노자, 그리고 한국의 유영만 교수의 공통점은 어린 시절이나 청소년 시절 밑바닥 현장에서 고된 중노동 경험을 했지만 그런 고통스러운 경험을 창작의 재료나 글감으로 전환, 자기만의 고유한 작품을 창작하는 작가들로 변신한 사람이라고 정리하여 많은 사람들에게 뜻밖의 사유를 선물할 수 있었다.

인간은 익숙하고 편안한 사고의 틀에 갇히기 쉽다. 그러나 진정한 통찰은 역발상과 틀 밖의 사고에서 나온다. 예상을 벗어나는 이야기는 청중의 뇌를 자극하여 능동적으로 사고하게 만들고, 더 깊은 이해를 이끌어 내는 데 안성맞춤이다. 이는 정보 전달을 넘어 사유의 지도를 바꾸는 경험을 선사하는 것이다. 실제 스피치에서 활용한 예를 들면, 미래학자 앨빈 토플러, 세계적인 동기 부여 전문가인 브라이언 트레이시, 마지막으로 한국의 유영만 교수의 사진을 보여 준 다음 "이 세 사람의 공통점은 무엇인가요?"라고 질문하면서 강의를 시작한다. 갑자기 주의를 집중한 청중에게 고민하는 시간을 잠깐 준 후, 다음 슬라이드 제목에 '세계적으로 유명한 3대 용접공'이라는 문장을 보여 주면 왁자지껄하면서 강연장이 술렁이기 시작한다. 나의 용접 기능사 2급 자격증 사진을 실제로 보여 주면서 과거 공고에 다니던 시절을 잠깐 언급하면 그 순간부터 초집중을 하는 분위기가 형성된다.

⑤ Challenge - 타성을 흔들어 깨워라

기대를 망가뜨려 뜻밖의 생각에 빠뜨린 다음 스피치의 충격에서 더 이상 빠져나오지 못하게 하려면 청중들이 갖고 있는 고정관념이나 통념을 뒤흔들거나 깨뜨리는 펀치를 날려야 한다. 예를 들면 이런 도발적인 질문을 던지고 스피치를 이어 간다. "정상(頂上)에 오르 사람은 정상(正常)입니까?" 정상에 가려면 비정상이어야 한다. 정상적인 사람과 어울릴수록 정상에서 멀어진다. 비슷한 생각과 행동 방식을 공유하는 정상적인 사람끼리 만날수록 다른 세계의 가능성을 엿볼 수 없다. 예를 들어 정상적인 면접관이 많은 신입사원 후보생을 두고 면접을 본다. 대부분 정상적인 신입사원만 입사가 결정되는 이유는 단 한 가지, 면접관이 정상이기 때문이다. 힘겹게 비정상적인 사람이 입사를 했다고 할지라도 회사 생활을 즐겁게 영위하는 데에는 많은 장애와 걸림돌이 기다릴 것이다. 다수의 정상적인 사람이 소수의 비정상적인 사유를 즐기는 사람을 그냥 내버려두지 않기 때문이다. 이런 상황일수록 청중이 현재의 안일함이나 고정된 사고방식에서 벗어나 행동하거나, 최소한 새로운 관점을 받아들이도록 강력하게 동기를 부여하는 챌린지 전략이 먹힐 수 있다.

인간은 변화에 대한 저항을 가지고 있으며, 익숙한 환경에 안주하려는 타성이 있다. 이 타성을 깨기 위해서는 명확한 도전과 함께 행동의 당위성을 제시해야 한다. 챌린지는 단순한 설득을 넘어, 청중 내면에 잠재된 가능성을 일깨우고 행동을 촉구하는 강력한 페이소스의 발현이다. 이는 전달자가 청중에게 '더 나은 존재'가 될 수 있다는 믿음을 심어 주는 과정이기도 하다.

⑥ Hammer - 화룡점정의 영감으로 마무리하라

Speech의 'H'는 Hammer, 즉, 망치로 뒤통수를 치듯 화룡점정의 영감으로 마무리하는 단계다. 스피치의 마지막은 청중의 뇌리에 깊이 각인될 만한 강력하고 인상적인 메시지로 마무리해야 한다. 이는 스피치 전체의 핵심을 응축하고, 청중에게 지속적인 영감을 선사하는 단계다. 인간의 기억은 초두 효과(Primacy Effect)와 최신 효과(Recency Effect)의 영향을 강하게 받는다. 시작과 끝은 스피치 전체의 인상을 결정짓는 가장 중요한 부분이다. '해머'와 같은 마무리는 청중에게 강렬한 감동이나 깊은 깨달음을 남겨, 스피치가 끝난 후에도 오랫동안 그 메시지를 되새기게 한다. 이는 스피치의 메시지를 청중의 잠재의식 속에 '망치로 박아 넣는' 행위와 같다. 시작할 때도 마찬가지겠지만 오늘 강의의 요점을 3가지로 정리하면서 청중들의 뇌리에 강하게 각인시킬 필요가 있다. 마법의 숫자 3은 기억하기 가장 쉬운 숫자다. 그 3개의 메시지는 가급적 강렬한 인상을 주는 촌철살인의 의미를 담고 있어야 한다. 예를 들면 다음과 같다.

첫째, 행복은 추상 명사가 아니라 매일 행동하는 동사입니다.
둘째, 꿈은 밤이 아니라 낮에 두 눈을 부릅뜨고 꾸는 것입니다.
셋째, 행복해지려면 매일 반복하는 '동사'를 바꾸세요.

더불어서 스피치의 결론은 무조건 영감을 주는 강한 메시지로 정리해서 전달해야 한다. 영화 명대사나 명언을 인용해서 자신이 전하고 싶은 메시지를 담아내는 방법도 있다. "관객에게 답을 주는 영화는 극장에서 끝날 것이다. 하지만 관객에게 질문을 던지는 영화는 상영이 끝났을 때 비로소 시작한다. 그 순간 영화는 관객의 머릿속에 영원히 남을 것이다." 이란의 영화감독 아스가르 파르하디의 명언을 다음과 같이 바꿔서 스피치의 여운을 남길 수 있다. "청중에게 답을 주는 스피치는 강연장에서 끝날 것이다. 하지만 청중에게 질문을 던지는 스피치는 강연이 끝났을 때 비로소 시작한다. 그 순간 스피치는 청중의 머릿속에 영원히 남을 것이다." 이어서 화룡점정의 메시지로 스피치의 대단원의 막을 내리기 위해서는 스피치 내내 강조했던 몇 가지 핵심 주제나 주장을 임팩트(IMPACT) 있는 콘셉트로 재정리해서 전달할 필요가 있다. 이 단어의 영어 이니셜을 따라 의미심장한 화룡점정의 메시지의 6가지 특징을 정리했다.

Innovative	뭔가 색달라서 많은 생각에 잠기게 하고
Meaningful	의미가 심장에 꽂혀 한동안 말을 잊게 하며
Persuasive	나도 모르게 끌려서 설득당해 빠져 버린 나머지
Attractive	치명적인 매력을 지니고 있어서 입이 다물어지지 않고
Critical	결정적인 한 방이 있어서 거절할 수 없는
Turning Point	새로운 이정표를 제시하며 관심을 끄는 메시지여야 한다.

언어적 운율을 살려 기억에 오래 남게 만들 수도 있다. 예를 들면 이런 메시지들이다. "시작(始作)하지 않으면 시작(詩作)도 할 수 없습니다." "직장 다닌다고 직장인이 자동적으로 장인이 되지 않습니

다.” 또 다른 예를 들면 우리가 믿고 있는 신념이 통념임을 언급하면서 다음과 같이 언어적 운율을 사용하며 메시지를 마지막으로 던진다면 의미의 임팩트는 클 것이다. “기억하십시오. 신화 창조의 원동력은 뇌력이 아니라 바로 ‘체력’입니다! 운동하는 동안은 언제나 ‘동안(童顏)’입니다! 당신의 열정과 미래는 바로 당신의 몸에서 시작됩니다!”와 같은 강한 확신과 에너지를 전달하는 것이다.

또 다른 방법은 시적이고 은유적인 마무리를 하는 것이다. “오늘 저는 여러분의 마음에 작은 불꽃 하나를 지폈을 뿐입니다. 이제 그 불꽃을 꺼뜨리지 않고 거대한 불길로 키워 나가는 것은, 오직 여러분의 도전력에 달려 있습니다. 한계는 한 게 없는 사람의 핑계입니다. 부디 그 핑계를 벗어나 위대한 도전을 시작하시길 바랍니다.” 영감을 주며 행동을 촉발하는 것이다.

콘텐츠로 상대의 마음을 훔치는
색계형 강의의 10가지 특징

나도 강의를 시작했을 때, 재미없는 강의를 나도 모르게 했다. 1990년대 유학 후 삼성인력개발원에 입사, 처음 강의를 할 때는 논리적으로 설명하면서 의미를 이해시키는 데 주력했다. 겪어 본 이야기보다 남의 이야기에 기대서 내 주장을 피력하는 시간이 많아질수록 청중의 반응은 미적지근했고, 관심 있는 눈으로 강의에 몰입하거나 뜨거운 반응을 보여 주는 사람은 거의 없었다. 시간이 흐를수록 얼굴은 화끈거리고 등에 식은땀이 나는 경험도 부지기수로 했다. 이런 곤란한 경험을 3년 정도 겪으면서 한 가지 궁금한 질문이 생겼다. 왜 내가 강의를 하면 집중하지 않고 딴짓을 하거나 눈을 마주치지 않고 표정이 다 굳어지는 것일까? 가끔 졸거나 참지 못하고 중간에 나가는 사람도 있는데 정말 예의가 없는 사람이 아닌가? 하지만 강의 경력이 쌓일수록 내 강의가 별다른 영향력도 없고 사람들의 직무나 삶에 별다른 도움을 제공해 주지 못한다는 걸 뒤늦게 깨달았다.

한마디로 내 강의는 재미가 없었고 의미가 있었어도 와닿지 않았을 것이다. 강단에서 장렬히 전사하는 경험으로 깨달은 몇 가지를 거울삼아 어떻게 하면 심금을 울리는 감동적인 강의를 할 수 있을까를 고심하며 부단히 연습을 반복, 스스로를 단련해 왔다. 재미없는 의미는 견딜 수 없는 답답함이고 의미가 없는 재미는 참을 수 없는 가벼움으로 다가온다. 재미있으면서 동시에 의미가 심장에 꽂히는 강의를 하려면 어떤 노력이 필요할까?

한 가지 해답을 〈색, 계〉라는 영화에서 찾았다. 계(戒)는 색(色)으로 무너진다. 청중의 경계하는 마음은 강사의 독특한 색깔 있는 강의로 무너뜨릴 수 있다. 모든 강의는 자기 삶이 지닌 대체 불가능한 자기만의 스타일과 컬러가 만들어 낸 창작품이다. 삶이 사람마다 다르듯, 그 사람이 하는 강연 역시 다른 사람이 흉내 내기 어려운 독특한 색깔이 결국 가장 차별적 경쟁력을 지니는 콘텐츠가 될 수 있다. 나만의 색깔로 청중의 경계하는 마음을 무너뜨리는 10가지 비밀 무기를 찾아가는 여정에 여러분을 초대한다.

첫째, 초반 기선을 제압하는 자기만의 필살기나 독특한 소재로 청중의 관심과 흥미를 북돋우며 이 강의를 듣지 않으면 나만 손해가 될 수 있다는 공감대를 형성한다. 특히 청중이 많은 강연의 경우 관중이 관망 자세로 흐르기 시작하면 주의를 집중시켜 자기 페이스로 끌고 가기 참으로 어려워진다. 또 성인들은 초반에 이 강의를 계속해서 들어야 할지 말지를 결정한다. 시작이 평범하고 기대에 부응하는 식상한 방식이면 그 강의는 거의 주의를 집중시키지 못하고 기대 이상의 감동을 끌어내지 못한다.

둘째, 강의는 무조건 내가 겪어 본 경험적 사례를 기반으로 재미있는 에피소드, 반례 등을 기반으로 스토리텔링하면서 깨달은 교훈이나 깨우침을 몸의 언어로 번역, 창의적인 방식으로 소통할 때 청중의 몰입도는 높아진다. 남의 이야기로 남을 감동시키는 강사는 없다. 원심력에 이끌려 사회가 원하는 기준에 맞춰서 복사본으로 휩쓸려 살아 본 체험보다 내가 직접 겪은 경험을 근간으로 구심력으로 살아가면서 직조해 낸 나만의 서사가 있을 때 내 삶의 주인공으로 거듭나는 메시지를 전달할 수 있다. 여기서 중요한 사실은 단속적이며 계획적인 체험적 파편보다 우발적으로 일어났지만 연속적으로 이어지면서 깨달음이 축적되는 경험적 사례나 이야기가 청중들에게 삶의 교훈으로 다가간다는 점이다.

셋째, 강의를 하는 시종일관 자신의 메시지가 청중에게 먹히는지 맥락을 파악, 다음에 어떤 메시지를 어떤 방식으로 제시할지를 상황적으로 감지하면서 즉흥적으로 결정한다. 특정 메시지에 대한 반응이 싸늘하면 바로 접고 다른 메시지로 반전의 기회를 노려야 한다. 강사는 눈치 9단의 맥락적 사유의 달인이 돼야 한다. 인공지능은 숙맥이다. 주변의 반응을 살피지 않고 미리 작성된 시나리오대로 자기주장을 펼친다. 맥락적 사유는 우리말처럼 고맥락 언어일 때 더 절실하게 요구되는 임기응변력이다. 어떤 의도를 갖고 청중에게 심혈을 기울여 설명하거나 설득했지만 예상대로 반응이 나오지 않으면 순간적으로 판단, 다음 메시지의 방향과 성격을 조정하거나 수정해야 한다. 그렇지 않고 사전에 준비된 각본대로 인공지능처럼 자기 입장을 일방적으로 주장하면 그 강의는 실패로 가는 지름길로 접어든 것이나 마찬가지다.

넷째, 고수는 설명하지 않고 설득해서 마음을 훔치는 속수무책의 달인이다. 머리로 이해하면 고개는 끄덕이지만 밖으로 나가 행동하지 않는 경우가 많다. 가슴으로 와닿으면 감동받고 행동할 확률이 높다. 메시지를 전달하는 강사의 목적은 이해를 추구하는 데도 있지만 사실은 행동을 촉구함으로써 실질적인 삶의 변화를 유도하는 데 있다. 이해가 와야 행동한다는 주장은 신뢰성이 없다. 사실 행동하면서 기존 이해도의 차이를 높이는 방법이 더 현실적이다. 통찰이 행동을 부르기보다 행동이 통찰을 부르는 경우가 많다. 앉아서 생각하고 이해한 다음 몸을 움직여 이해한 대로 실천하기보다 우선 실천하면서 몸으로 겪은 깨달음이 기존 이해를 완전히 다른 차원으로, 한 단계 더 높은 수준으로 끌어올린다.

다섯째, 한 가지 주제를 여러 각도에서 볼 수 있도록 다양한 접근 논리나 관점을 융복합시켜 한 가지 주장도 입체적으로 바라볼 수 있는 몇 번의 계기를 만들어 준다. 폭넓은 독서를 통해 풍부한 배경 지식을 기반으로 색다른 사유 체계를 증축할 수 있도록 도와주는 강의일수록 단순한 테크닉으로 무장한 강의를 능가하는 이유다. 상식과 통념상으로 볼 때, 타성에 젖은 생각과 틀에 박힌 관점과 시각에서 벗어나 색다르게 해석할 수 있는 몇 가지 대안적 관점을 하나의 사례를 들어 설명하면 뜻밖의 주장을 펼칠 수 있다. 예를 들어 소나무를 바라보는 상징적 관점은 지조나 절개, 독야청청의 인내와 집념 등이다. 하지만 지식생태학자의 눈으로 소나무를 바라보면 혼자만 잘 먹고 잘 사는 독불장군이다. 신갈나무처럼 다른 나무와 더불어 살아가며 협동의 창의성을 발휘하는 게 아니라 홀로 외롭게 춤을 추는 독무와 독립적인 창의성, 즉 독창으로 세상을 자기중심으로 만들어 버리려는 야망과 아집의 소유자다. 건축가에게 소나무는 목재로서의 가치를 인정받고, 생물학자에게 소나무는 침엽수다. 이처럼 한 가지 현상이나 사물에 대해서도 다르게 생각할 수 있는 가능성의 문을 열어 두는 강의가 사람들에게 호평을 받을 수 있다.

여섯째, 내 주장을 지지해 주는 다른 사람의 주장이나 명언, 시 구절, 영화나 드라마 대사 등을 평소에 메모해 놓고 적재적소에 활용할 수 있도록 **좋은 콘텐츠를 주기적으로 업데이트한다.** 〈세 얼간이〉라는 인도 영화를 보면, 교수가 기계에 대한 정의를 내려 보라고 하자 주인공인 란초가 기계에 대한 자신의 경험적 깨달음을 기반으로 아주 쉽게 설명한다. 그러나 교수는 그런 정의를 내리려면 예술대나 상대로 가라고 야단을 치더니, 옆에 있는 친구에게 기계를 정의해 보라고 다시 주문한다. 그 친구는 책에 나오는 기계에 대한 정의를 교과서적으로 그대로 암송해서 토해 낸다. 교수의 반응은 '훌륭하다'였다. 논리적으로 설명하는 정의와 감성적으로 설득하는 정의 중에 어떤 정의가 더 와닿는지를 강의할 때, 이런 영화 장면을 활용하면 의미상의 차이가 쉽게 구분된다.

일곱째, 유머의 거의 90%는 언어적 변주에서 비롯된다. 경지에 오른 강사는 언제나 자신이 사용하는 언어에 대해 주기적으로 점검하고 기존 언어 사용 방식을 지속적으로 바꾼다. 단순한 아재개그는 말장난에 지나지 않지만 자신의 경험적 깨달음을 언어로 벼리고 벼려서 촌철살인의 통찰력을 함축한 자기만의 독특한 역설적 주장이 담긴 명언으로 바꾼다면, 강연의 임팩트를 높이는 소중한 전략 중의 전략이 아닐 수 없다. 흔적이 목적을 만나 축적하면 기적이 일어난다. 곡선의 물음표가 직선의 느낌표를 낳는다. 이런 유머를 담은 문장은, 직접 겪어 본 경험을 운율이 있으면서도 고농도의 의미가 함축된 깨달음의 언어를 벼리고 벼려서 마침내 문장으로 건축한 깨우침의 얼룩과 무늬라고 할 수 있다.

　여덟째, 강의는 내가 살아온 과거의 삶, 살아가는 현재의 삶과 살아가고 싶은 미래를 담아 자기만의 컬러와 스타일로 자신을 세상에 드러내는 연기다. 어제와 다른 강의를 하고 싶으면 어제와 다르게 살아야 하는 이유다. 우여곡절이 많은 삶일수록 다른 사람들에게 우여곡절의 터널을 빠져나올 수 있는 실질적인 대안을 메시지로 담아서 전달할 수 있다. 파란만장한 삶을 살아온 만큼 파란을 일으키는 문장을 건축, 다른 사람의 삶에도 파문을 던지는 스토리텔링으로 감동을 선물할 수 있다. 더 나아가 지금 자신의 삶을 사랑한 만큼 질문도 생기고 자신이 하는 강의도 사랑하게 된다. 자신의 삶을 사랑하는 사람은 매사가 감사할 일이고, 모든 게 호기심의 대상이며, 일상이 궁금함의 터전이다. **강의도 내가 품은 호기심의 물음표만큼 감동의 느낌표를 선물로 줄 수 있다.** 이런 점에서 강의는 기법과 기교의 문제이기 전에 삶에 대한 애정과 열정의 문제다. 자기 삶을 뜨겁게 사랑하는 사람은 비록 강의 기법이나 기교가 어눌하거나 서투르더라도 진실한 삶이 토로하는 묵직한 진정성으로 감동의 무게를 더해 간다.

　아홉째, 강의를 잘하는 사람을 직접 들어 보거나 영상 등을 통해 벤치마킹은 하되 어설프게 흉내 내지 말아야 한다. 니체는 스피노자를 공부했지만 자기 방식으로 기존 철학을 전복하고 자기만의 철학을 완성했고, 들뢰즈는 니체에 심취했지만 자기만의 문제의식으로 니체를 넘어서는 자신만의 철학적 사유 체계를 구축했다. 저마다의 철드는 방식이 다르듯, 철학적 렌즈로 세상을 바라보는 독특한 방도가 있다. 마찬가지로 대체 불가능한 자기만의 콘텐츠를 갖고 있는 사람은 다른 사람의 작품이나 강의를 참고는 하되 그대로 모방하거나 따라가지 않는다. 이류는 가까운 데서 겉모습을 베끼지만 일류는 멀리서 원리를 훔쳐 자기 방식으로 변주한다.

열째, 강사는 늘 낮은 자세로 왼손과 오른손, 그리고 겸손을 지니고 호기심 어린 눈으로 세상의 변화를 오감으로 받아들여야 한다. 변화를 선도하는 강의를 하기 위해서는 전공의 경계를 넘나들며 다양한 분야를 낮은 자세로 배워야 한다. 호기심으로 세상을 바라보고 오감을 열어 세상의 목소리를 귀담아들어야 한다. 귀하게 대접받는 사람은 귀를 기울인다. 귀를 기울여 들은 만큼 한쪽으로 기울어지지 않고 균형 감각을 잃지 않는다. 나는 아직 모른다는 자세로 주변을 관찰해야 나에게 통찰이 다가온다. 세상의 모든 사람과 사물을 나에게 색다른 앎의 길을 열어 주는 스승이라고 생각한다.

영화 〈색, 계〉가 주는 한 가지 메시지는 색(色)이 강할수록 그 색을 경계(警戒)하는 마음을 무너뜨릴 수 있다는 점이다. 나만의 색깔이 독창적일수록 모방이나 대체기 불가능해진다. 책도 저자의 색깔이 강할수록 독자의 경계하는 마음을 무너뜨릴 수 있다. 색달라지면 저절로 남달라진다. 그런데 대부분의 사람들은 남달라지려고 노력하다 나만의 독특한 색깔을 모르고 죽는다. 나만의 고유한 컬러가 스타일을 만들고 그 스타일이 범접하기 어려운 아우라와 카리스마를 창조한다. 색다른 삶을 살아 본 경험이 많은 사람일수록 책도 색다르다. 내가 살아 본 삶이 파란만장한 만큼 파란을 일으키는 글을 수 있다. 색다른 사람은 그만큼 색다른 책도 읽어 낼 수 있다. 내가 살아 본 삶의 깊이와 넓이만큼 읽고 쓸 수 있다. 남달라지려고 다른 사람과 비교하며 추종하는 인생은 영원히 다른 사람의 사유 체계에 종속되어 사고의 식민지로 살아갈 수 있다. 다른 사람을 따라잡으려고 노력하기보다 자기 일을 사랑하며 나만의 고유한 색깔대로 살아가면 저절로 추앙받는 삶이 펼쳐진다. 남달라지려고 노력하는 사람은 외형을 꾸미기에 바쁘지만 색달라지려고 노력하는 사람은 내면을 가꾸는 데 시간과 에너지를 투자한다. 꾸미면 내가 없어지지만 가꾸면 내가 더욱 돋보이기 시작한다.

감탄과 감흥을 자아내는 말발, 감동과 감명을 안기는 글발, 감격에 대한 감사함을 잊지 않는 끗발. 이 삼발이로 험난한 세상을 잘 견디며 매사에 감사하는 삶을 사는 색계형 전달자의 인생이야말로 가장 행복한 인생 중 하나가 아닐까.

당신의 메시지 파워를
10배 드높이는 10가지 비밀

30여 년의 강의 경험으로 축적한 이력(履歷)에서 건져 올린, 전달 전략의 10가지 비밀 병기를 공유하려 한다(지식생태학자의 즐거운 상상이지만, 이 비밀 전략은 스티브 잡스도 몰랐을 것이다). 광고 카피처럼 짧고 강렬하지만 듣는 사람의 뒤통수를 탁 치게 만드는 전달의 인사이트 10가지는 은유적이지만 직유처럼 뇌리를 바로 공격하는 직격탄이다. 나아가 직설법 같지만 남의 이야기로 장황하게 설명하기보다 나의 경험적 깨달음으로 심장을 공략하는 설득의 마법이기도 하다.

① "니 얘긴 줄 알았지?" - 타깃 저격의 마법을 구사하라

광고가 사람을 콕 집어 부르는 것처럼, 강연도 듣는 이가 '이거 내 얘기잖아?' 하고 저도 모르게 몸을 앞으로 숙이게 만들어야 진짜 전해진다. 막연하거나 추상적으로 흘러가는 말이 아니라, 관객 각자의 현실과 고민 그리고 속마음의 욕구까지 파고드는 말이 이어질 때 귀가 스스로 열리기 마련이다. 광고가 특정 소비자의 마음 한 귀퉁이까지 파고들 때 지갑이 열리듯, 강연도 청중 마음속 '바로 그 부분'을 딱 집어 주면 머릿속에 깊이 새겨진다. 이건 단순히 정보를 던지는 차원이 아니다. 듣는 이가 '아니, 내 마음을 어쩜 이렇게 꿰뚫었지?'라며 속이 오싹해지는 순간을 만들어 내는, 바로 '그들의 언어와 감정으로 말하기'에 해당한다. 그러려면 우선, 내가 말하려는 대상이 누구인지 구체적으로 그려 봐야 한다. 예를 들어 직장인, 학부모, 혹은 특정 분야에서 일하는 사람들이라면, 그들이 겪는 '전달의 어려움'이 뭔지 하나하나 짚어 넣어야 한다. 부하 직원에게 지시 내리기가 왜 어려운지, 자녀와 대화가 왜 자꾸 막히는지, 동료와의 충돌, 회의장에서 의견이 묻혀 버리는 순간 같은 현실적인 장면들을 생생히 찾아내야 한다. 이런 조사에서 가장 간편한 방법이 있다. 강연을 시작할 때 "혹시 이런 고민, 해 본 적 있으세요?" 하고, 그들이 가장 많이 끙끙 앓는 문제들을 쭉 보여 주는 것이다. "애매하게 돌려 말하면 결국 두 번 일해야 하더라", "진심을 전하고 싶은데 자꾸 싸움이 된다", "회식 자리에서는 어색해서 딴소리만 하게 된다"… 이렇게 구체적인 장면을 꺼낼 때, 관객 마음 한구석에서 '아, 이거 내 얘기네!' 하고 불이 들어온다. 그 순간 청중의 집중력은 최고조로 치솟는다.

전달력을 폭발적으로 높이는 또 하나의 방법이 있다면, 바로 아픈 데를 정확히 짚어 주는 것이다. 타깃이 가장 힘들어하고, 진짜로 아파했던 실패의 경험을 생생하게 그려 주는 것만큼 강한 공감 도구도 없다. 예를 들어 "상대방 기분을 해칠까 봐 돌려 말하다가, 오히려 오해가 눈덩이처럼 커진 적, 한 번쯤 있으시잖아요? 밤에 이불킥하면서 '그때 그냥 솔직하게 말할걸…' 후회해 본 적 있으시죠? 저도 그 찜찜함, 잘 압니다" 이렇게 구체적인 감정과 상황을 내밀듯 이야기하면, 청중의 표정이 달라진다. 모두 자기 얘기라고 받아들이기 시작한다.

또 하나, 원하는 결과를 눈앞에 미리 보여 주는 '달콤한 미끼' 전략도 타깃 저격의 핵심 무기다. 나의 강연이 그들의 삶을 어떻게 바꿀지 단순히 설명하는 게 아니라 실제로 그려 보여 주는 것이다. 예를 들어 "오늘 강연을 듣고 나면, 더 이상 불필요한 오해에 에너지를 낭비하지 않아도 될 겁니다. 말 한마디면 막혔던 관계도 풀리고, 당신 진심이 그대로 전해질 거예요. 상상만 해도 가슴이 시원해지지 않으세요?" 이렇게 미래를 구체적으로 보여 주면, 듣는 이의 심장도 덩달아 뛰기 시작한다. 이때는 딱딱한 이론이나 낯선 전문용어는 잠시 내려두고, 사람들이 평소 즐겨 쓰는 익숙한 표현이나 말투, 생활에서 우러난 비유를 골라 전달하는 게 효과적이다. 여기에 소소한 '나만의 이야기'를 살짝 곁들이면 효과는 배가된다. 청중 앞에 완벽한 모습만 내세우기보다는, 실수하며 배우고 깨달은 '인간적인'

한 조각을 보여 주면, 듣는 이들은 훨씬 더 깊이 공감하고 신뢰하게 된다.

"저 역시 예전엔 말을 어렵게 하거나 솔직하지 못해서, 관계에서 손해를 본 적이 참 많았어요. 특히 아이에게 진심을 전하려고 애쓰다가 자꾸 어그러질 때 정말 많이 속상했죠. 그러다 문득 깨달은 게, 바로 '전달력'의 핵심이었어요. 제 경험담, 한번 들려드릴게요." 이렇게 자신의 에피소드로 자연스럽게 이야기를 풀어 나가면, 그 순간 이미 청중은 당신의 이야기 속에 쏙 빨려 든 셈이다.

② "그래서 나한테 뭐가 좋은데?" - 혜택을 직구로 날려라

사람들은 늘 궁금해한다. 내가 이 자리에 앉아, 소중한 시간을 내어 강연을 듣는다면, 과연 무엇을 얻어 갈 수 있을까? 그래서 나는 맨 처음부터 그 이유를 확실하게 던진다. 듣는 이의 마음을 단번에 사로잡는 마법, 바로 '이 강연, 안 들으면 손해네!' 싶도록 만드는 한 방을. 일단 강연 첫머리부터 가장 크고 매력적인, 이 강연에서 얻을 수 있는 최상급 혜택을 제시한다. 예컨대, "오늘 딱 한 시간 집중하면, 그동안 '말이 제대로 통해 봤으면…' 하고 답답했던 모든 관계에서 진정한 소통의 기적이 일어날 것입니다"라고 선언하는 식이다.

그리고 강연을 이어 가며 어떤 스킬이나 원리를 설명할 때마다, 곧바로 청중이 얻을 수 있는 이득과 연결시킨다. 설명이 끝나기가

무섭게, "이 스킬만 익히시면요, 바로 이런 혜택이 따라옵니다", "이 원리를 이해하시면 이제 더는 ~로 고민하지 않으셔도 돼요" 하는 식의 현실적이고 직설적인 표현으로 혜택을 전달한다.

정확히 내 피부에 와닿는 혜택을 직구로 던지는 또 다른 방법은, 바로 고통에서의 해방과 성장을 약속하는 것이다. "더 이상 이런 일로 괴로워하시지 않아도 돼요", "곧 이런 모습의 자신을 마주하시게 될 겁니다"와 같은 문장으로 용기를 불어넣는 것이다. "혹시 매번 중요한 대화만 하면 엇나가서, '나는 왜 이리 말주변이 없지…' 하고 자책해 본 적 있으신가요? 오늘 이후로는 그런 생각에서 자유로워질 거예요. 여러분 안에 숨어 있던 ~을 발견해서, 당당하고 자신감 있게 소통하는 모습을 스스로도 발견하게 되실 겁니다." 여기에 한 걸음 더 나아가, 타깃 맞춤 솔루션으로 강연을 포장할 수도 있다. 대상이 직장인이라면 업무 성과나 리더십, 팀 내 소통처럼 현장에서 곧바로 쓸 수 있는 능력 향상에 집중한다. "이 강연을 들으시면 부하 직원들에게 존경받는 리더가 되고, 팀원들의 성과까지 끌어올릴 수 있는 소통 스킬을 갖추게 되실 겁니다. 이제는 보고서 하나보다 여러분의 한마디가 훨씬 더 강력해질 거예요." 만약 청중이 부모라면 자녀와의 소통, 가족 관계의 온기 회복에 방점을 찍기도 한다.

하지만 무엇보다 중요한 건, 제시하는 혜택이 정말 내 일처럼 마음에 와닿아야 한다는 점이다. 청중의 현실적인 필요와 바람, 요즘 고민이나 갈증을 깊이 파악해서, '이걸 배우면 내일 당장 써먹을 수 있겠다!'는 믿음을 심어 주는 것이 '혜택 직구법'의 핵심이다. 이를 위해 나는 질문을 던진다. "여러분, 이 방법이 실제로 적용된다면, 내 삶에 어떤 변화가 생길까요?" 스스로 답을 찾게 끌어 주면, 초반부터 강한 몰입이 생긴다. 정답을 바로 알려 주기보다, 각자의 경험을 떠올리게 만들고, "내가 저 상황에서 이 방법을 쓴다면 구체적으로 어떤 점이 달라질까?"라는 상상을 불러일으키는 것이다.

이처럼 강연의 시작부터 끝까지, 혜택이 내 삶의 변화를 어떻게 이끌어 낼지 선명하게 그림을 그려 줄 때, 비로소 사람들은 고개를 끄덕이고, 강연 내내 귀를 열게 된다.

③ "아, 그랬구나!" - 깨달음의 유도탄을 장착하라

단순히 정보를 전달하는 데 그치지 않고, 익숙한 것들을 새롭게 바라보게 하거나 내가 몰랐던 내면의 진실을 발견하게 만들어야 한다. 이제 단순히 지식만 주입하는 일은 AI가 더 능숙하게 해낸다. 우리는 머리가 아니라 가슴을 움직이는, '진짜 깨달음'을 전할 새로운 전략을 고민해야 할 때다. 나의 메시지를 전달할 때는 이 '깨달음의 유도탄'을 어떻게 빵 하고 터뜨릴 수 있는지 구체적인 전략과 예시를 통해, 듣는 사람이 스스로 발견하도록 돕는 설계와 '익숙한 것을 낮설게 보기'라는 무기를 장착해야 한다.

먼저, 당연함 속에 숨겨진 비밀을 드러내는 것으로 깨달음의 유도탄을 준비한다. '전달력'에 대해 강의한다고 예를 들면, 너무 친숙해서 생각조차 안 해 봤던 전달력의 한 측면을 초반부터 꺼내 보여 주는 것이다. "우린 흔히 '말'을 하지 않으면 소통이 끊긴다고 믿는다. 하지만 때로는 '침묵'이 오히려 가장 강력한 메시지가 되기도 한다. 말의 빈틈을 남겨서 듣는 이가 자신의 이야기를 꺼낼 수 있도록 공간을 내주는 침묵, 상대의 감정을 온전히 기다려 주는 침묵, 그 힘을 생각해 본 적 있는가?" 이 말을 듣는 사람은 '아, 침묵도 전달 중에 하나였구나…' 하고 스스로 깨닫게 된다.

'아, 그랬구나!' 같은 깨달음의 유도탄은 사실 실패를 재해석하는 과정 속에서 자주 탄생한다. 듣는 이의 실패 경험, 또는 내 실패담을 가져와 '그때 왜 잘 안됐는지' 숨겨진 이유나 전혀 다른 각도를 제시해 주는 것이다. "여러분도 이런 경험 있지 않나요?", "제가 예전에는 이런 실수를 했어요", "그땐 몰랐는데, 지금 보니까…" 이런 식의 화법들이 효과적이다.

나 또한 예전에 강연을 하면서 지식 자랑에 몰두해 청중들과 눈길 한번 제대로 맞추지 못했던 적이 있다. 그땐 '정보만 잘 전달하면 되지!'라고 생각했는데, 강연이 끝나고 난 뒤 느낌이 허탈했다. 그제야 깨달았다. 전달력의 본질은 정보를 넘어서 사람에게 영감을 불어넣는 것이라는 걸. 내가 하고 싶은 말에만 집중하는 게 아니라, '상대가 정말 필요한 것'이 무엇인지 고민해야 한다는 걸. 작은 '아, 그랬구나!'의 순간들이 모여, 진짜 전달력의 힘을 만들어 낸다.

④ "눈물 찔끔, 웃음 빵!" - 감정의 롤러코스터를 타라

이 전략의 핵심은 진솔함과 공감, 그리고 세심하게 설계된 감정의 변화다. 첫 번째 전략은 웃픈 현실에 살짝 양념을 쳐서, 웃음 사이로 짠함이 스며들게 하는 것이다. 어른들이라면 한 번쯤 겪어 봤을 법한, 진심이 어긋난 해프닝을 유머러스하게 풀어 보는 법이다. 청중들은 "아, 나도 저랬지!" 하고 박장대소하지만, 그 안에 살짝 녹아든 아쉬움과 현실의 씁쓸함이 은근히 마음을 건드린다. "여러분, 혹시 이런 적 없으세요? 부하 직원한테 '김 대리, 이거 대충 알지? 그거 있잖아, 그거! 이번에 그거 잘 좀 해 봐' 했더니, 결국 완전히 엉뚱한 결과물 들고 온 거 보고 깜짝 놀랐던 경험. 다들 한 번쯤은 있지 않으세요?" 모두 고개를 끄덕이며 웃지만, 속으론 '아, 대충이 사람마다 참 다르구나…' 생각하며 살짝 반성도 하게 된다. 이게 바로 어설픈 전달력이 빚은 진풍경이다. 웃긴데, 슬프다. 그래서 더 오래 남는 이야기다.

두 번째 전략은 누구나 가슴 한구석에 간직한 관계의 상처를 슬며시 꺼내, 따뜻한 진심으로 어루만져 주는 방식이다. 말 한마디의 부족함, 좀 더 솔직했더라면 가까웠을 누군가와의 멀어짐, 그런 순간

들을 조심스레 꺼내 본다. 내 경험이든, 익명의 상담 사례든, 모두가 겪었을 법한 평범한 사연들이 마음을 적신다. 청중은 저마다 가슴속에 잠들어 있던 관계의 미련을 떠올리게 되고, 거기서 강한 울림이 피어난다.

"조용히 분위기를 전환하며… 저도 가장 후회되는 순간이 있어요. 제일 가까운 사람에게 '괜찮다'는, 너무나도 작은 위로 한마디 아끼다가 결국 오해가 커지고 큰 상처로 남았던 시간. 어른이 돼서야 알게 됐죠. 말 한마디의 무게가 얼마나 큰지, 그리고 그 말을 삼켰던 침묵이 진짜 상처가 된다는 걸… 혹시 지금 당신도 마음에 걸리는 관계가 있나요? 진심을 기다리는 누군가는 없을까요?" 이렇듯 일상과 마음, 감정의 파동을 따라가는 스토리텔링이야말로 청중의 마음을 여는 열쇠다.

세 번째 전략은 바로 예상을 뒤엎는 반전 유머다. 방심한 순간을 노려 웃음을 퍼뜨리는 이 무기는, 마치 진지하게 이야기가 흐르다가 전혀 예상치 못한 곳에서 불쑥 튀어나오는 한마디 유머로 분위기를 단숨에 반전시키는 방식이다. 감정의 롤러코스터에서 갑자기 훅 꺾여 내리는 그 짜릿한 구간처럼, 엄청난 효과가 있다. "…결국 상대방의 말을 끝까지 들어 주는 게 진정한 어른의 품격입니다. 그런데 말이죠… 사실, 제가 제일 못하는 게 바로 '집중해서 듣기'입니다. 집에 가면 아내가 제 말 좀 제대로 들으라고 잔소리를 쏟아내는데요… 하여튼 그래서 이런 깨달음을 여러분에게 꼭 전하고 싶었습니다. 반면 교사 삼으시라고요." 이렇게 자기 비하 유머를 섞으면 사람 냄새가 나는 반전의 재미까지 더할 수 있다.

결국 감정의 롤러코스터를 제대로 운전하려면 억지 감정을 짜내려 애쓸 필요가 없다. 내가 실제로 느꼈던 감정, 진심을 메시지에 자연스럽게 녹여 내는 게 핵심이다. 너무 슬픔에만 머물거나, 오로지 웃기는 데 집착해서도 곤란하다. 오히려 적절한 순간순간, 감정의 스위치를 켜고 끄는 완급 조절이 중요하다. 청중의 웃음과 표정, 반응을 하나하나 살피면서 흐름을 이어 나가는 센스가 필요하다. 감정을 유도하려는 것 자체가 목적이 되어선 안 되고, 결국엔 그 감정을 딛고 나의 말이 전하고자 하는 메시지와 중요성을 한결 더 깊게 새길 수 있도록 해야 한다.

⑤ "까놓고 말해 봐?" – 솔직함의 힘을 발휘하라

포장하거나 돌려 말하는 대신, 핵심을 툭 내뱉는 그 솔직함. 때론 듣기에 불편할지 몰라도, 정곡을 찌르는 말 한마디가 오히려 신뢰를 만든다. 중요한 건 용기 있는 진실과 상대를 위한 솔직함이다. 딱 이 2가지가 말의 힘을 바꾼다.

"까놓고 말해 봐?" 이 한마디가 가진 힘, 그 첫 번째 전략은 불편한 진실부터 꺼내기다. 모두가 침묵하거나 애써 외면하는, 민낯이나 한계를 먼저 언급해라. 처음엔 듣는 사람도 움찔하지만, 정면 승부하는 솔직함에 저절로 고개를 끄덕이게 된다. "솔직히 우리, 다들 좋은 사람처럼 보이려고 하잖아요? 진짜 속마음 숨기고, 아닌 척 웃고, 듣기 좋은 말만 하고… 그런데, 그 '좋은 사람 코스프레'가 오히려 가까운 이들에게 당신을 가짜처럼 보이게 할 수도 있습니다. 당신의 진심은 어디에 있나요? 까놓고 말해서, 당신은 진짜예요, 가면이에요?" 이런 식으로 자기 검열과 진정성 문제를 정면으로 드러내는 것이다. 또, "상대방이 내 마음을 알아주겠거니 기대하면서, 정작 핵심은 말하지 않죠. 그리고 상대가 못 알아주면 '역시 날 이해 못 해' 하고 실망해요. 사실은요? 상대방은 독심술사가 아닙니다. 제대로 말하지 않으면, 아무도 몰라요. 기대한 당신 잘못일 수도 있다면? 어떠세요, 찔리나요?" 중요성을 콕 집어 직설적으로 건네 보라.

두 번째 전략 역시 솔직함에서 나온다. 완벽한 척하는 대신, 내가 겪었던 실패나 아직도 어려운 부분을 사람들 앞에서 이야기해 보자. 그게 오히려 신뢰를 만든다. "저도 사실…", "예전에 이런 바보 같은 실수를…", "아직도 이 부분은 맨날 어렵네요…" 하고 터놓는 것이다. "저는 지식생태학자고 뭐고, 집만 돌아가면 애들한테 '아빠 말 진짜 못한다' 소리 들어요! (다들 웃음) 이론은 빠삭한데, 우리 애들하고는 제대로 통하지 않을 때가 많죠. 특히 사춘기랑 대화할 땐 정말 미치겠어요. (한숨) 그래서 제가 이렇게 연구하고 강연도 하는 겁니다.

저부터 좀 살아 보려고요! 저처럼 자식과 소통 어려운 분들, 오늘 이 자리에서 진짜 도움 받아 가시길 바랍니다.” 내 실패담을 유머로 나누는 순간, 듣는 이들과의 공감이 쫙 퍼진다. 이런 솔직함은 단순한 Yes/No 답을 넘어서, 더 깊은 자기 성찰을 던진다.

솔직함의 힘을 제대로 활용하는 세 번째 전략은 바로 극단적인 비유를 통해 현실을 똑바로 들여다보게 하는 방법이다. “당신의 ‘솔직하지 못한 말’은 곪고 있는데도 겉으로는 멀쩡해 보이는 ‘종양’과 같습니다. 겉으론 괜찮아 보여도 그냥 두면 당신과 관계를 좀먹고, 결국엔 터져 버릴 거예요. 관계의 암 덩어리, 키우지 마세요. 지금 바로 솔직함이라는 칼을 드십시오.” 이처럼 솔직하지 못함의 위험성을 질병에 비유하면, 듣는 사람도 본능적으로 그 심각함을 느끼게 된다. 또 이렇게도 말할 수 있다. “애매하게 말을 돌리는 당신의 습관은, 마치 안개 자욱한 도로를 달리는 것과 같습니다. 목적지까지 무사히 도착할 확률도 훨씬 낮고, 사고 나기도 딱 좋은 조건이죠. ‘오해라는 교통사고’, 더는 내지 마세요. 솔직함으로 안개를 걷어 내십시오.” 애매함을 교통사고에 빗대어 하고 싶은 말을 노골적으로 강조한 셈이다.

⑥ “이거 하나만 기억해!” - 선택과 집중의 전략

너무 많은 이야기를 늘어놓으면 뭐 하나 기억에 남질 않는다. 정보가 쏟아지는 지금 같은 시대엔, 백 마디 설명보다 한 문장으로 머릿속에 박는 능력이 진짜 전달력이다. '오늘 이거 하나 건졌다!' 이런 느낌으로 청자가 자리에서 일어나길 바란다면, 결국 단 하나의 핵심 메시지를 정확하게 찔러 넣을 수 있어야 한다.

"이거 하나만 기억해!" 법칙을 활용하는 첫 번째 전략은 강연 시작부터 핵심 메시지를 선언하고, 계속해서 상기시키는 것이다. "자, 오늘 우리 한 시간 동안 함께할 '전달력' 강연에서 여러분께 단 한 가지 꼭 남기고 싶은 메시지가 있습니다. 바로 이것입니다. '전달력은 진심이라는 뿌리에서 자란다.' 오늘 우리는 이 진심의 뿌리를 어떻게 더 깊고 단단하게 키울지 이야기 나눌 겁니다." 이처럼, 강연의 시작부터 핵심 문장을 강조하고, 중간중간 처음 제시한 핵심 문장을 똑같이 반복하거나, 새로운 비유나 표현으로 재차 강조하면 메시지는 더 깊이 남는다.

"앞서 말씀드렸듯…", "기억하세요, '전달력은 진심이라는 뿌리에서 자란다'고 말씀드렸습니다. 왜일까요?", "결국 오늘 강연의 핵심은 바로 이겁니다. '진심이라는 뿌리'…" 이렇게 연결이 반복될수록, 말은 점점 더 듣는 이의 가슴 깊은 곳을 건드린다.

두 번째 전략은, 핵심 메시지를 비유나 상징으로 눈앞에 그려지듯 시각화해 주고, 그걸 행동 강령으로 연결하는 데 있다. 추상적인 핵심은 쉽게 흘러가 버리지만, 듣는 사람이 마음속에 그림이 그려질 만큼 구체적인 비유나 상징을 덧입히면, 그 메시지는 훨씬 더 강렬하게 남는다. 예를 들어 "전달력은 진심이라는 뿌리에서 자란다"라는 말을 한번 떠올려 보라. 이때 '진심'은 땅속 깊숙이 내려가 밖에서는 볼 수 없지만, 나무가 넘어지지 않게 든든히 버텨 주고 양분을 끌어 올리는 '튼튼한 뿌리'처럼 작용한다. 겉에서 보기엔 화려하고 싱싱한 잎사귀, 다시 말해 말재주나 기술 같은 것들은 결국 이 뿌리가 건강할 때만 무성하게 펼쳐지는 법이다. 이렇게 '뿌리'라는 이미지를 이용해 진심이라는 본질적인 메시지를 생각 속에 강렬하게 새길 수 있는 것이다.

강연의 마지막에는 핵심 메시지를 다시 한번 힘주어 상기시키고, 듣는 이가 내일부터 바로 실천할 수 있을 만큼 구체적인 행동으로 이어 줘야 한다. 그렇게 해야 시각적으로 각인된 핵심 메시지가 실제 행동으로 연결된다. "오늘 강연에서 단 하나, '전달력은 진심이라는 뿌리에서 자란다'라는 메시지만은 절대 잊지 말고 가져가세요. 그리고 내일부터 단 한 가지만 시도해 보세요. 누군가를 만날 때마다 '지금 나는 정말 진심을 담아 말하고 있나?', '내가 하는 말의 뿌리는 어디에 있는가?' 스스로에게 단 한 번이라도 이 질문들을 던져 보는 겁니다. 바로 이 작은 질문이, 당신 안에 진심이라는 뿌리를 더 깊게 내려 주는 첫걸음이 될 것입니다." 이렇듯 핵심 메시지를 아주 구체적인 질문, 즉 행동으로 시각화해서 행동 강령으로 자연스레 잇는 것이다.

⑦ "네 맘 다 알아" - 공감대를 제대로 활용하는 전략

아무리 값진 이야기라도 듣는 쪽에서 '이 사람은 내 편이 아냐' 라고 느끼면 귓가에 남지도 않는다. 결국, 중요한 건 청중의 마음을 진심으로 이해하려 애쓰는 태도 그리고 그들의 입장과 감정을 적극적으로 같이 나누는 일이다. "네 맘 다 알아" 식의 공감대 형성 전략 중 첫 번째는, 듣는 이의 언어를 쓰는 것이다. 듣는 사람들이 평소에 쓰는 말투나 표현들, 때로는 은어까지(단, 분위기에 맞게), 혹은 그들의 직업이나 상황에 걸맞은 단어를 자연스럽게 끼워 넣으면, 어느새 '아, 이 사람은 우리 편이구나'라는 느낌을 준다. 예를 들어, "오늘 하루도 업무에 치이고, 상사 눈치 보고, 부하 직원 챙기느라 정말 고생 많으셨죠? '오늘도 또 무슨 말을 해야 하나…' 아침부터 고민 많으셨을 거예요. 그 마음, 제가 진짜 공감합니다. 저 역시 직장 생활 해 봐서 너무 잘 알아요." 이렇게 공감 섞인 신조어나 경험담을 나누면 듣는 이의 마음이 스르르 열린다.

두 번째 전략은 함께 겪는 어려움을 자연스럽게 나누는 것이다. "솔직히 '전달력'이란 거, 생각만큼 쉽지 않습니다. 저도 말 한마디에 실수하고 후회할 때 많아요. 마음과 다르게 전달될 때마다 속상하기도 하고요. 괜찮아요. 오늘 저랑 같이 하나씩 천천히 배워 가면 됩니다." 이렇게 서로의 어려움을 인정하고 함께 성장하자고 손 내밀면, 딱딱했던 청중의 표정이 풀어진다.

가끔은 말 한마디조차 하기 싫고, 그냥 다 내려놓고 도망쳐 버리고 싶을 때도 있다. "모두 그런 순간 있으시죠? '아, 몰라! 그냥 다 때려치우고 싶다!' 중요한 대화를 앞두곤 더더욱 그렇지 않나요? 사실 저도 그 불안함, 도망치고 싶은 마음 진하게 느낀 적이 많고, 누구에게나 그런 때가 찾아와요." 이렇게 누구나 겪는 감정을 솔직하게 나누면 우리는 어느새 한 배를 탄 동지가 된다. 진짜 공감의 언어로 마음을 나누고, 함께 어려움을 인정하며, 그 속에서 동질감을 찾아가는 것. 그게 바로 공감대 형성 전략의 진짜 힘이다.

공감대를 확실하게 만드는 세 번째 전략은 미러링, 즉 작은 경험을 통해 서로 연결고리를 만드는 데 있다. 강연을 하다 보면 듣는 이들의 소소한 경험이나 순간을 콕 집어, "여러분은 이런 상황에서 어떠세요?" 또는 "이런 일 한 번쯤은 겪어 보셨죠?" 하고 질문을 던져 본다. 여기서 중요한 건 단순히 묻는 것이 아니라, 상대의 경험을 함께 나누면서 '내 이야기가 무대에서 흘러나오고 있구나'라는 묘한 동지 의식을 느끼게 해 주는 것이다.

청중의 표정, 반응, 더딘 반영 속도까지 세심하게 살피면서 강연의 톤과 분위기를 조율하는 것도 중요하다. 청중이 진지하면 나도 한층 진지하게, 다 함께 웃게 되면 그 기운을 같이 받아 웃어 주는 것. 마치 거울이 되어 서로의 감정을 주고받는 느낌이다. 나의 말에 누군가 잠깐 눈물을 글썽이면 그 순간만큼은 나도 조심스럽고 차분하게 호흡을 맞춘다. 반대로 유쾌한 농담에 터진 웃음에는 나도 어깨를 들썩이며 공기를 탄다. 청중의 에너지에 섬세하게 반응하는 것, 그게 바로 공감의 열쇠다.

⑧ "그림 그리듯 말해 봐" - 상상에 불을 지피는 시각화 전략

이 전략의 첫 번째 방법은, 추상적인 것을 구체적인 이미지로 바꾸고 다양한 감각을 적극적으로 동원해 설득하는 것이다. 이를테면, "진심이 담긴 말은 듣는 이의 마음에 '따뜻한 햇살'처럼 스며듭니다. 얼어붙은 관계의 땅이 녹아내리고, 그 한가운데에 조용히 소통의 싹이 올라오죠." 햇살이라는 이미지를 통해 따뜻함과 변화의 과정을 단번에 떠올릴 수 있다. 반대의 예를 보자. "제대로 전달되지 않은 메시지는 실타래처럼 뒤엉킨 관계를 만든다. 풀수록 더 꼬이고, 답답함만 커진다고요." 이렇게 실타래로 묘사하면 그 답답함이 독자의 가슴에도 얽혀 드는 듯하다. 핵심은 이렇다. 우리 앞에 추상적인 상태나 결과가 있을 땐, 이를 눈에 잡히는 이미지로 보여 주는 것. 그 순간, 강연장에서 내 말은 설명이 아니라 그림이 되고, 청중의 상상력과 감정은 어느새 그 한복판에서 살아 숨 쉬기 시작한다.

"그림 그리듯 말해 봐" 전략의 두 번째 방법은 바로, 과정이나 변화를 한눈에 펼쳐지는 그림처럼 보여 주는 데 있다. 예를 들면, 메시지의 전달력이 어떤 식으로 만들어지고 변화하는지, 혹은 특정한 전

달 방식이 어떤 여정을 거쳐 결과에 다다르는지를 생생한 이미지로 그려 볼 수 있다. 여기에 '숙성'의 이미지를 빌리면 더 효과적이다. "어른의 지혜가 담긴 조언은 오랜 시간 땅속에서 차분하게 숙성되는 와인과 닮았습니다. 처음엔 떫고 거칠 수도 있지만, 시간이 지날수록 더 깊고 풍부한 향과 맛을 내죠. 조급하게 꺼내면 그 진가를 결코 알 수 없습니다." 와인이 숙성되는 장면을 머릿속에 그려 보며, 시간과 깊이, 그리고 진정한 가치를 그려 내는 것이다. 또 이렇게도 말할 수 있다. "처음엔 어딘가 서툴렀던 당신의 말들이 만약 울퉁불퉁한 돌멩이와 같았다면, 진심을 담아 꾸준히 연습하는 가운데 점점 매끈하게 다듬어진 조약돌로 바뀌는 모습을 상상해 보세요. 이제는 누군가의 마음에 상처를 주는 대신, 은근한 울림을 줄 수 있게 되지요." 굳이 설명하지 않아도, 돌멩이가 조약돌로 변해 가는 모습을 떠올리면 우리 안의 변화와 성장을 생생하게 느낄 수 있다.

세 번째 방법은 추상적인 개념을 구체적인 사물이나 장소에 비유해 보여 주는 일이다. 신뢰, 공감, 진심, 경청과 같은 말은 머릿속에서 뿌옇게 떠오르기 쉽지만, 만질 수 있거나 눈에 보이는 대상으로 연결하면 그 의미가 더욱 뚜렷해진다. "사람의 신뢰란, 높게 쌓아 올린 탑 같아요. 한순간의 거짓 하나로 와르르 무너질 수 있지만, 진실과 일관성이라는 벽돌을 차곡차곡 쌓아 올리면 어떤 거센 폭풍에도 흔들리지 않죠." 탑이라는 이미지를 통해, 신뢰의 단단함과 취약함을 동시에 눈으로 확인할 수 있다.

행복, 슬픔, 분노, 불안같이 추상적인 감정도 오감을 활용해 표현하면 훨씬 더 실감 나게 다가온다. "제대로 소통하지 못했을 때 마음에 남는 답답함은 마치 목구멍까지 차오르는 회색 먼지 같아요. 숨이 턱 막히고, 아무리 뱉어 내려 해도 좀처럼 가시질 않죠." 답답함과 막힘, 불쾌한 감각을 회색 먼지의 이미지로 빚어냈을 때, 그 감각이 생생하게 상대에게 전달된다.

⑨ "그래서 다음은 뭔데?" - 행동 유발 장치를 장착하라

그냥 듣고 나서 '아, 좋은 얘기네' 하고 끝나 버리는 강연보다는, '그래서 나는 뭘 해야 할까? 어떤 변화를 시작할 수 있을까?'를 머릿속에 또렷하게 떠올릴 수 있도록 안내해 주는 강연이 오래도록 기억에 남는다. 광고가 물건 구매로 이어지는 것처럼, 강연도 반드시 어떤 행동으로 연결되어야 제대로 전달력이 발휘됐다고 할 수 있다. 어떻게 해야 강연이 듣는 이들의 에너지를 실제 실천으로까지 끌고 갈 수 있을까? 청중에게 구체적인 방법과 실천 예시를 들려줄 때, 그 전달력은 비로소 현실이 된다. 가장 중요한 포인트는 '구체적으로 첫걸음을 어디서, 어떻게 내디딜지 제시해 주는 것'과 '동기 부여와 장애물 제거'다. 이런 맥락에서 첫 번째 방법은 '딱 하나만' 실천할 수 있는 구체적인 목표를 주는 것이다. 강연에서 들은 모든 내용을 한꺼번에 실천하라

는 건 오히려 부담스럽게 느껴지기 쉽다. 그래서 강연자는 꼭 해 봐야 할 한 가지 행동을 명확하게 제안한다. 그리고 아주 작은 성공 경험이 다음 걸음으로 향하는 동기로 이어질 수 있다는 사실을 강조한다.

예를 들어, "오늘 우리는 '전달력'에 대해 많은 얘기를 나눴어요. 모든 내용을 구석구석 기억하고 실천하기 어렵죠? 괜찮습니다. 오늘 딱 하나만 기억하고, 딱 하나만 실천해 보세요. 내일부터 단 한 번이라도 좋으니, 누군가와 대화할 때 '지금 내가 진심으로 상대의 눈을 바라보고 있는가?' 이 질문을 스스로 해 보시고, 단 1초라도 눈을 맞춰 보세요. 여러분의 이 작은 행동이 앞으로 전해질 전달력의 거대한 첫걸음이 될 겁니다"처럼, 구체적인 행동 목표를 질문과 함께 각인시켜 주는 것이 핵심이다.

행동 유발 장치를 장착하는 두 번째 방법은, 제시할 행동 목표가 지나치게 어렵거나 거창해서는 안 된다는 점이다. 마음만 먹으면 지금 당장, 혹은 내일 바로 시작할 수 있는 아주 작고 사소한 행동이면 충분하다. 예를 들어 '일주일에 한 번'처럼 빈도를 정해 주거나, '딱 5분만'처럼 시간의 제한을 두는 식이 효과적이다. "오늘 배운 '경청의 기술', 복잡하게 생각하지 마세요. 내일 아침 출근길 엘리베이터에서 만나는 동료에게 '왠지 피곤해 보이시네요, 무슨 일 있으세요?'라고 진심을 담은 한마디만 건네 보세요. 그리고 대답이 돌아올 때까지 눈을 바라보며 끝까지 들어 주십시오. 1분이면 충분합니다. 이 짧은 순간이 여러분의 '듣는 힘'을 놀랍게 성장시켜 줄 테니까요." 이처럼 쉽게 도전할 수 있는 행동을 먼저 제안하고, 그 효과와 혜택을 다시 한번 상기시켜 주는 것이 중요하다. '이거 해 봐야 뭐 달라지겠어?'라는 마음이 '오, 뭔가 진짜 달라질지도 몰라!'라는 기대감으로 바뀔 때, 행동이 시작된다.

스스로 움직이게 만드는 장치를 심는 세 번째 방법은 실패해도 괜찮다는 안도감을 심어 주는 것이다. 새로운 시도를 하다 보면, 누구나 한 번쯤은 어색해지고, 실패하기도 한다. 하지만 사람들은 그 실패가 두려워 아예 시작조차 못 하는 경우가 많다. "오늘 알려 드린 '솔직함의 기술', 내일 당장 써 보려니 어쩐지 어색하고 혹은 겁이 날 수도 있겠죠. 직접 시도해 봤다가 상대방 반응이 생각처럼 썩 좋지 않을 수도 있고요. 괜찮아요! 처음부터 완벽할 순 없으니까요. 중요한 건 '시도했다'는 그 한 걸음이에요. 어색하면 어떤가요? 실패하면 또 어떤가요? 다시 시도하면 그만입니다. 저는 당신의 서툰 도전조차 뜨겁게 응원합니다." 이처럼 실패의 가능성을 기꺼이 인정하고, 결과와 상관없이 시도하는 그 여정 자체, 그리고 다시 도전하는 용기를 함께 북돋아 주면 상대는 다시 한번 움직일 힘을 얻는다.

행동의 촉매를 넣는 네 번째 방법은 바로 기록하거나 공유하도록 이끄는 것이다. 혼자 속으로만 알아 두는 것보다, 직접 적거나 남과 나누는 순간 실천의 힘이 그만큼 커진다. 작은 성공 경험이라도 하나씩 적게 하고, 또는 강연을 들은 이들과 서로의 시도담을 나누는 식으로 연결고리를 만들어 보자. "오늘 강연 끝나고 집에 가서서 본인이 '이것 하나만은 기억하자' 외쳤던 문장, 그리고 정말 '지금 이 순간 실천할 목표' 하나를 작게 적어서 눈에 잘 띄는 곳에 붙여 두세요. 내일 그 행동을 해냈다면, 쪽지 곁에 반짝이는 별 하나쯤 그려 보시는 것도 좋겠네요. 그렇게 당신의 작은 변화와 성장이 한눈에 들어올 거예요." 이처럼 기록이라는 구체적인 행동을 부드럽게 제안하면서, 우리의 실천 본능에도 잔잔한 파동을 일으켜 보는 거다.

⑩ "나 진짜예요" - 진정성 만렙* 전략을 활용하라

여기서 중요한 건, 인간은 단순히 박학다식한 지식만 줄줄 읊는 기계 같은 존재가 아니라는 점이다. 자신의 경험이 녹아 있고, 때론 실패에서 우러난 깨달음이 스며들어야 진심이 담긴다. 그런 진심이 목소리를 타고 전해질 때, 전달력은 평범함을 뛰어넘어 청중의 마음을 쿵 하고 울린다. 사람을 읽고 글을 써야 하듯, 사람을 읽고 말을 던져야 제대로 통한다는 말이다.

---

* 만렙이란 온라인 게임 속에서 캐릭터가 더는 성장할 수 없을 만큼 최고 레벨에 도달한 상태를 말한다.

"나 진짜예요." 이 한마디의 힘은, 무대 위의 나와 내 일상 속의 내가 완전히 포개지는 순간에 비로소 생긴다. 강연에서 멋진 가치와 태도를 아무리 이야기해도, 평상시 내 삶에서 그대로 실천하고 있으려는 의지가 없다면 그 말은 허공을 맴돈다. 그래서 내 진심이 전달되는 순간은, 실제로 내 삶에서 지키며 살아가는 모습을 자연스레 드러낼 때다. 예를 들면 이렇다. "저는 '경청'이 전달력의 기본이라고 굳게 믿어요. 그래서 스스로 언제나 실천하려고 애쓰고 있습니다. 제 아들이 저와 이야기를 나누려 할 때는, 무슨 일을 하다가도 멈추고 아들의 눈을 보며 끝까지 듣는 걸 연습합니다. 사실 매번 쉽진 않아요. 그래도 어제 제 아이가 '아빠, 내 말 들어 줘서 고마워'라고 말해 줬을 때 내가 진짜 이 가치를 실천하고 있구나, 느꼈죠. 이런 순간에야 비로소 제 메시지가 힘을 얻는다는 걸 알게 됩니다." 이처럼 삶에서 우러난 구체적인 실천 사례를 내어놓을 때, 전달자의 진정성은 말로만 머무르지 않는다. 오히려 감동이라는 파도를 일으키며 청중에게 전해진다.

솔직함 역시 빼놓을 수 없다. "저는 솔직함 없이는 진짜 단단한 관계가 만들어질 수 없다고 생각합니다. 그래서 저 역시 제 치부나 약점을 숨기지 않고 드러내려 노력해요. 오늘도 여러분 앞에서 저의 크고 작은 실패담을 다 털어놓는 이유가 바로 여기에 있습니다. 제가 '솔직해지라'고 말하려면, 저부터 먼저 그 모습을 보여야겠죠." 이렇게 내 솔직한 모습을 숨기지 않고 담백하게 드러낼 때, 전달자의 진정성은 두려움과 방어막을 걷어 내는 대신, 공감과 여운으로 청중의 가슴에 진동을 남긴다. 진정성 만렙, 그건 특별한 기술이 아니라, 내 진심을 있는 그대로 드러내려는 용기에서 시작된다.

때론 어려움을 털어놓는 방법도 효과적이다. "사실 이 이론이 완벽하다고는 생각하지 않아요. 지금도 풀리지 않는 관계의 숙제가 있고, 저 역시 가끔은 말실수를 하기도 하죠. 여전히 배우고 성장해 가는 중입니다. 여러분과 같은 길을 걷는 '동료'라고 생각해 주시면 좋겠어요." 이렇게 자신의 한계를 솔직하게 인정하고, 꾸미지 않은 모습을 보여 주는 것만으로도 진정성은 자연스럽게 스며든다.

강연에서는 전달자가 느끼는 감정(기쁨, 슬픔, 아쉬움 등)을 적절히 드러내는 것도 중요하다. 차갑고 딱딱하게 정보만 나열한다면, 듣는 사람의 마음은 쉽게 닫혀 버린다. 반면, 메시지에도 따스한 감정을 담아 전하면 듣는 이의 마음에 진정성이 고스란히 닿는다. "이 이야기를 준비하면서 저도 몇 번 울컥했습니다. (잠시 숨을 고르며) 그때 그분이 보여 주셨던 진심의 힘이 얼마나 대단했는지, 다시 한번 느꼈거든요. 이 감정을 여러분과 함께 나누고 싶었습니다." 감정을 숨기기보다 솔직히 꺼내고 그것을 왜 공유하는지도 밝히는 것, 여기에 그만의 진심이 담긴다.

지식 전달자를 넘어 상대를 감동시키는
강사의 6가지 성장 단계

강사는 자신의 지식을 전달하는 사람이 아니다. 얼마 안 되는 지식으로 잘난 체하는 사람도 아니다. 강사는 자신만의 전문성이나 독창적인 컬러로 남을 감동시키는 사람이다. 감동적인 강사는 감동받은 청중이 만든다. 즉 강사의 업의 본질은 감동 창출업이자 감탄사 연발업이다. 감동받은 사람은 행동한다. 행동하게 하려면 나만의 독창적인 체험과 다양한 이론적 근거로 그 누구도 할 수 없는 자신만의 스타일로 세상을 변화시켜야 한다. 하찮은 일상에서도 비상하는 상상력을 불러일으키고, 쓸모없다고 생각하는 사람도 쓸 데가 있다는 믿음을 주는 사람이어야 한다. 한마디로 삶을 감탄사의 바다로 만들어 가는 사람이다.

강사는 하수부터 사이비, 전문 강사를 거쳐 신격에 이르기까지

6단계의 성장 과정을 거친다. 먼저 첫 번째 강사는 하수 강사(下手 講使, 講事)라고 쓴다. 정해진 일만 갑이 요구해서 강의할 경우는 강사(講使)다. 나의 주관성이 반영되지 않고 주최 측이 요구하는 내용을 전달하는 사람이다. 한편 강사(講事)는 강의를 노동으로 생각해서 억지로 남 앞에 서서 다른 사람의 이야기를 전달하는 사람이다. 자신만의 독창적인 컬러는 온데간데없고 아무 강의나 닥치는 대로 하면서 먹고살기에 급급하다. 어쩔 수 없이 하는 일로 생각하기 때문에 보람과 의미를 느끼지 못한다. 예기치 못한 질문이 나오면 둘러대기 바쁘고 내공이 없다 보니 많은 사람들에게 실망을 안기기 일쑤다.

두 번째는 사이비 강사(似而非 講似)다. 강의를 좀 하기는 하지만 아직 강의를 전문직으로 생각하지 않고 강사인 척하는 사이비 강사다. 여전히 자기주장이 없고 남의 이야기를 마치 자기 이야기인 것처럼 포장하는 데 귀재다. 강사(講似)는 자신의 독창적인 내용을 가꾸기보다 남의 콘텐츠를 모방해서 꾸미기에 바쁘다. 사이비 강사 역시 강의를 아직도 밥 먹고 살기 위한 수단으로 생각하는 강사다. 그때그때 상황에 따라 기교와 편법으로 무장해서 청중을 현혹하기 바쁘다. 남의 이론과 주장을 장황하게 늘어놓다 보니 핵심이 없고 기교와 재치를 부리다 보니 알맹이가 없는 경우가 많다.

세 번째는 전문 강사(專門 講土)다. 강의할 수 있는 전문 자격증은 땄지만 이론적 지식으로 무장한 책상 지식인에 가깝다. 전문 강사 역시 여전히 강의를 숙명적인 업으로 받아들이지 못하고 논리를 앞세워 자기주장을 펼치는 데 바쁜 사람이다. 강의하는 콘텐츠의 소스가 주로 책이며 체험적으로 깨달은 통찰력이나 자기만의 필살기가 없다. 이런 강사의 강의를 계속 듣는 시간은 지루할 수밖에 없다.

네 번째는 지존 강사(至尊 講師)다. 전문 강사처럼 이론적 지식도 무장하고 있지만 더욱 중요한 차별화 포인트는 체험적 깨달음을 자기만의 방식으로 해석하는 콘텐츠를 개발하고 활용한다는 점이다. 지존 강사는 강사가 되려는 사람을 가르칠 수 있는 강사다. 강의를 하는 순간이 가장 행복하다고 느끼는 사람이며, 강의를 하지 않으면 입에 가시가 돋을 정도로 강의를 자신의 숙명으로 받아들이기 때문에 자신과 같은 강사를 양성해서 세상으로 내보내는 일이 가장 소중한 과업이라고 생각한다. 지존 강사는 자신만의 독창적인 스타일로 청중을 감동시키는 강사다. 이들에게 강의는 놀이로서의 일이다.

다섯 번째는 절대 강사(絶對 講死)다. 절대 강사는 말 한마디로 사람을 죽일 수도 있고 살릴 수도 있는 강사다. 강의를 통해 한 사람을 전혀 다른 길로 인도할 수도 있고 기존의 자기를 죽이고 새로운 나로 변신하게 만드는 신통력을 지닌 강사다. 일반 사람들이 도달하기에는 참으로 어렵고 지난한 강사이자 유일무이한 최고봉에 해당하는 강사다. 민족의 염원을 부르짖은 백범 김구 선생님이나 도산 안창호 선생님, 그리고 광야의 세계로 민족을 이끌었던 모세처럼 말

한마디로 혼탁한 세상에 한줄기 서광을 주는 사람이다. 절대 강사는 작은 지식 속에서도 전체를 아우르는 조망력과 통찰력으로 대오각성을 선물한다. 이들은 강사를 직업적 소명으로 받아들인다. 강의는 단순한 직업을 넘어선다. 강의를 통해 비로소 내가 살아 있음을 증명하는 사람이다.

마지막으로 신격 강사(神格 講辭)다. 사전에 나올 법한 설법을 전파하는 강사다. 신의 경지로 격상된 강사로서 그 누구도 감히 쉽게 범접할 수 없는 말씀을 전파하는 강사다. 신격 강사는 사후에도 인종과 국경을 초월하여 전 인류에게 빛과 소금과 같은 구원의 메시지를 던져 주었던 예수, 석가모니, 마호메트, 소크라테스 같은 스승이 여기에 속한다. 신격 강사는 사후에 더 유명세를 떨치는 사람이다. 살아생전 전했던 말씀이 일정한 형태의 경전으로 전해져 내려오면서 특정한 종교적 계명으로 작용한다. 일반 강사로서는 감히 넘볼 수 없는 지고의 경지에 이른 사람만이 도달할 수 있는 강사의 무림지존이다.

한 사람의 마음에 무지개를 띄우는 강사의 7가지 비밀 병기

뛰어난 강사에게는 어둠 속을 헤매는 사람들의 세계에 일곱 색깔의 무지개를 띄우는 7가지 비밀 병기가 있다. 여기서 말하는 강사는 알고 있는 지식을 전달하는 보통 명사로서의 강사(講士)가 아니다. 오히려 우리가 지향하는 강사(講師)는 발견적 열정으로 깨달은 체험적 지혜를 설득적 열정으로 후세대에게 전달하려는, 즉 온몸으로 살아오면서 깨달은 체험적 깨달음을 자기만의 언어로 녹여서 전달하는 삶의 스승이다.

• 강사는 정관사다

정관사(定冠詞) 'the'는 유일무이한 대상이나 사람에게 붙이는 품사다. 강사도 마찬가지다. 누구나 할 수 있는 강의, 대체 가능한 강의를 할수록 나의 경쟁력은 취약해질 수밖에 없다. 똑같은 분야의 내용이라도 내가 하면 뭔가 다르게 전달되는 강의라야 내가 설 기회가 많아진다. 남들처럼 강의하지 않고 나처럼 강의할 때 가장 나다운 강의가 되며, 그런 강의라야 남과 비교할 수 없는 색다른 강의로 평가받을 수 있다. 강의가 정관사인 이유는 나만이 할 수 있는 강의로 이름을 남기는 깨달음의 전도사이기 때문이다. 한 강사가 주는 깨달음의 충격은 오로지 그 강사에게서만 들을 수 있는 각성의 목소리다.

• 강사는 대명사다

대명사(代名詞)는 사람이나 사물의 이름을 대신 나타내는 말 또는 그런 말들을 지칭하는 품사다. 대명사는 품사를 넘어서 어떤 속성을 대표적으로 나타내는 것을 비유적으로 이르는 말이기도 하다.
한 분야의 경지에 오른 경험을 녹여 내는 전설적인 전형이나 모델을
대명사라고 할 수 있다. 자신만이 강의할 수 있는 분야를 계속해서
하면 어느 정도 명성이 쌓이고, 특정 분야를 지칭하면 바로 특정 강
사가 떠오를 때 그 강사는 대명사가 된 것이다. 대명사가 되기 위한
전제조건은 정관사다. 정관사로서의 강사가 치열한 노력을 멈추지
않고 반복해서 수련할 때 위대한 반전이 일어나면서 대명사로서의
강사가 태어난다.

• 강사는 접속사다

강사는 수많은 삶의 다양한 사연과 사건의 끝(End)을 독창적인
문제의식으로 연결(AND)해서 새로운 사유의 꽃을 피우게 만드는 연
금술사다. 끝과 끝(End AND End)의 무한 연결 속에서 우리들의 삶이
이루어진다. 즉 우리가 살아가면서 매 순간 경험하는 감동적인 순
간이나 의도적으로 일으킨 사건, 나도 모르게 당하는 사고의 끝에서
온몸으로 배운 교훈을 반추하고 이전과 다른 삶을 살게 만들어 주는
주인공이 바로 접속사(接續詞)로의 강사다. 어려운 여건에도 불구하
고 다시 도전하게 만드는 '그럼에도'라는 접속사로 좌절과 절망 대신
희망과 용기를 전해 주는 역발상과 역전의 용사가 바로 강사다. 겉
으로 드러난 피상적 의미에 머물지 않고 사건과 사고의 끝에서 연결

의 상상력으로 비상하게 만드는 디딤돌이 강사다.

• 강사는 자동사다

자동사(自動詞)는 동력의 원천을 내부에서 주체적으로 얻는다. 반면에 피동사는 나 아닌 밖의 힘으로 어쩔 수 없이 움직이는 동사다. 강사는 피동적으로 움직이던 사람을 어떤 계기나 각성으로 주체적으로 움직일 수 있도록 힘의 원천을 전환시켜 주는 사람이다. 이런 점에서 강사는 스스로의 힘으로 살아갈 수 있는 원동력을 제공해 주는 동기 부여가다. 강사는 지금까지는 누군가 또는 누군가의 생각에 의지하며 살아온 사람에게 스스로 살아갈 수 있는 의지를 심어 주는 사람이다. 강사가 자동사인 이유다. 강의는 무엇보다도 남의 힘이나 환경에 지배당하면서 종속되어 살아가던 피동사로서의 삶에 종지부를 찍게 만드는 결정적인 사건이다.

• 강사는 형용사다

형용사(形容詞)는 명사를 수식하는 품사다. 어떤 형용사가 명사 앞에 위치하는지에 따라서 명사의 존재 이유와 정체성도 색달라진다. '열정적인' 유영만 교수라는 표현에서 형용사 '열정적인'은 유영만 교수의 특징을 부각해 준다. 마찬가지로 강사는 무채색으로 살아가던 사람에게 나만의 고유한 색깔이 무엇인지를 깨우쳐 준다. 나에

게 어울리는 색깔은 내가 하면 나의 정체성을 가장 드러내 주는 상
징적 지표다. 색깔은 내가 하면 재미난 능력, 재능이자 가장 나다움
을 드러내 주는 아름다움의 다른 이름이다. 강사는 저마다 사람에게
어울리는 형용사를 찾아 자기만의 색깔을 드러내며 자기답게 살아
갈 수 있도록 도와주는 컬러 테라피스트다.

• 강사는 감탄사다

강사는 무엇보다도 힘든 하루하루를 버티며 어렵게 살아가는 사
람들에게 그럼에도 불구하고 살아가기 위해 안간힘을 써야 되는 이
유를 감동으로 전달하는 사람이다. 강사의 업의 본질은 감탄사(感歎
詞) 제조업이다. 몰랐던 사실을 깨우쳐 주고, 알고 있지만 그렇게까
지는 생각하지 못했던 사실을 새롭게 깨닫게 해 주고 이전과 다른
관점에서 세상을 바라보게 만들어 주는 관점 제시자다. 강사는 남의
이야기를 장황하게 설명하며 의미를 강조하기보다 체험적 스토리로
설득하고 감동시켜 행동하게 만드는 행복 전도사다. 강사의 강의는
만족을 넘어 감동과 감탄을 불러올 때 앙코르 강의를 요청받는다.
청중에게 감탄사를 선물하려면 강사가 먼저 일상에서 비상하는 상
상력을 발휘하면서 매 순간을 감동적인 시간으로 보내는 체험적 스
토리를 만들어야 한다.

• 강사는 요리사다

강사는 청중의 관심사를 자기 방식으로 맛깔나게 조리하는 지식 요리사(料理師)다. 지식 요리에 필요한 건 무엇보다 요리의 재료가 지닌 신선함과 독특함이다. 강사의 지식 요리 재료에는 주로 강사 자신이 겪은 경험과 읽은 책이나 본 영화, 만난 사람과의 사연 등이 포함된다. 요리 수준을 가늠하는 핵심적인 경쟁력은 요리사의 지극한 정성과 자세와 태도는 물론이고 어떤 양념을 섞어 어떤 방법으로 요리하는지에 달려 있다. 똑같은 재료도 요리사에 따라 전혀 다른 음식 맛이 나기 때문이다. 지식 요리 레시피는 독창적인 콘텐츠를 창조하는 강사만의 노하우다. 특급 요리사의 요리 비법이 있듯이 특급 강사의 지식 요리 비법만이 수많은 청중의 마음을 사로잡는 감동을 준다.

19

지루함을 깨고 잠재력을 깨워라! 전달의 흡인력을 높이는 7P 전략

온라인이든 오프라인이든 학습자의 관심과 흥미를 촉발시켜 지속적인 몰입을 유도하는 강의는 사전에 특별한 7P 전략을 구상해야 한다. 왜 우리가 지금 이런 주제를 공부하는지, 그걸 통해서 우리가 공유해야 될 분명한 목적의식(Purpose)은 무엇인지를 먼저 공감하는 게 중요하다. 그렇지 않으면 후속적으로 이루어지는 어떤 조치에도 관심을 끌지 못한다. 가급적 학습자가 지니고 있는 무한한 가능성(Potential)이 다양한 무대 위에서 발휘될 수 있도록 기회를 주는 수업이 이루어져야 한다. 그래야 학습자는 열정(Passion)을 갖고 주어진 과제를 해결하기 위해 적극적으로 참여(Participation)하면서 몸으로 깨달은 체험적 교훈을 자신의 언어로 가공하면서 독특한 관점(Perspectives)을 정립해 나갈 수 있다. 힘들었지만 배운 점이 많은 프로젝트 추진 경과를 발표(Presentation)하면서 듣는 사람이 공감하게 만들면 본인들도 단순한 성과를 넘어 감동적인 성취감(Performance)을 맛보게 될 것이다.

상대의 흥미를 북돋우면서도 서로 가르치고 배우는 강의를 하려면 이 7가지 전략을 활용할 필요가 있다. 비 온 뒤 무지개가 뜨듯 무언가를 배우고 익혀서 나의 것으로 만드는 과정은 힘들고 어려운 숙제지만, 참석하는 사람들이 함께 노력한다면 숙제도 축제로 바뀌면서 가르치고 배우는 아름다운 연대가 형성될 것이다.

① Purpose - 목적지보다 목적의식을 공유하라

모든 수업은 목적지가 있다. 다만 목적지에 도달하는 경로가 다를 뿐이다. 물론 그 목적지도 합의를 통해 바꿀 수 있다. 하지만 수업을 통해 우리가 어디에 도달할 것인지에 대해서 가르치고 배우는 사람이 공유하지 않으면 저마다의 목적을 갖고 각자 다른 방향으로 달려갈 수 있다. 속도보다 방향이 중요한 이유다. 열심히 달려서 목적지에 도착했다고 생각했지만 잘못된 방향 판단이라면 노력한 과정이 수포로 돌아갈 수 있다. 왜 우리는 거기에 도달해야 하는지, 거기에 도달한다는 것이 무슨 의미인지를 사전에 분명하게 공유하고 공감할수록 목적지에 이르는 과정이 힘들고 어렵다고 할지라도 참고 견딜 수 있다.

참가자들로 하여금 목적의식을 기반으로 공감대가 형성되기 위해서는 목적지에 이르는 여정 자체가 내 삶이 추구하는 목적의식과 별반 다르지 않으며, 그 속에서 우리는 생각지도 못한 마주침을 통해 많은 깨우침을 얻을 수 있다는 호기심을 자극하고 관심을 끌어야 한다. 우리가 해결하려는 과제가 특히 지금 여기서 중요한 의미를 지니는 이유가 무엇인지, 이걸 함께 해결하는 과정이 우리에게 왜 중요한지를 전체적인 맥락과 배경을 근간으로 설득할 때 더욱 강렬한 목적의식을 갖고 프로젝트 추진에 뛰어들 것이다.

② Potential - 상대의 무한한 가능성을 자극하라

사전에 학습자의 장단점을 파악하면 금상첨화겠지만 그렇게 할 수 없는 현실적인 여건이 많다. 한 가지 대안은 온라인 비대면 수업을 한두 번 해 보면 학습자의 선호도나 취향을 간파할 수 있다는 것이다. 문제는 그렇게 해서도 학습자의 가능성을 파악할 수 없을 때 몇 번의 추가 관찰과 인터뷰를 통해 관심사와 가치관을 어느 정도 포착할 수 있을 것이다. 학습자의 잠재적 가능성은 사실 본인조차도 간파하기 어려운 영역이다. 온라인 수업일 경우 학습자의 미세한 생각과 마음의 변화로 나타나는 몸의 변화를 몸으로 감지하기 어렵다. 어떤 메시지를 던졌을 때 보여 주는 반응에 따라 학습자의 선호도나 취향을 간파할 수도 있다. 하지만 본인의 진정한 강점과 재능은 오프라인에서 직접 추진하면서 본인만이 몸으로 느낄 수 있다.

수업이 반복되면서 다양한 방식으로 학습자에게 과제를 부여했을 때 그걸 추진하는 방식, 팀원과의 협력, 색다른 관점의 제시, 독특한 아이디어 생성, 과감한 실천과 수정 등 독창적인 프로그램으로 변신할 수도 있다. 학습자로 하여금 다양한 실험을 해 볼 수 있도록 과제도 부여해 보고 이전과 다른 방식으로 주어진 과제를 해결할 수 있도록 촉진해 주는 칭찬과 결과에 대한 크나큰 신뢰감을 주는 것이 절대적으로 필요하다. 저마다 잘할 수 있는 재능과 내가 하면 신나는 적성을 모두 지니고 있다. 재능과 적성을 활용하면서 잘할 수 있다는 자신감을 가질 때 학습자는 흥미를 느끼고 집중하며 몰입할 것이다.

③ Passion - 열정의 불꽃을 태우게 하라

어떤 과제는 보는 순간 도전하고 싶은 욕구가 사라지지만 어떤 과제는 만나는 순간 한번 꼭 도전해 보고 싶다는 열망이 생긴다. 너무 추상적인 프로젝트 과제를 던져 놓고 구체적인 해결 대안을 찾아보라고 하면 쉽게 몰입하지 못한다. 지금 우리 모두가 경험하고 있는 현실적 이슈를 주어진 교과 내용과 연결시켜 다양한 방식으로 생가하게 만드는 프로젝트 과제가 주어질 때, 당장은 답이 보이지 않지만 다 같이 노력하면 뭔가 실마리를 잡을 수 있을 것 같다는 느낌이 들 때, 학생들은 집중적으로 몰입하기 시작한다.

열정은 뚜렷한 목적의식과 확고부동한 목표가 존재할 때 비로소 발동되기 시

작한다. 열정은 해내고야 말겠다는 강인한 의지가 달성하고 싶은 목적이나 목표와 만날 때 빛을 발하기 시작한다. 열정은 할 수 있다는 자신감과 될 수 있다는 가능성이라는 믿음 위에 피는 불꽃같은 의지다. 열정은 내가 하면 신나고 즐거운 일을 만날 때 불타기 시작한다. 온라인 수업뿐만 아니라 오프라인 수업에서 열정이 식는 경우는 여러 가지 이유로 발생한다. 특히 학생들의 의견이나 발표에 대한 교수자의 순간적 피드백이 갑자기 분위기를 차갑게 냉각시키면서 극도의 긴장감을 조성할 때 열정은 온데간데없어지고 수업 분위기는 냉각 상태로 빠져든다. 한번 식어 버린 열정은 다시 끌어 올리기 쉽지 않다. 작은 성취부터 인정해 주고 용기를 북돋아 줄 때 학생들은 자신들이 추구하는 과정에 더욱 자신감을 갖고 적극적으로 몰입하게 된다.

④ Participation - 참견하지 말고 참여시켜라

온라인 수업이든 오프라인 수업이든 사사건건 참견하면 어쩔 수 없이 자리에 앉아서 참고 있지만 마음은 들끓고 있을 것이다. 참견은 자기 생각으로 충고하고 조언하거나 평가하고 판단하는 소위 '충조평판'이다. 오프라인 수업에 비해 온라인 수업은 침묵은 금이라는 금언이 더 적절한 상황에 자주 발생한다. 한 학기 내내 침묵을 유지하는 학생도 있다. 본래 남 앞에서 이야기하는 것 자체가 부담이 될

때 어떤 조치도 무의미하다. 오프라인 수업과 다르게 온라인 수업은 스크린에 얼굴만 나오게 해 놓고 수업 시간 내내 말을 하지 않아도 눈에 잘 띄지 않는다. 수업 진도를 얼마나 따라오는지 그 느낌을 몸으로 체크할 수 없는 비대면 상황에서 가급적 다양한 관점을 적극적으로 표현할 수 있는 무대를 자연스럽게 조성할 필요가 있다. 옳고 그른 문제를 떠나서 이런 의견도 얼마든지 일리 있는 의견일 수 있으며, 그런 의견도 얼마든지 많은 사람과 공유함으로써 색다른 생각을 품게 만들 수 있다는 인식을 공유할 필요가 있다. 그리고 학습자가 제시한 의견에 대해서는, 전혀 다른 맥락으로 제시된 의견을 제외하고 나머지 대부분의 의견은 그 자체로 존중해 주어야 하며 상호 의견을 주고받는 가운데 보다 정련할 수 있게 만들어 줘야 한다.

⑤ Perspectives - 체험적 깨달음을 독특한 관점으로 제시하게 하라

세상에는 옳은 이야기가 많다. 하지만 먹히지 않는 이야기도 많다. 누가 들어도 올바른 이야기지만 누구도 쉽게 설득당하지 않는 이야기에는 자기만의 고유한 관점이 결여되어 있는 경우가 많다. 우리가 수업을 통해서 배워야 되는 관점은 남의 생각이나 아이디어의 모방이 아니라 나의 생각과 체험적 깨달음이다. 해결 과정이나 프로젝트 추진 과정에 몸을 던져 직접 체험해 보니까 생각했던 것보다 무엇이 다른지, 책이나 다른 사람의 아이디어를 실제 적용하는 과정에서 다르게 다가

온 깨달음은 무엇인지를 나의 관점과 언어로 정리해서 표현하는 연습을 해야 비로소 나의 생각과 관점으로 정리되기 시작한다. 발표를 하더라도 책에 나오는 이야기를 단순히 요약해서 발표하기보다 그런 내용에 대한 나의 생각이나 내가 직접 체험했던 사례에 비추어 저자의 주장이 갖는 의미와 시사점을 이야기하는 연습을 하도록 여건을 조성하면, 학습자는 남의 생각을 단순히 모방하는 수준에서 점차 탈피할 수 있을 것이다. 객관적 사실이나 절대적인 진리는 없다. 모든 사실은 다 해석된 사실이다. 학습자가 스스로 자기 특유의 관점과 느낌을 자신 있게 표현할 수 있도록 독려해 주는 분위기 조성이 필요하다.

⑥ Presentation - 선물이 되는 발표로 청중을 감동시켜라

프레젠테이션은 프로젝트 추진 결과를 단순히 발표하는 시연이 아니다. 프로젝트를 시작해서 마칠 때까지 겪었던 사연과 생각지도 못한 사건을 통해서 깨달은 교훈, 기대했던 결과보다 낮게 성과를 냈거나 혹은 높은 성취감을 얻었던 이유나 배경 등을 종합해서 정리하고 발표하는 시간이다. 여기에는 발표하는 사람의 의도와 의중을 잘 담아내는 것도 중요하지만 내용과 형식을 어떻게 정리하고 조율해서 발표하면 듣는 사람에게 강력한 영향력을 줄 수 있을지를 고민해야 한다.

프레젠테이션은 말 그대로 듣는 사람에게 선물을 주어야 한다. 이미 알고 있는 사실을 논리적으로 설명할수록 청중은 지루함을 느낀다. 알고 있지만 새롭게 발견되었거나 기존 지식과 반대 의견을 띠는 특정한 사례를 발굴해 무기로 장착하고, 감성적 스토리텔링 방식을 통해 청중의 마음을 공략할 필요가 있다. 기대감을 망가뜨리고 잠시 청중의 긴장감을 조성한 다음 메시지보다는 메시지에 대한 메신저의 신념과 철학을 담아 발표할 때 청중은 호기심과 궁금함을 갖고 다음 내용을 기다릴 것이다. 중요한 주장에는 관련 분야의 유명한 학자의 연구 결과나 이미 조사된 통계 자료를 활용하여 신뢰감을 높이고, 복잡한 내용일수록 핵심과 정수를 담아내면서 단순하게 표현하는 연습이 필요하다. 결과를 만들어 내기까지의 과정과 그 속에서 겪은 에피소드를 적당한 양념을 섞어 발표하면 더욱 흥미를 자극할 것이다.

⑦ Performance - 기적의 성과로 성취감을 느끼게 하라

성과는 주어진 목표를 달성했을 때 나타나는 가시적 결과다. 목표를 기대 이상으로 달성했으면 성과가 높은 것이고 그렇지 못하면 성과가 좋지 못한 것이다. 성과는 결과를 객관적으로 측정하고 평가할 때 나온다. 학습자는 성과 달성에 만족하지만 감동받지는 않는다. 성과가 나에게 감동으로 다가올 때는 그 결과에 특별한 의미를 부여하고 가치를 느낄 때다. 똑같은 성과지만 매우 힘들고 어려운

조건하에서 우여곡절 끝에 마침내 이룬 성과라면 그 가치가 더욱 크게 다가올 것이다.

　프로젝트 과제를 부여할 때 너무 쉽게 달성할 수 있는 과제를 제시하면 설혹 성공적으로 해결했다고 할지라도 성과는 나오지만 성취감은 느끼지 못할 것이다. 어려운 여건에도 불구하고 한정된 시간과 자원을 활용해서 저마다 갖고 있는 모든 아이디어와 에너지를 통합해서 마침내 난국을 돌파하고 의도했던 결과를 만들어 냈을 때 성취했다는 감동이 찾아온다. 성취감은 배부른 만족감이 아니라 혼자서는 해낼 수 없는 난제를 마침내 해냈다는 협력적 자신감이다. 그리고 성취가 자기도취로 빠지지 않기 위해서는 이번 프로젝트 성과를 기반으로 다음 프로젝트를 구상할 때 이전과 다른 자세로 임하기 위한 반성과 성찰이 필요하다.

상황을 뒤집는 실전 전달력과
시행착오에서 얻는 지혜

준비에 철저를 기해서 강연 자료를 만들었지만 만든 자료대로 강연을 하면 무대 위에서 연기 자체가 불가능한 경우도 있음을 경험한 적이 있다. 아산나눔재단이 청소년들의 기업가 정신을 키워 주기 위해 마련한 '2024 아산 유스프러너 데모데이'에 초중고교 학생, 교사, 학부모, 스타트업 및 행정부처 관계자 등 약 2천여 명의 참관객이 서울 동대문디자인플라자(DDP)에 모였다. '꿈의 항해(The Quest)'라는 콘셉트로, 청소년들이 스타트업 현직자나 또래 친구들과 함께 기업가 정신을 도전적으로 육성하고, 자기 주도적으로 자신이 꿈꾸는 미래를 찾아가는 여정을 지원하기 위해 기획된 행사였다.

나는 그해 처음 마련된 '실패 페스티벌' 세션에서 실패 없이 실력도 없다는 주제로 메인 강연을 했는데, 강연 시작 전에 강연장을 둘러본 느낌은 '오늘 강연은 실패로 갈 수밖에 없다'는 강한 확신이었다. 강연장은 소란이 치솟는 아수라장 그 자체였다. 나의 강연 뒤에 펼쳐진 '천하제일 망함대회'라는 문구처럼 내 강연도 천하제일 망하는 지름길로 가는 배를 탄 기분이었다.

그러나 강의를 안 할 수도 없고 일단 상황 파악을 한 다음 강연 자료를 즉석에서 대폭 줄였다. 흥미를 이끌면서 재미와 의미를 다 잡는 시나리오로 수정한 것이다. 무대 위에 올라가서 30여 년 강연을 해 본 경험을 살려 가장 큰 목소리로 열정적인 강연을 시작했다. 프로는 상황과 환경을 탓하지 않는다는 게 나의 철칙. 무대는 열렸고 강연은 시작되었다. 기선을 제압하기 위해 강렬한 목소리로 좌중을 제압하면서 본래 시나리오와는 다르게 청중의 호기심과 주의를 집중해서, 내가 준비해 간 '실패의 6가지 의미'를 나의 경험적 깨달음에 비추어 하나씩 풀어 나갔다.

청중의 눈동자는 빛나기 시작했고, 몰입감이 증가하고 있다는 직감적 판단이 들면서 엄청난 관중이 모인 시끄러운 데모 행사임에도 불구하고 나의 강연은 절정을 향해 달려가기 시작했다. 중간중간 짧은 질문을 던져 관중의 주의 집중을 유도하면서 나의 100번째 책 《코나투스》도 선물로 주었다. 준비해 간 자료대로 하지 않고 에피소드를 통해 깨달은 경험적 실패로부터 배운 교훈을 중심으로 50분간 열강을 하면서 관중들의 열광을 끌어내, 강연장의 열기는 폭염을 능가할 정도로 감동의 도가니탕을 만들었다는 피드백에 스스로도 감동할 뿐이었다.

색다른 실패가 실력의 모멘텀이다

전달력뿐 아니라 인생을 살아가는 데 필요한 많은 능력들을 키우는 데 실패는 필수 불가결이다. 실패에 대해 부정적 선입견을 갖기보다는 실패가 주는 선물 같은 경험에 주목할 필요가 있다. 내가 강의했던 실패의 6가지 의미를 소개하겠다. 먼저 첫 번째 의미는 "다시 하라"는 '재도전'이다. 실패의 의미가 좌절이나 절망이 아니라, 이전에 했던 방식대로 안 되니 이제 다르게 다시 시도해 보라는 의미로 재해석될 때, 실패는 또 다른 도전을 알리는 출발점이자 색다른 실력을 쌓게 만드는 원동력이다. 색다른 실패가 색다른 실력을 낳는 원인 제공자다.

두 번째 실패의 의미는 '가능성의 발견'이다. 우리는 가끔 넘어져야 평상시에 볼 수 없었던 새로운 가능성을 볼 수 있다. 단 어제와 다르게 실패를 해 봐야 새로운 실력을 쌓을 수 있다. 비슷한 실패가 반복된다는 의미는 이전과 다른 새로운 도전을 하지 않고 실패에서 교훈을 배우지 않는다는 증표다. 실패의 세 번째 의미는 '방법 개발'이다. 법은 내 마음대로 만들 수 없지만 방법은 내 마음대로 만들 수 있다. 법은 책상에서 만들지만 방법은 반드시 어제와 다르게 시행 착오를 겪어 봐야 개발할 수 있는 실천의 산물이다. 난국에 부딪혔을 때 상황을 돌파하는 학습자형 질문을 던지면 새로운 방법을 찾아 실패의 위기를 기회로 바꿀 수 있다. 실패의 네 번째 의미는 ‘당연함의 부정’이다. 우리가 믿고 있는 신념도 몸으로 겪어 보지 않고서는 통념인지를 알 수 없다. 문은 앞문과 뒷문만 있는 게 아니라 옆문도 있다. 눈을 돌려 관점을 바꾸고 질문을 던지면 새로운 관문이 열린다.

실패의 다섯 번째 의미는 ‘상상력의 촉발’이다. 나는 어렸을 때 수도전기공고를 다니면서 전기 용접 기능사 자격증 첫 번째 도전에서 보기 좋게 낙방했다. 용접봉을 녹여서 쇳물을 물 흐르듯 조정해야 되는데 온도 조절 실패로 철판에 구멍이 크게 뚫렸다. 이 실패 경험 덕분에 지금도 철판을 생각하면 보름달이 연상된다. 아무 관계도 없는 철판과 보름달을 연결시켜 상상력을 발휘할 수 있는 원동력도 실패 경험이 낳은 자산이다. 연상은 경험이 재료다. 경험을 바꾸지 않으면 연상도 바뀌지 않는다. 실패에 대한 마지막 의미는 ‘자기 정체성의 발견’이다. 일단 해 보지 않고서는 나에게 기쁨이나 설렘을 주는 일인지, 슬픔이나 아픔을 주는 일인지 알 수 없다. 실패를 해 보지 않으면 나의 코나투스가 통하는 일인지 아닌지를 알 수 없는 것이다.

이 6가지 의미에서 알 수 있듯 실패는 거울이자 창문이다. 성공은 사람을 자만하게 만들 수 있지만 실패는 사람을 겸손하게 반성하고 성찰하게 만드는 거울이다. 거울에 비추어 냉철하게 자기반성을 거듭하면서 실패를 통해 색다른 깨달음의 즐거움도 맛보면서 어제와 다른 실력이 쌓인다. 실패를 통해 축적된 실력은 이제 세상을 어제와 다르게 내다볼 수 있는 관점과 시각의 창문을 만든다. 새로운 관점으로 내다보는 관점의 창문은 나를 색다른 관문으로 이끄는 또 다른 출발점이자 모멘텀이다. 성공했던 노하우보다 실패의 뒤안길에서 새롭게 깨달은 인생의 교훈이 스토리텔링으로 전달될 때 보다 큰 감동을 불러일으킬 수 있다.

WHERE

PART 5

미스터리에
이르는 길은
왜 미스터리일까?

강의는 인생의 전환점을 마련하는 혁명적 사건이다

슈테판 츠바이크의 소설 《감정의 혼란》[•]에는 영문학을 가르치는 어느 중년 교수의 열정적인 강의와 그 강의에 빠져들며 운명까지도 뒤바뀌는 역사적 사건이 일어나는 주인공의 이야기가 실려 있다. 이처럼 강의는 한 사람의 주장을 일방적으로 펼치는 것이 아니라 듣는 사람과 상호 작용하면서 그들의 갈급한 욕망을 자극, 가 보고 싶은 미지의 세계로 인도하는 혁명적인 사건이다. 나는 이 책을 통해서 그 사실을 여러 번 확인할 수 있었다.

학문이나 기술 등을 체계적으로 설명하여 가르치고 이해시키는 강의는 높은 전달력이 요구되는 대표적인 행위 중 하나로, 한 사람의 운명조차 바꾸는 혁명적인 전환점(turning point)이며, 잠재되었던

[•] 슈테판 츠바이크 지음, 서정일 옮김, 《감정의 혼란》, 녹색광선, 2019.

가능성이 어느 순간 폭발하는 티핑 포인트(tipping point)[**]다. 따라서 좋은 강의란 무엇인지 분석하는 행위를 통해 우리는 어느 상황에서도 적용 가능한 궁극의 전달력 비법을 발견할 수 있다.

강의는 한 사람의 운명을 바꾸는 사건이다

《감정의 혼란》에는 교수가 셰익스피어에 대해 강의하는 장면이 나온다. 이 강의를 듣는 주인공은 마치 심장이 찔린 듯한, 그리고 피가 뜨거워지는 느낌을 받으며 스승에게 사로잡힌다. 대체 어떤 강의였길래 그렇게 온몸이 뜨겁게 반응을 했을까?

심장을 찌르는 강의는 책상 지식으로 전달해서는 불가능한 강의다. 자신의 삶으로 겪은 체험적 깨달음을 셰익스피어라는 문학가의 작품에 녹여서, 즉 셰익스피어를 바라보는 관조적(觀照的) 지식이 아니라 셰익스피어로 빙의해서 살아간 참여적(參與的) 지혜를 몸으로 전수했을 것이다.

자신의 직접 체험으로 걸러진 지식이 아니고서야 살갗을 파고드는 진동을 줄 수 없다. 특히 의미가 머리로 가지 않고 심장에 와닿

[**] 티핑 포인트는 별다른 변화가 일어날 것 같지 않다가 어느 순간 한두 가지 변수들의 생각지도 못한 우발적 상호 작용으로 폭발적인 변화가 가속화되는 시점이다.

는 강의는 강사의 체험적 느낌을 싣지 않고는 불가능하다. 처음에는 무슨 이야기를 하는지 먼발치에서 관망하는 자세로 고개를 뒤로 젖힌 채 들어 보다가 점차 몸이 책상 앞으로 바짝 당겨지면서 머리가 어느새 강사를 향하고 있다면, 그것은 강의가 몸을 통과하고 있다는 느낌이 올 때 나오는 자세다.

이런 강의를 듣는 순간 그동안 눈앞에만 아른거리며 도무지 눈에 들어오지 않았던 텍스트가 비로소 반짝이면서 나의 몸속으로 흡수되기 시작한다. 몸속의 위기의식이 생기면 밖의 성긴 정보가 빨려들어 지식을 만드는 용광로로 돌변한다. 잠자던 뇌세포가 전율하는 통증으로 깨어나고 잠잠하던 심장 박동이 가속화되면서 세상의 모든 텍스트가 살아 있는 콘텍스트 곁으로 달려와 의미의 씨앗을 뿌린다. 이제 강의는 듣고 감동하는 순간을 넘어 한 사람의 운명을 바꾸는 혁명적인 사건으로 거듭난다.

스승은 제자에게 거대한 우주이자 세상의 중심이다

소설에서 교수는 열정적으로 강의를 하면서도 듣는 학생들의 반응을 일일이 살피면서 청중의 호기심과 관심에 따라 다른 질문과 반응을 기대한다. 하고 싶은 말이 생각날 때마다 직격탄을 날리지 않고, 언제 파고들어 가야 학생들의 토론을 방해하지 않고 격론을 벌이는 학생들의 향연을 더욱 뜨겁게 달굴지를 안다. 논증을 생각지도 못한 직관과 통찰로 요약해 내는가 하면, 토론의 방향을 전혀 다른 방향으로 끌고 가서 생각지도 못한 결론의 목적지에 이르게 하기도 한다.

교수의 강의에 빠져든 주인공은 한순간도 허비하지 않고 공부하는 과정에 광적으로 빠져든다. 멈추려야 도저히 멈출 수 없는 욕파불능(欲罷不能)의 상태이며 존경하지 않을 수 없는 스승의 학문적 경지와 열정에 헌신적으로 충성하며 복종하지 않을 수 없는 심열성복(心悅誠服)의 상태가 된다. 공부하는 시간이 턱없이 부족하다는 걸 깨닫고 아예 방 밖으로 나가지도 않고 선 채로 식사를 한다. 일체의 휴식 시간을 줄이고 거의 잠도 자지 않고 스승에게 실망을 안겨 드리지 않기 위해 오로지 공부에만 매달린다. 그에게 교수는 하나의 거대한 우주이자 세상을 움직이는 중심인 것이다.

진정한 깨우침으로 이끄는 강의의 조건

철학자 들뢰즈에 따르면 낯선 기호와의 마주침은 이전과 다른 경험을 제공한다. 생전 마주쳐 보지 못한 낯선 기호가 나에게 다가올 때 무의식적으로 해석해서 그 의미를 파악하려는 본능적인 반응이 따른다. 예를 들어 평온한 호수에서 수영을 하다가 어느 날은 물살이

급한 강물이나 파도치는 바다에서 수영을 한다고 가정해 보자. 호수에서 수영할 때 몸이 느끼는 물살이나 수심에 대한 감각적 자극과 강물이나 바다에서 수영하면서 몸이 느끼는 감각적 자극의 강도는 많은 차이가 있다. 파도가 밀려오면서 몸이 느끼는 물결의 세기나 강렬한 햇빛으로 시야가 아른거리는 느낌도 모두 낯선 의미를 품고 나에게 기호로 다가온다. 이때 강물과 바다에서 수영해 본 경험 자체가 하나의 사건이다. 그 사건 속에서 이제껏 배워 보지 못한 색다른 깨우침을 얻을 수 있다. 사건은 낯선 기호를 품고 다가오는 모든 경험이다. 낯선 기호가 많은 강의는 그만큼 한눈을 팔 수 없다. 몰입해서 온몸으로 들어야 메시지에 담긴 강사의 실천적 의미가 내 삶을 관통하는 색다른 깨우침으로 각인된다.

강의도 마찬가지다. 익숙한 서문으로 시작해서 많이 들어 봄 직한 메시지로 본론을 설명한 다음 화룡점정으로 각인되는 결론을 제시하며 평온한 흐름으로 다가서는 강의는 청중에게 낯선 기호로 다가서지 못한다. 낯선 기호가 없는 강의는 듣는 이에게 새로운 배움과 익힘을 일으키기 어렵다. 강의가 하나의 사건이 되려면 이제껏 겪어 보지 못한 색다른 경험의 장이 되어야 한다. 색다른 경험의 장이 되려면 청중이 해석해야 되는 낯선 기호가 필히 발신되어야 한다. 강사가 전달하는 낯선 기호의 의미가 무엇인지를 온몸으로 해석하는 청중은 그 강의에 몰입해서 들을 수밖에 없다. 낯선 기호가 발생되는 강의의 모든 순간이 사건이다. 사건 속의 사연이 품고 있는 의미의 껍질을 파고들어 해석해 보고 내 삶의 현장에 비추어 재해석하면서 강사가 전달하는 기호의 맥락적 의미에 빠져들기 시작한다. 이런 맥락에서 강의가 품고 있는 5가지 은유적 의미를 생각해 보자. 강의는 칼이고 피클이며 등대이자 망치이고, 길이 되는 까닭을 살펴본다.

• 강의는 칼이다

어떤 강의와의 우연한 만남은 한 사람의 운명도 혁명적으로 바꾸는 결단의 칼이다. 노심초사하던 사안을 뒤로하고 인생의 전기를 마련하는 방향타가 한 사람의 강의가 될 수 있다. 우리는 고심하던 문제가 해결될 수 있는 단서나 실마리를 강의를 통해 얻을 수 있고, 오랫동안 고민만 하던 화두를 내던지고 과감한 결단으로 실천에 옮기는 계기가 강의를 매개로 마련될 수도 있다. 강의는 청중은 물론 강사에게도 칼이 된다. 강의가 청중에게 결단의 칼을 제공해 주려면 강사 역시 결단의 칼이 될 수 있도록 참신하고 독특한 메시지로 무장하는 칼을 갈아야 하기 때문이다.

• 강의는 피클이다

강의는 듣기 전에는 오이였는데 강의를 들으면서 피클로 바뀌는, 즉 강의를 듣기 전 상태도 놀아갈 수 없는 비가역적 변화다. 오이는 피클이 될 수 있지만 피클은 오이로 되돌아갈 수는 없는 것처럼 강의는 혁명적인 변화가 일어나는 촉발점이다. 강의는 물리적 변화보다 화학적 변화가 일어난다. 강사가 전하는 메시지가 단순히 이해를 촉발시키는 전달력만 갖고 있는 게 아니라 인생 전반을 근원적으로 다시 생각해 보게 만드는 전환점이 되기 때문이다.

• 강의는 등대다

강의는 길 잃은 사람에게 방향을 알려 주는 희망의 등불이다. 자신의 무지로 인해 오랫동안 탈출구를 찾지 못하고 쓸데없는 걱정을 할 수도 있다. 더욱이 새로운 세상이 열리는 가능성이 차단되어 있는 상태로 지내다 우연히 한 사람의 강의를 듣는 순간 새로운 관문이 열리는 경우도 있다. 어둠의 터널 속에서 헤매다 우연한 기회에 한 사람의 강의를 듣는 순간, 그 강의는 칠흑 같은 어둠 속에서도 방향을 안내해 주는 등대처럼 다가온다.

• 강의는 망치다

강의는 당연하다고 생각하는 통념이나 고정관념을 깨부수는 각성제다. 내가 옳다고 믿었던 신념을 기반으로 그간의 삶을 살아왔지만 어느 순간 그 신념도 통념임을 깨닫게 해 주는 각성제가 강의다. 낯선 생각과 마주치지 않으면 내 생각은 고여 있는 물이 썩듯이 고

루해지고 진부해진다. 강의는 틀에 박혀 진부한 통념으로 굳어 가는 생각의 고치를 깨부수고 새로운 생각이 잉태되게 만든다. 망치로 기성의 틀이나 벽을 깨부수듯 강의는 고정관념이나 통념이 더 견고한 상태로 굳어지기 전에 산산이 부숴 버리는 통렬한 자극제다. 강의는 단순한 자극제나 각성제에 머물지 않고 깨우친 대로 몸을 움직여 실천으로 이어지게 만든다.

• 강의는 길이다

강의는 단순한 말이 아니라 일생을 통해서 목숨을 걸고 걸어가야 할 삶이다. 글이 삶의 결론으로 나오듯, 강의도 단순한 테크닉의 문제가 아니라 삶에 대한 열정과 철학의 문제다. 강의는 내가 살아온, 살아가는 대로 전달되는 삶의 다른 표현이다. 내가 살아 본 삶을 능가하는 글을 읽거나 쓸 수 없듯이 내 삶을 능가하는 강의를 할 수 없다. 어제와 다른 강의를 하고 싶으면 강의 스킬을 익힐 게 아니라 어제와 다른 시도를 해 봐야 한다. 삶이 우여곡절의 굴곡이 많고 파란만장할수록 파란만장한 강연으로 청중에게 깊은 감동을 주고 행동을 촉발할 수 있다. 올바른 삶이 올바른 강의를 할 수 있는 기반이다.

대체 불가능한 강의를 위한 4가지 조건

강의를 통해 결단의 칼을 제공하고, 오이가 피클로 바뀌는 듯한 혁명적 변화를 일으켜 방황하는 사람에게 등대를 발견하게 하고, 고정관념을 통렬하게 깨부수는 망치 역할을 하며 어제와 다른 길을 찾아낼 수 있도록 돕기 위해서는 자기만이 할 수 있는 대체 불가능한 강의를 해야 한다. 이를 위해서는 적어도 4가지 조건이 필요하다.

첫째, 강의의 콘텐츠는 내가 살아온 경험이다. 고전을 쓴 작가들이 저마다의 삶으로 건져 올린 경험적 작품을 썼듯이 자기 삶으로 깨달은 경험적 교훈이나 통찰력을 기반으로 강의의 콘텐츠를 창작해야 한다. 나의 이야기가 중심을 잡고 다른 사람의 이야기가 부분적으로 변주를 울릴 때, 심금을 울리는 강의로 탄생될 수 있다. 경험으로 창작한 나만의 서사가 콘텐츠의 중요한 원천으로 사용될 때, 내가 삶의 주인공으로 거듭나는 강의를 할 수 있다. 자신이 직접 겪어본 사례를 활용해서 스토리텔링할 때 임팩트가 훨씬 높아지고 청중의 주의를 집중시킬 수 있다. 강의에 활용되는 사례는 공감의 원천이다. 비슷한 경험을 했다는 이유만으로도 강사와 청중은 거리감이 없어지고 급격히 친밀해지는 느낌이 생긴다. 강의를 보다 재미있고 의미 있게 하기 위해서는 본인이 직접 겪은 에피소드를 소개하고 거기에서 깨달은 교훈을 이야기할 때 몰입도는 물론 만족도까지 높일 수 있다. 에피소드는 강의를 재미있고 의미 있게 만드는 텃밭이다.

둘째, 아무리 독특한 체험을 했어도 표현할 수 있는 언어가 부실하면 강의도 부진을 면치 못한다. 나의 체험적 깨달음을 뒷받침해 주는 다른 사람의 주장도 적절히 인용하면서 어휘력은 물론 문장력을 발전시킬 때 강의를 통한 전달력도 높아진다. 다른 사람이 남긴 명언이나 좋은 깨달음이 스며들어 있는 문장을 인용하는 것은 내 주장에 신뢰를 부여하는 장치가 된다. 단순한 인용을 넘어서 다른 사람의 인두 같은 문장에 나의 경험적 깨달음을 추가, 변형해서 사용하는 방법을 강의에 활용하면 인상 깊은 울림을 줄 수 있다. 좋은 문장을 바꿔 쓰기만 해도 청중을 감동의 도가니로 몰고 갈 수 있다.

셋째, 강의는 스토리텔링을 통한 자기다움을 연출하는 연기다. 강의는 단순히 입으로 전달하는 메시지의 향연이 아니라 자기 삶을 온몸으로 보여 주는 경험적 깨달음이 청중과 교감되면서 공감의 연대망이 구축되는 감동적인 연기이자 실존적 축제다. 소설가나 시인의 작풍 그리고 문체가 다른 이유는 자기만의 고유한 삶을 독특한 언어로 번역해 낸 창작품이기 때문이다. 그 작품 안에는 창작자의 문제의식과 열망이 살아 숨 쉬고 있다. 삶이 다르면 작품이 다르듯이 강의도 자기다움이 고스란히 드러나는 이유다.

마지막으로 강의의 재미와 의미는 언어유희를 통해 극대화된다. 내 생각을 단순하면서도 보다 임팩트 있게 전달하는 가장 강력한 방법이 언어유희다. 언어유희는 의미의 강도와 재미의 깊이를 더하는 각인제다. 언어유희를 유치한 말장난이나 개그로 치부하는 사람은 영원히 재미없는 강의를 할 것이다. 언어유희는 넓고 깊은 경험적 깨달음을 근간으로 촌철살인과 화룡점정의 언어적 감각이 융복합되어 폭발하는 고품격 유머다. 유머는 언어적 변주를 통해 빛을 발한다. 대체 불가능한 강사로 변신하기 위해서는 복잡한 생각도 단순하면서도 의미심장하게 전달하는 언어유희나 메타포, 즉 은유법을 적재적소에 잘 활용해야 한다.

의미 난해한 강의를 넘어
의미심장한 강연으로

강연(講演)의 의미를 사전에서 찾아보면 '일정한 주제에 대하여 청중 앞에서 강의 형식으로 말함'이라고 정의되어 있다. 강의(講義)는 '학문이나 기술의 일정한 내용을 체계적으로 설명하여 가르침'이라고 뜻풀이를 한다. 이처럼 2가지 뜻의 차이를 보면 강연과 강의는 뚜렷하게 구분되지 않는다. 여기서 말하는 강의는 학교나 조직 내에서 일정 기간 반복적으로 이루어지는 소규모 정기적 활동이고, 강연은 외부 청중이나 불특정 다수를 대상으로 일회성으로 이루어지는 대규모 비정기적 활동이라는 의미에 국한시켜 생각해 본다.

강의는 특성 정중을 대상으로 일정 기간 주기적으로 반복되며, 무엇을 전달할 것인지에 대한 교육 내용도 체계적으로 정리되어 있다. 반면에 강연은 불특정 다수를 대상으로 비정기적으로 일어나는 일회성 행사에 가깝다. 강의는 어느 정도 청중도 고정되어 있고 가르치는 내용도 한번 정해지면 크게 변함없이 반복된다. 하지만 강연은 할 때마다 청중이 바뀌고 교육 내용도 청중에 따라 수시로 수정되면서 일어나는 비형식적 프로그램이다. 물론 강연도 연중 기획으로 일정한 청중을 대상으로 반복해서 일어나는 프로그램일 수 있다. 하지만, 강사 한 명이 일정 기간 주도하지 않고 분야별 전문 강사가 저마다의 주제와 내용을 달리하여 전달한다는 점에서 표준화된 일반적인 강의와는 다르다. 흔히 체계적으로 프로그램화된 일반적인 강의는 한 사람이 정해진 기간 동안 하나의 주제를 갖고 비교적 오랫동안 진행한다.

강의는 학술적이거나 전문적인 지식을 기반으로 주어진 시간에 반복해서 일어나는 교육 활동이다. 반면에 강연은 학술적이거나 전문적인 내용도 없지 않아 있지만 주로 대중적이거나 일반적인 교양 수준의 내용이 대세를 이룬다. 강의는 해당 분야의 전문적 자격증이나 학위를 취득할 목적으로 수강하는 경우가 많아서 기간도 비교적 길고 내용의 깊이 측면에서 시간이 지날수록 심화된다. 강연에서는 삶의 주도권을 갖고 스스로 살아갈 수 있는 인생의 지혜를 배우고 익힌다. 더 심화된 내용을 공부하고 싶다면 자기 주도적인 학습을 통해 전문성의 깊이를 추구하는 활동으로 연계되는 경우도 있다.

5% 겸손하게 설명하는 강의와 5% 오버해서 설득하는 강연

강의는 비교적 소규모 인원을 대상으로 해당 분야의 지식이나 경험이 많은 강사가 그걸 필요로 하는 사람에게 5% 겸손한 자세로 교과서적 지식과 깨달음을 전달하는 데 목적을 둔다. 강연은 경험적 지혜를 자신의 독창적인 관점으로 해석, 평범한 사실도 비범하게 바라볼 수 있는 안목과 식견을 5% 오버(여기서 오버는 청중을 사로잡는 카리스마)해서 식지 않는 열정으로 청중을 사로잡는 공연이자 향연이다.

5% 겸손한 강의는 경험적 깨달음이 부족할 때 책상 지식과 남의 경험을 근간으로 복구할 수 있지만 살갗을 파고드는 감동이 없다. 겸손한 강의 자체가 문제가 되지는 않는다. 청중이 소규모일 때 오히려 잘 통하는 전략이 될 수도 있다. 문제는 대규모 청중 앞에서 5% 겸손하게 강의를 하면 주의 집중은 물론 재미와 의미를 주지 못하고 심지어 비난의 화살을 맞을 수 있다는 점이다. 강의는 조용한 분위기 속에서 겸손한 설명이 통용되지만 강연에서는 오히려 역효과가 난다. 공부를 많이 한 학자의 학자연하는 설명식 논조는 강의에서 통하지만 대규모 청중이 저마다의 관심을 갖고 바라보는 강연에서는 설득력이 없다. 강의에서는 메시지와 메신저가 분리되어 강사의 삶과 무관한 전문 내용을 논리적으로 전달해도 크게 문제가 되지 않는다. 하지만 강연에서는 강사의 삶과 무관한 메시지는 먹히지 않는다. 이런 점에서 강연에서는 메신저 자신이 메시지가 되는 경우, 더욱 강력한 설득력과 전달

력을 지닐 수 있다.

기지로 이해를 추구하는 강의와 미지로 상상력을 자극하는 강연

보통 강의는 강사가 갑이고 청자가 을이지만 강연은 강사가 을이고 청중이 갑이다. 강의는 평가가 좋지 않아도 다음이 보장될 수도 있지만 강연은 만족스러운 평가를 받지 못하면 거기서 멈춘다. 주도권을 강사가 쥐고 있는 강의에 비해 강연은 철저하게 고객 만족과 감동을 주지 못하면 다음을 기약하기 어렵다. 자기 삶을 걸고 혼신의 힘을 다해 전달하는 강연은 그 자체가 자신의 삶이자 메시지다.

강의는 이미 알고 있는 기지(旣知)를 설명해서 의미를 머리에 꽂아 이해를 추구한다. 하지만 강연은 청중이 상상하는 미지(未知)의 세계로 향하는 상상력을 자극하고 의미를 심장에 꽂아 의미심장하게 만드는 감동을 추구한다.

강의는 해당 분야의 공부를 책상에서 열심히 한 사람이 논리적 설명으로 주의를 끌지만 강연은 해당 분야에 대한 시행착오를 겪어 가며 몸으로 체득한 깨우침을 감성적으로 설득해 정서적 공감대를 형성한다. 강의는 해당 분야를 강의할 수 있는 이론적 지식과 자격증을 무기로 내세우지만 실제 본인의 경험으로 깨달은 지혜가 부족해서 의미는 있으나 재미없는 스토리로 각인되는 경우가 많

다. 그리고 강의는 보편적 양식에 호소하면서 전달자의 주장을 선전
(propaganda)하지만 강연은 구체적인 상식을 기반으로 청중의 입장이
움직일 수 있도록 선동(agitation)한다.

머리의 언어로 선전하는 강의와 몸의 언어로 선동하는 강연

선전은 기존 이론적 입장에 근거해서 논증하며 자기주장이 옳음을
입증하려는 설명이고, 선동은 대중의 정서에 호소할 만한 사실을 기
반으로 자기주장이 더 옳음을 호소하는 설득이다. 선전은 논리적 근
거를 제시하며 자기주장을 펼치는 반면에 선동은 사실적 경험에 비
추어 자기주장이 더 설득력이 있음을 피력한다. 선전은 그래서 강의
하는 사람이 논리적 증거를 제시하며 청중의 이해를 촉구하고, 입장
의 동일함을 강조함으로써 특정한 입장을 지지하게 만드는 데 주목
적을 두고 있다.

반면에 선동은 이해보다는 현실적으로 겪고 있는 중대한 문제나
절박한 화두를 강조함으로써 심리적인 동요를 일으켜 지금 당장 결
연한 행동을 촉발하거나 즉각적인 반응을 유발하는 감정적 자극이
다. 선전은 주로 강의를 통해 반복해서 전달함으로써 우리와 그들의
입장 차이를 이해시키는 데 주력하지만 선동은 강연을 통해 대중의
정서를 자극, 사안의 긴급성으로 인해 직접적이고 즉각적인 실천의

필요성을 강렬한 감정으로 촉구하는 데 중점을 둔다.

강의는 모범생의 언어 또는 머리의 언어로 양식에 호소하는 선전가 스타일로 전달되는 경우가 많다. 반면에 강연은 모험생의 언어 또는 몸의 언어로 상식에 호소하는 선동가 스타일로 전달된다. 머리의 언어는 상대방이 무슨 말을 하는지 또는 주어진 맥락에서 어떤 반응을 보여 줘야 되는지에 대한 맥락적 사유 없이 사전에 준비한 메시지를 일방적으로 전달할 때 사용되는 언어다. 머리의 언어에는 타자의 생각이나 감정이 들어설 자리가 없다. 이미 빈틈없는 논리로 짜여 있다. 이에 반해 몸의 언어는 상대방이 지금 어떤 상황에서 무슨 고민을 하고 있으며 무엇을 원하는지를 몸으로 감지한 다음 주어진 상황에서 어떤 말을 해야 될지를 상호 작용하면서 만들어 낸다. 몸의 언어에는 타자의 감정이나 생각, 주어진 맥락적 정보가 시시각각으로 반영된다. 머리의 언어는 설명과 이해를 추구하지만 몸의 언어는 설득과 감동을 추구한다.

가르치면 의미를 머리에 꽂아 모범생을 기르고
가리키면 의미를 심장에 꽂아 모험생을 기른다

가르치면 모범생을 길러 낼 수 있지만 가리키면 모험생을 길러 낼 수 있다. 모범생은 범생이다. 말은 잘 듣는다. 시키는 일도 곧이곧대로 잘 따라 한다. 하지만 뭔가 새로운 일을 알아서 추진해 보라고 하면 겁을 먹는다. 모범생은 미지의 세계에 대한 도전 의식도 없다. 주어진 상황에서 모범 답안을 찾는 데 열중한다. 틀 밖에서 새로운 각도로 세상을 바라보거나 뜻밖의 질문을 하지 못한다.

많은 학부모들은 자식이 커서 모범생이 되기를 원한다. 남이 걸어간 길, 안전한 길을 따라 별 탈 없이 잘 자라기만을 바랄 뿐이다. 아버지가 의사면 자식도 의사, 판검사면 판검사, 교수면 교수 직업을 갖기를 원하는 경우가 많다. 그렇다 보니 전 과목 공부를 잘하는 선수가 되는 다양한 과정을 거친다. 모범생은 부모나 선생님의 칭찬을 먹고 자란다. 정해진 범위 내에서 뛰어난 성적을 올리면 칭찬을 받고 기대하지 않은 일, 엉뚱한 일, 예상을 벗어나는 일을 하면 야단을 맞는다. 그래서 정상 궤도 안에서 별다른 시련과 역경을 경험하지 않고 무럭무럭 자란다.

이에 반해서 모험생은 주어진 길, 남이 걸어간 길을 뒤쫓아 따라가는 과정에 큰 재미를 느끼지 못한다. 모험생은 무엇보다도 자기 주관이 뚜렷하다. 자신의 가능성을 발굴하기 위해 이제까지 해 보지 않은 일, 가 보지 않은 곳, 읽어 보지 않은 책, 보지 않았던 영화 등을 보면서 다양한 경험을 축적한다. 색다른 도전을 즐기면서 자신의 한계가 어디까지인지를 스스로 찾아보는 노력을 게을리하지 않는다. 자신의 가능성이 어디까지인지는, 가능성의 한계 지점까지 가 보지 않고서는 알 수 없기 때문이다. 모험생은 누가 뭐라고 해도 자신이 좋아하는 일을 찾아 재미있게 즐긴다. 그것이 비록 돈이 안 되고 세상 사람들이 뭐라고 해도 아랑곳하지 않는다. 모험생은 오로지 그 일을 통해 자신의 존재 이유와 의미를 찾는 일에 몰두하기 때문이다.

방법은 가르치고 방향은 가리킨다

방법을 가르치면 쉽게 따라서 할 수 있지만 스스로 방향을 찾아가는 자생 능력은 점차 상실된다. 구체적인 가르침은 배우는 사람으로 하여금 스스로 방향을 찾으려는 의지를 희석시키는 장본인이다. 그래서 방법을 구체적으로 반복해서 가르치면 삶을 그르칠 수 있다. 방향을 가리키면 시행착오를 겪으면서 우여곡절 끝에 마침내 방향에 맞는 방법을 내 힘으로 찾을 수 있는 능력이 생긴다. 방향을 가리키면 스스로 방법을 찾아 자신을 스스로 키울 수 있다. 우리는 지금 삶을 그르칠 수 있는 방법을 너무 구체적으로 가르치고 있지 않은가? 교육이라는 이름으로 아이들을 지나친 보호막 속에 가두고 사육하고 있지는 않은가? 교육은 스스로 할 수 있는 자생 능력을 심어 주는 활동이지만 사육은 가급적 빨리 목표에 도달할 수 있는 방법이라는 약을 주입하는 활동이다.

'가르치다'는 무엇을 다른 사람에게 알려 주어 배우게 한다는 말이다. '가리키다'는 '가르치다'의 잘못된 표현이다. 예를 들면 '동생에게 수학을 가리켰다'가 아니라 '동생에게 수학을 가르쳤다'가 맞는 말이다. '가르치는' 일에는 언제나 혼신의 힘과 열정을 쏟아부어야 한다. 성의 없이 대강 대충 가르치면 가르침을 받는 학생들도 대강 대충 되는 것이 아니라, 아예 아무런 가르침을 받지 못하거나 오히려 가르치지 않는 것이 나을지도 모른다. '가르치는' 일은 자신을 던지는 일이다. '가르치는' 일은 내용과 방법을 가르치는 일이기보다는 자신의 철학과 신념이나 가치관을 '가르치는' 것이다. 특정 내용에 대한 자신의 체험적 스토리, 거기에 담긴 철학과 신념, 특정 지식을 얻는 동안 고뇌했던 체험적 열정을 가르치는 것이다. '가르치는' 가운데 학생들이 받는 감동은 가르침의 기교에서 오지 않고 가르침에 임하는 스승의 자세와 태도에서 비롯된다.

'가르치다'라는 말과 혼동될 수 있는 말이 바로 '가리키다'이다. '가리키다'는 손가락으로 어떤 대상이나 사물이 있는 곳을 알려 주는 말이다. 무언가를 지칭할 때나 방향을 제시할 때 쓰는 표현이 바로 '가리키다'이다. 스승은 방법을 가르치는 사람이 아니라 방향을 가리키는 사람이다. '가르침'은 곧 '가리킴'이다. 따라서 잘 못 '가르친다'는 것은 곧 방향을 잘 못 '가리킨다'는 것이다. 따라서 '가르치는' 과정에서 스승이 범할 수 있는 최대의 실수는 제자들이 나아가야 될 방향을 잘 못 '가리키는' 것이다.

한편 '그르치다'는 잘못하여 일을 그릇되게 한다는 뜻이다. 한자로는 '그르칠 오(誤)'라고 쓴다. 가르치면 긍정적으로 사람이 바뀌지만 그르치면 사람은 잘못을 저지를 수 있다. 멍청한 의사 한 명은 환자 한 명을 죽일 수 있지만, 멍청한 교사 한 명은 수백 명의 사람을 죽일 수 있다고 한다. 그만큼 스승이 가리키는 길의 방향이 중요하다는 의미다. 방향을 잘못 가리키면 내용을 잘 못 가르치는 것보다 그 파급 효과가 훨씬 막대하다. 나는 누군가의 가르침을 받고 스스로 길을 찾아 나서는 결연한 감행을 거듭하고 있는가? 내가 걸어가는 길의 방향을 누군가 가리켜 주면 나 스스로 그 길에 도달하는 방법을 찾아 나서고 있는가? 아니면 그 길을 떠나는 구체적인 방법까지도 가르쳐 주기를 기대하고 있는가? 가르침과 가리킴의 궁극적인 성패는, 가르침과 가리킴의 대상자인 제자 자신이다. 스승이 가르치고 가리킨 길 위에서의 성패 여부는 전적으로 나에게 달려 있다.

깨우쳐야 깨달을 수 있다[*]

'깨달음'은 생각처럼 쉽게 오지 않는다. 깨달음이 얼마나 어려운 일

---

[*] 이어지는 글은 〈우리문화신문〉 기사 '정신 차려, 삶의 과녁을 겨냥하여 내달리는 '깨닫다''(2024.12.06)를 참고하여 썼음을 밝혀 둔다.

인지는 깨달음에 담긴 우리말 고유의 의미를 알면 이해가 갈 수 있다. '깨닫다'는 '깨다'와 '닫다'가 어우러진 말이다. '깨다'는 잠이나 꿈, 술 등에서 깨어나는 것처럼 살아 숨 쉬며 현실에 건너온다는 것을 뜻한다. 즉 '깨다'는 멍청하던 삶에서 눈뜨고 깨어나 본연의 맑은 삶으로 건너오는 것을 말한다. 그리고 '닫다'는 달려간다는 뜻이다. 내가 가야 할 곳을 향해 있는 힘껏 내달린다는 말이다.

깨닫게 하는 방법의 핵심과 중심에는 언제나 올바르게 가르치고 가리키는 행위가 자리 잡고 있다. 깨우침을 통해 깨달음의 원동력을 기르기 위해서는 언제나 낯선 생각이 잉태될 수 있도록 외부에서 제공하는 지적 자극이 필요하다. 지적 자극으로 일어나는 '깨닫다'는 '알다'와 질적으로 다르다. 손으로 만지고 눈으로 보며, 입으로 맛보고, 코로 맡고, 귀로 들으면서 부지런히 노력하면 어느 정도 길을 알 수 있다. 그런데 깨달음은 노력하고 일정 시간이 지난다고 해서 자연스럽게 찾아오지 않는다. 깨달음을 얻을 수 있는 유일한 방법은 오로지 제 마음을 가라앉히고 깨끗하게 비운 다음에 가만히 들여다보는 것뿐이라고 한다. 변덕스러운 마음을 누르고, 머릿속을 방해하는 잡다한 생각도 억제하고, 불쑥불쑥 일어나리는 뜻도 살나 버리고 난 후, 고요해진 마음을 들여다보고 마주할 수 있어야만 진정한 깨달음을 만난다고 한다. 참된 깨달음에 이르려면 우선 깨우침을 쌓아야 되고, 깨우침이 쌓이면 깨침에 이르고, 깨침을 계속 쌓아 가다 보면 어느 날 깨달음을 얻을 수 있다.

깨닫고 싶지 않은 사람은 없다. 인생의 큰 깨달음을 통해 지금까지와는 질적으로 다른 삶을 영위하고 싶은 생각은 누구나 갖고 있다. 문제는 깨달음을 얻기 위해 그에 상응하는 노력을 하지 않거나 별다른 노력 없이 쉽게 깨달음에 이르는 방법과 기술을 알고 싶어 한다는 데에 있다. 깨달음을 얻으려면 우선 깨달음을 얻은 사람으로부터 무수히 깨지는 깨우침을 얻어야 한다. 자신이 깨지는 깨우침을 창피하게 생각하거나 두려워해서는 깨우침이 올바로 전달되지 않는다. 깨우침은 깨짐의 결과다. 깨지는 깨우침 덕분에 스스로 자신을 깨뜨리는 깨침이 찾아온다. 즉 깨침은 깨뜨림의 결과다. 고정관념을 깨뜨리고 몰랐던 사실을 알아가다 보면 깨침이 슬며시 다가온다. 깨침이 축적되다 보면 깨달음이 불현듯 찾아와 기뻐 날뛰게 만든다. 깨달음은 또 다른 깨달음에 의해서 무참히 깨지고, 또 다른 깨우침으로 자신을 부단히 깨뜨리다 보면 새로운 깨침이 온다. 이런 깨침은 이전과는 질적으로 다른 깨달음을 선사해 준다. 결국 깨우침과 깨침, 그리고 깨달음은 종착역이 없는 영원한 미완성이다.

깨우치고 마주치는 가르침의 여정은 아름다운 미완성이다

깨우치는 가르침과 깨닫는 배움의 과정도 미완성이라야 희망이 자랄 수 있다. 이때 미완성(未完成)은 미완성(美完成)이다. 부족하고 갈 길이 멀다고 생각하는 미완성의 겸손이 최고의 아름다움을 만드는 기본 토대가 된다. 가르치는 사람은 스스로 부족하기에 더 배워야 된다는 겸손함을 유지하고, 배우는 사람은 언제나 초보자라는 생각을 갖고 전심전력해서 배움의 여정을 계속해야 한다. 배워서 가르치는 것이고, 가르치면서 배우는 것이다. 가르침은 배움을 전제로 한다. 가르치면서 학생들로부터 받는 피드백으로 깨우치고, 이전과는 다른 생각과 인식의 깊이로 깨치면서 새로운 깨달음을 얻을 수 있다. 그런 깨달음이 또한 가르침의 소중한 원료로 쓰인다. 깨달음은 언제나 가르침의 입력으로만 작용하지 않는다. 가르침의 여정에서 깨달음이 발생하고 그 깨달음은 이전과 다른 깨우침을 일으키는 원동력이 되기도 한다. 깨달은 결과가 있어야 가르침의 여정이 시작되는 게 아니다. 가르침은 뭔가 낯선 것과의 마주침이 일어나는 과정이다. 그 마주침이 일어나는 가르침의 여정에서 어제와 다른 깨우침과 깨달음이 선순환적으로 반복된다.

고장난명(孤掌難鳴)이라는 사자성어가 있다. 박수도 손바닥이 마주쳐야 소리가 난다는 말이다. 가르침과 배움도 마찬가지다. 열심히 가르치는데 배울 의욕과 열성이 없다면 가르침은 무용지물이 될 수 있다. 배우고 익히려는 학습 욕망의 크기만큼 배울 수 있을 뿐이다. 배움과 익힘에 대한 문제의식과 위기의식의 수준만큼 깨치고 깨우치며 깨달음의 수준도 높일 수 있다. 가르치는 사람의 열정이 없는데 배우려는 사람만 의욕이 강하다면 이 또한 바람직한 현상이 될 수 없다. 비슷한 맥락에서 줄탁동기(啐啄同機)라는 말도 있다. 병아리가 알에서 나오기 위해서는 새끼와 어미 닭이 안팎에서 서로 쪼아야 한다는 뜻이다. 밖에서 쪼는 사람은 스승이고, 안에서 쪼면서 알 밖으로 나오려는 사람은 학생이다. 알은 스스로 깨고 나와야 한다. 다만 어미는 알을 깨고 나오는 고통의 과정을 도와줄 뿐이다. 가르침과 배움도 고장난명과 줄탁동기의 과정 속에서 일어난다.

가장 느린 전달법이 세상을 바꾸는 이유

어른이 되는 과정은 역설적이게도 무엇인가를 구체적으로 가르치는 일이 아니라 함께 나아가야 될 방향을 가리키며 시행착오를 거듭하는 가운데 판단 착오를 줄이는 과정이다. 방향을 모색하고 나면 무엇을 어떻게 할지 구체적인 방법은 스스로 터득하는 것이다. 가장 소중한 지혜는 혼자 터득하는 깨달음이다. 깨달음은 틀 밖에서 안을 들여다볼 때 뜻밖에 다가오는 통찰이자 직관이다. 틀어박히면 틀에 박힌다. 틀을 벗어나 밖에서 안을 어제와 다르게 바라볼 때 틀을 깨는 깨달음이 전율하는 감동으로 다가온다. 깨달음은 온몸으로 부딪히고 때로는 넘어지면서 체득하는 과정에서 어느 순간 다가오는 지적 희열이다.

전달력은 남이 가공해 놓은 또는 자신이 편집·가공한 지식을 완결된 형태로 제공하는 과정이나 기법이 아니다. 오히려 가르치는 사람이 직접 체험했거나 남의 체험을 자신의 관점에서 재해석하고 이를 다시 자신의 문제 상황에 적용하는 무수한 실천, 여기에 동원되는 아날로그적 고통 체험이 공유·교감되는 과정이다. 전달력의 핵심은 먼저 도착하는 상쟁 기술을 가르치는 데 있지 않고, 남과 더불어서 함께 살아가는 상생 원리를 터득하면서 옆을 보는 지혜를 체득하게 하는 데 있다. 때로는 정답으로 향하는 길목에서 똑바로 앞만 보고 달리지 말고, 주변을 둘러보면서 서성거릴 필요가 있으며, 거기서 다양한 대안을 모색하는 곡선의 여유로움과 함께 치열함이 더욱 필요하다.

그런데 작금의 전달력이나 스피치 기술은 학습자로 하여금 걸어 보기도 전에 목적지에 놓여 있는 답을 찾아 주는가 하면 거기에 보다 빠르게 도달하는 방법적 처방전을 제시하는 데만 많은 관심과 노력을 기울이고 있다. 천천히 여유(裕)를 갖고 직접 자기 몸(體)을 움직여 그 답을 찾아보는 가운데 진정으로 가슴 뭉클한 감동(感)이 찌리온다. 몸으로 체험하면서(體) 깨닫고 느낀(仁) 지혜(智), 즉 체인지(體仁智)만이 나를, 그리고 주변을 넘어 세상을 체인지(change) 할 수 있는 지혜다.

매뉴얼을 넘어 함께 익히는 과정을 설계하라

수영을 배우려면 물속으로 뛰어들어야 한다. 강습장에서 수영 이론 시험에 합격했다고 해서 수영을 곧바로 잘하지는 못한다. 수영은 물에서 영법을 직접 익혀야 실제로 할 수 있다. 물의 깊이와 물의 흐름, 그리고 바람과 물이 만나 요동치는 물결이 시시각각 바뀌는 상황에서 몸으로 모든 감각을 느껴야 한다. 뛰어들어 행동하지 않으면 의식은 그대로 잠자고 있다. 수영을 제대로 가르치는 사람은 자기처럼 해 보라 강요하지 않고 같이 시도해 보자고 권유하고, 조건을 만들어 주며 묵묵히 지원해 준다. 나처럼 해 보라고 설명하는 전달은 나처럼 하지 못하는 역기능을 양산할 뿐이다.

배움은 익힘이 따를 때 비로소 의미를 갖는 활동이다. 실천 현장에서 몸을 던져 직접 익히지 않으면 관념적 앎에 머무를 수 있다. 몸이 느끼는 감각적 깨달음이 동반되지 않는 관념적 앎은 다른 사람에게 전달될 때에도 감동을 줄 수 없다. 자신이 겪어 본 이야기가 힘을 받을 때 전달력도 상승 작용을 한다. 가르치고 배우는 사람이 함께 주어진 상황에서 배우고 익히는 과정을 반복할 때, 자신도 모르는 사이에 전문가의 경지에 이르게 된다.

들뢰즈의 《차이와 반복》[**]에 따르면 가르치고 배우는 방법에는

[**] 질 들뢰즈 지음, 김상환 옮김, 《차이와 반복》, 민음사, 2004.

2가지 유형이 있다고 한다. '나처럼 해 봐형 교육'과 '나와 함께 해 보자형' 교육이 있다. '나처럼 해 봐형 교육'은 가르치는 전문가의 전문성이 배우는 비전문가의 기준이자 정답이다. 전문가가 지니고 있는 전문성을 비전문가는 그대로 따라서 모방하는 데 전력투구한다. 전문가는 비전문가에게 어떻게 전문가의 전문성을 습득할 것인지를 사전에 철저하게 계획을 세워 구체적인 절차와 방법, 실무적 지침이 들어 있는 매뉴얼을 제시하고 그대로 따라 할 것을 강조한다. 이에 반해서 '나와 함께 해 보자형 교육'은 전문가의 전문성은 비전문가가 그대로 모방할 수 있는 노하우가 아니라고 규정한다. 나아가 전문가의 전문성은 전문가가 비전문가에게 일방적으로 가르쳐서 습득되지 않는다고 생각한다. 오히려 전문가의 전문성은 비전문가가 그대로 모방하거나 이상적으로 지향해야 될 기준이나 표준이 되지 못한다고 생각한다.

전문성은 한번 축적되면 이상적인 상태로 작용하는 명사가 아니라 전문성이 탄생되는 맥락 속에서 시시각각 거듭나는 동사다. 따라서 '나처럼 해 봐형 교육'은 전문성을 동사로 보지 않고 명사로 보는 까닭이다. 명사로서의 전문성은 시공간을 초월해서 언제나 진리처럼 작용하는 정체된 전문 지식과 스킬이다. 함께 시도하고 모색해 보는 가운데 미지의 관문을 열어 가는 '나와 함께 해 보자형 교육'에서 전달력이 살아난다.

일본의 경영컨설턴트 오마에 겐이치는《지식의 쇠퇴》[•••]에서 누가 누군가를 일방적으로 가르친다는 티칭은 이제 의미가 없어질지도 모른다고 이야기한다. 티칭은 답이 있다는 전제하에서 스승이 학생을 대상으로 무엇인가를 일방향으로 가르치는 행위다. 이러한 '나처럼 해 봐형 교육'은 이미 가르칠 정답이 명사적 형태로 정리되어 있다는 전제를 갖는다. 하지만 우리가 살아가는 지금의 현실은 정답보다 해답이 존재하는 복잡하고 불확실한 상황이다. 여기서는 정답이었지만 저기서는 오답으로 작용할 확률이 높다. 문제의 유형과 성격도 다르지만 문제를 일으키는 상황적 맥락에 존재하는 변수나 미지수도 그때그때마다 다르다. 이와 같은 '답이 없는 시대'에는 서로 머리를 맞대고 함께 헤매는 방법밖에 없다. 스승과 제자가 머리를 맞대고 함께 다양한 탐험과 시도를 하면서 생각지도 못한 대안을 찾아 나서는 배움의 여정이 들뢰즈가《차이와 반복》에서 말하는 나와 함께 해 보자는 가르침의 방법이다.

정리하면, 진정한 스승은 "나와 함께 해 보자"고 권유하는 자다. 내가 비록 상대보다 전문가적 자질이나 역량이 뛰어나다고 생각되지만 그렇다고 내가 체득하고 있는 전문성을 비전문가에게 일방적으로 가르칠 수는 없다. 같이 해 보자고 말하는 교육은, 스승인 전문

[•••] 오마에 겐이치 지음, 양영철 옮김,《지식의 쇠퇴》, 말글빛냄, 2009.

가가 제자인 비전문가를 어제와 다른 현명한 답을 찾아 어제와 다른 지식의 바다로 깊이 잠입하여 스승이 축적하고 있는 전문성보다 더 차이가 나는 지식과 기술을 익힐 수 있도록 격려하고 배려하며 촉진해 준다. 자신의 전문성을 자랑이라도 하듯 지시하고 명령하며 나처럼 잘하지 못하는 비전문가를 비난하고 질책하는 전문가가 아니다.

전문가와 비전문가가 추구하는 답은 정보의 바다에 존재하지 않고 다른 지식의 바다에도 없다. 답이 없는 상황, 또는 답이 쉽게 보이지 않는 상황에서 전문가와 비전문가는 어제와 다른 방법으로 언제나 낯선 세계를 탐구하면서 어제와 다른 차이를 생성하는 새로운 지식을 부단히 만들어 나갈 뿐이다. 참된 스승은 어제와 비슷한 정보의 바다에서 먼저 배운 스승이 발견한 정보와 동일한 정보를 찾으라고 강권하지 않는다. 스승으로서의 진정한 어른은, 제자를 어제보다 더 낯선 지식의 바다에 빠뜨려서 스승보다 더 깊이 있는 지식을 창조할 수 있도록 부단히 지원해 주는 인생의 멘토다.

전달의 고수는 어제보다 나아지기 위해 애쓰는 장인이다

질적 노약을 목표하는 장인에게 100% 만족이란 없다. 언제나 어제보다 또는 전보다 조금 더 잘하려고 노력한다. 내일의 발전과 도약을 위해 마음에는 들지 않지만 오늘은 여기까지만 노력하는 것이다.

내일이 되면 어제보다 더 나아지기 위해 어제보다 더 애를 쓴다. 안간힘을 쓰면서 애쓰는 사람이 장인이다. 현재 수준의 전문성에 만족하지 않기 때문에 조금이라도 더 나아지기 위해 애간장을 태우며 온몸으로 노력하는 사람이 바로 장인이다.

장인이 전문성의 축적과 심화를 통해 최고의 경지에 오르는 과정은 그래서 영원히 끝나지 않는다. 장인에게 완성이나 완벽은 하나의 관념일 뿐이다. 완벽에 가까워지려는 노력과 완성하려는 안간힘을 통해 어제보다 조금 더 완벽과 완성에 이르려고 사투를 벌일 뿐이다. 과정의 아름다움이 결과의 아름다움을 보장한다는 진선진미(盡善盡美)가 바로 장인이 지니고 있는 미덕인 까닭이다.

진정한 전달자는 오늘보다 나아지기 위해 안간힘을 쓰며 애간장을 태우는 장인이다. 장인은 습관의 덫에서 빠져나와 관례나 관행을 거부하고 언제나 이전과 다른 시도를 즐긴다. 장인은 기존 규칙을 철저하게 준수하면서 시키는 일만 고분고분 잘 따라 하는 모범생보다 위험을 무릅쓰고 한계에 도전하는 모험가를 육성하는 데에도 관심이 많다. 장인으로서의 진정한 어른은 남들이 만들어 놓은 기존의 가치관에 얽매여 살지 않고 새로운 규칙을 만들어 세상을 이전과 다른 방법으로 살아가는 모험생을 선호한다. 고수의 전달력을 연마하는 과정은 마치 검도에서 무공을 닦는 3단계 과정인 수파리(守破離) 과정과 일맥상통한다. 매 순간, 이전 단계에서 다음 단계로 도약하는 과정 자체가 아름다운 미완성이다.

수파리의 첫 번째 단계인 '수(守)'는 '가르침을 지킨다'라는 의미로서 스승이 가르친 기본을 철저하게 연마하기 위해 지루한 반복을 거듭하는 단계다. 여기서 지루한 반복은 어제와 비슷한 단순 반복이 아니라 어제와 다른 차이를 지속적으로 생성하는 다른 반복이다. 두 번째 '파(破)'는 원칙과 기본기를 바탕으로 자신의 개성에 따라 독창적인 응용 기술을 창조하는 단계다. 마지막 단계인 '리(離)'는 모든 것에 얽매이지 않고 새로운 신기의 세계로 입문하면서 스승과 이별하는 단계다. 스승보다 나은 청출어람의 단계로 도약하는 단계다. 기본기를 닦는 수의 단계를 거쳐 창조적 응용 동작을 하는 파의 단계를 통과하면 비로소 자신만의 독창적인 비밀 병기로 스승과는 또 다른 길로 입문하는 '리'의 단계로 이어지는 여정에 끝이란 없다. 영원히 순환하고 반복될 뿐이다. 하지만 이전과 다른 차이를 발생시키면서 어제보다 조금씩 더 아름다워지기 위해 애쓰는, 영원한 미완성 교향곡인 셈이다.

진정한 전달력은 지행합일의 철학에서 비롯된다

수파리처럼 검도의 3단계 연마 과정은 언제나 어제와 난이도가 다른 외나무다리를 건너면서 전문성의 수준을 높여 나가는 과정이다.

하지만 외나무다리를 건너는 방법은 외나무다리 반대편에서 멘토나 스승에게 머리로 배워서는 체득할 수 없는 육체노동의 산물이다. 외나무다리를 건너는 가장 확실한 방법은 계속 강조했듯 '나와 함께 해 보자'다. 학생들과 인간적 신뢰 관계(rapport)가 형성되어 있지 않은 상태에서 말로만 주장하고 강조해서는 학생들은 따라오지 않는다. 서로 간의 믿음은 지행일치보다 지행합일에서 생긴다.

지행일치는 말한 다음 행동하는 것이지만 지행합일은 말은 곧 행동이고 행동이 곧 말이다. 지행일치가 언행일치를 강조하면서 행동하기 이전에 알아야 된다는 점을 강조하지만 지행합일은 삶 속에서 앎이 형성되고 앎이 곧 삶이 되는 경우다. 훌륭한 전달자는 일상적 삶 속에서 앎을 추구하고 앎이 곧 삶인 지행합일을 추구한다. 지행합일을 지향하는 스승으로서의 어른과 제자가 서로의 튼실한 인간관계 속에서 굳건한 신뢰의 꽃을 피워야 비로소 배움의 바다로 뛰어든다.

지행합일을 추구하는 인간적 관계 맺음으로써의 스승과 제자의 관계는 질문과 분석을 통해 미지의 세계를 향해 과감하게 도전한다. 스승의 역할은 정답을 찾는 방법을 가르치는 데 있지 않고 올바른 질문을 통해 전대미문의 현답을 찾아 나서도록 아낌없이 지원해 주는 데 있다. 이런 과정을 통해서 부단한 탈바꿈을 시도한다. 스승으로서의 탁월함은 삶에서 자신이 하는 일에 열정을 갖고 지행합일을 몸소 실천하는 과정에서 어제와 다르게 차이를 반복하는 데서 비롯된다. 스승의 임무는 현란한 어휘를 구사하면서 말로 설명하는 것보다 스스로 모델이 되어 제자의 잠재 능력에 불을 지르는 데 있다.

앎과 삶이 일치되는 지행합일이야말로 가장 강력한 가르침이자 가리킴이다. 지행일치에서 앎과 실천의 간극이 커질수록 그 간극을 메꾸기 위한 열정은 식어 가지만, 지행합일에서는 앎과 실천의 간극이 더 벌어지기 전에 안간힘을 쓰면서 열정적 사투를 벌인다. 왜냐하면 지행합일에서 지와 행은 별도의 독립적인 2개의 활동이 아니라 서로가 서로에게 에너지를 주고받는 호혜적인 영향력이기 때문이다. 열정은 비교적 오랫동안 흠뻑 빠져드는 에너지이자 주어진 목적을 달성하기 위해 헌신적으로 몰입하는 집중력이다. 그러므로 앎과 삶이 모순되는 딜레마 상황에서 그 위기를 탈출하려는 지행합일에서 더 강력한 전달력이 얻어진다.

23

내가 만약 인생의
마지막 강의를 한다면

마흔여섯의 나이에 말기 췌장암으로 6개월밖에 살지 못한다는 선고를 받은 카네기멜론 대학교 컴퓨터공학과 랜디 포시 교수는 피츠버그 캠퍼스에서 《마지막 강의》*를 한다. '당신의 어릴 적 꿈을 실현시키는 일'이란 제목으로 2007년 9월 18일 마지막 강의를 하고 2008년 7월 25일, 48세의 나이로 세상을 떠난다. 랜디 포시 교수의 마지막 고별 강의의 초점은 죽음이 아니라 어떻게 꿈을 이루기 위해 분투노력했는지에 대한 삶이었다. 자신이 평생 한 일은 어린 시절부터 가슴에 품고 살았던 꿈을 이루기 위한 몸부림이었다고 고백한다. 마지막 순간까지 농담과 유머를 섞어 밝은 웃음을 선사한다.

● 랜디 포시·제프리 재슬로 지음, 심은우 옮김, 《마지막 강의》, 살림, 2008.

내가 랜디 포시 교수라면 어떤 메시지를 담은 마지막 강의를 할까. 곰곰이 생각한 끝에 내가 평소 강조해 온 10가지 메시지로 정리해 보았다. 지금부터 이야기하는 것들은 어찌 보면 내가 살아오는 동안 각성 사건을 통해 몸으로 깨달은 소중한 교훈이자 깨우침이다. 내 삶의 철학이자 좌우명이기도 하고 내가 인생을 살면서 늘 반추해 보고 가슴에 새기는 지침이기도 하다.

① 적게 생각하고 즉시 실천하라

생각하고 계획을 세우는 시간보다 나가서 행동하고 실천하는 시간을 많이 보내라. 세상은 생각하며 아이디어를 많이 내는 사람보다 비록 사소한 아이디어라도 몸으로 행동하는 사람이 바꿔 나간다. 거창한 계획과 중장기 발전 전략을 준비하는 사람보다 지금 이 순간을 위해 몸을 던져 자기다움을 찾아가는 사람이 세상의 중심이자 나를 가장 아름답게 가꾸는 사람이다. 완벽한 준비와 계획은 완벽한 실기(失機)를 낳는다. 어느 정도 준비되면 계획은 그만 세우고 나가서 행동으로 옮겨라. 그래야 앞으로 무슨 조치를 취할 수 있을지 알게 된다. 나는 내 생각과 아이디어의 산물이 아니라 행동과 실전의 결과다. 더 중요한 점은 시작보다 시작을 끝까지 유지하는 끈기와 꾸준함이다. 꾸준히 반복하는 습관이 반전을 일으키고 운명을 바꾼다. 오늘의 나는 내가 행동하고 과감하게 실천한 결과 생긴 사회 역사적 산물이다.

② 밥 먹듯이 운동해라

행동하고 실천하며 꿈을 이루려면 무엇보다도 건강한 몸이 뒷받침되어야 한다. 밥 먹듯이 운동하지 않으면 밥맛도 느끼지 못할 정도로 아플 수도 있다. 인생은 몸이 건강하지 않으면 이룰 수 있는 게 많이 없다. 변함없이 운동해야 몸이 변한다. 몸이 곧 나요, 내가 곧 몸의 중심일 때 비로소 나를 증명하는 인생을 살 수 있다. 밥은 매일 먹으면서 운동을 매일 하지 않는 사람은 자기 인생을 버리는 사람이다. 나를 이끌어 가는 원동력은 냉철한 이성이 아니라 뜨거운 야성이다. 야성은 머리가 아니라 몸에서 나온다. 몸은 마음이 거주하는 우주다. 몸이 마음을 지배하고 생각을 이끈다. 상쾌한 몸이 명쾌한 머리, 유쾌한 가슴, 통쾌한 영혼을 만들고 흔쾌히 받아들이는 자세를 낳는다.

③ 현실에 안주하지 말고 끊임없이 도전하라

내 능력을 확장하고 심화시키는 유일한 방법은 도전이다. 도전을 멈추는 순간 삶은 지루해지고 재미도 없어진다. 하루하루가 설레지 않고 기다려지지도 않는다. 그저 하루를 소일할 뿐 소임을 다하는 인생을 살지 않는다. 도전으로 한계를 극복하고 넘어설 때 살아 있는 감동과 행복을 느끼는 것이다. 거창한 도전보다 일상을 바꾸는 도전, 하루 일과를 바꾸는 색다른 삶이 곧 도전이 지향하는 진정한 의미다. 어제와 다른 오늘, 오늘과 다른 내일을 맞이하는 방법은 타성의 틀에서 벗어나 한계에 도전하는 것이다. 도전하다 보면 벽을 만난다. 앞서 이야기한 랜디 포시 교수는 이러한 장벽에 대해서, 우리를 막기 위해서가 아니라 우리가 얼마나 그것을 원하는지 보여 주고 시험하기 위해서라고 말했다.

④ 배움을 멈추지 마라

배움은 지적 호흡이다. 호흡을 멈추면 사람이 죽는다. 지적 호흡을 멈추면 그 순간 성장도 성숙도 멈춘다. 사람이 늙어 가는 이유는 호기심을 갖고 미지의 세계로 떠나는 배움을 멈추기 때문이다. 나이가 들수록 한 가지 주제를 선정한 다음 비교적 오랜 기간 붙들고 파고드는 공부를 해 보자. 배울수록 모르는 게 많아지고 모르는 게 많아질수록 무지를 깨닫는 겸손함과 함께 더 배워야겠다는 의지와 열정이 생긴다. 배울수록 계속 젊어지는 이유다. 세상은 배움의 천국이자 호기심의 텃밭이다. 늘 모든 것으로부터 배우는 자세를 잃지 말자. 나 이외의 모든 사람은 물론 생명체, 사물, 환경은 나의 무지함을 깨우쳐 주는 스승이다. 스승으로 모시고 배우는 자세로 자세를 낮추자.

⑤ 심장 떨리는 삶을 살아라

다리가 떨리는 이유는 하기 싫거나 자신이 없는 일, 설레지 않는 일을 무한 반복해야 한다고 생각하기 때문이다. 심지어 좋아하는 일이라도, 자신이 잘 해낼 수 없는 일이라면 그것을 계속해야 한다는 부담감으로 인해 다리가 떨릴 수 있다. 그러나 심장이 떨리는 일은 자기가 사랑하는 일이다. 자기 일을 사랑하면 어제와 다른 방법으로 일하는 방법을 강구하기 위해 부단히 질문을 던진다. 생각해 보면 내가 매일 무슨 일을 하는지가 나를 결정한다. 즉 내가 하는 일이 곧 나다. 그 일도 어떤 자세와 태도로 하는지에 따라 그 일을 하는 나는 천차만별이다. 어차피 할 일이면 다리 떨지 말고 심장 뛰는 마음으로 임하자. 심장이 뛰어야 내가 하는 일의 의미와 가치가 달라진다.

⑥ 지금 이 순간을 바꿔라

과거를 후회하지 말고 미래를 두려워하지 마라. 그 시간에 오히려 지금 이 순간을 바꿔라. 내 힘으로 바꿀 수 있는 일은 지금 하고 있는 일이다. 흘러간 과거는 역사이고 아직 오지 않은 미래는 미스터리다. 과거를 끌어다 놓고 후회한들, 아직 오지 않은 미래를 끌어당겨 걱정한들 바뀌지 않는다. 오로지 내가 바꿀 수 있는 유일한 시제는 현재다. 현재를 바꾸는 방법, 지금 이 순간을 즐기는 삶에 온몸을 던져라. 모든 순간이 꽃봉오리다. 매 순간이 내 인생의 마지막 순간이다. 동일한 순간은 결코 반복되지 않는다. 매 순간이 나에게는 새로운 순간이다.

⑦ 한동안은 이기적으로 살아라

이기적으로 살아야 기적을 일으킨다. 이기적으로 살라는 이야기는 남에게 피해를 주면서 오로지 내 일에만 신경 쓰라는 이야기가 아니다. 남의 시선에 신경 쓰지 말고 오로지 내 일에 목숨을 걸어야 한다는 이야기다. 그래야 뭐라도 이루어진다. 내가 나의 분야에서 뭔가 이루지 않으면 남이 뭔가를 이루는 데에도 도움이 되지 않는다. 한 분야의 경지에 이르려면 한동안은 지극히 이기적으로 살아야 기적이 일어나고 원하는 경지에 이를 수 있다. 경지에 이르러야 그 힘으로 다른 사람에게 도움을 전할 수 있다. 기적은 뚜렷한 목적의식을 갖고 꾸준히 흔적을 남길 때 어느 날 갑자기 나타난다. 양적 축적이 질적 반전을 일으킨다.

⑧ 미련 없이 포기하고 새로운 가능성의 문을 열어라

절대로 포기하지 말라는 말을 아무런 의심 없이 인생의 소중한 모토로 받아들이는 사람이 많다. 듣기에 좋은 말이다. 불굴의 의지를 북돋우는 명언이다. 하지만 실제로 한계 상황에 부닥치면 절대로 포기하지 말라는 말이 얼마나 위험한 말인지 몸으로 깨닫게 된다.

한계는 책상에서 알 수 없고 한계에 몸으로 도전해 봐야 알 수 있다. 한계를 몸으로 감지할 때 빨리 포기하고 다른 가능성을 모색해야 한다. 좋아하는 일인데 잘할 수 없는 일을 절대로 포기하지 않을 때 그 사람에게 남는 것은 불행한 인생이다. 때로는 빨리 포기할 때 새로운 관문도 열린다. 한계는 책상에 앉아 있어서는 알 수 없고, 절대로 포기하지 말라는 말도 책상머리에서 암기한 관념적 명언이다.

⑨ 다른 사람을 행복하게 하는 예술을 배워라

영화 〈위대한 쇼맨〉에는, 다른 이를 행복하게 만드는 것이 진정한 예술이라는 대사가 나온다. 톨스토이 역시 이 세상에서 가장 소중한 일은 지금 내 곁에 있는 사람에게 뭔가를 하는 것이라고 했다. 아침에 눈을 뜨는 순간 나에게 행복을 제공해 주는 모든 사람에게 행복한 일을 만들어 주려는 작은 실천을 진지하게 반복하라. 진지한 실천의 반복이 폭풍 감동을 불러오는 경이로운 반전을 가져온다. 어떻게 하면 행복해질 것인지를 연구하는 사람보다 지금 갖고 있는 것만으로 이 순간을 즐기고 그 행복을 다른 사람에게 나누는 사람이 행복하다.

⑩ 존재감을 느낄 수 있도록 미소 짓게 해 줘라

세상에서 가장 위대한 사람은 다른 사람을 미소 짓게 만드는 사람이다. 힘든 삶을 살아가면서 나름 최선을 다하지만 늘 기대에 못 미쳐 속상한 사람에게 잠시 삶을 돌아보는 여유를 갖고 미소 짓게 만드는 깨달음의 유머를 제공하는 사람이야말로 체험적 지혜를 지닌 사람이다. 미소 짓게 만드는 노하우는 우선 공감을 일으키는 체험적 깨달음을 촌철살인의 지혜로 전달하는 방법을 아는 데 있다. 특이한 경험을 재미있는 사례나 깨달음을 주는 에피소드로 정리해 낼 때 듣는 사람으로 하여금 깊은 생각을 하게 만드는 지혜를 줄 수 있다. 엄숙, 근엄, 진지함으로 전해지는 논리적 지식보다 재미와 즐거움은 물론 통렬한 깨달음의 지혜를 웃음과 함께 전달할 때 삶은 재미와 더불어 의미심장해진다.

마지막으로, 마지막 강의를 마치고 나서 함께 나온 가족과 오늘의 나를 만들어 주신 은인들과 함께 세상에서 가장 맛있는 와인을 마시며 인생의 마지막 향연을 보내고 싶다. 지금 내가 맞이하는 모든 순간은 다 마지막 순간이다. 영원히 반복되지 않고 돌이킬 수 없는 마지막 순간에 인생의 마지막이 던져 주는 의미를 심장으로 고뇌하며 마지막을 장식하고 싶다.

완벽한 이해가 아닌
미완의 물음표를 남겨라

나의 지식과 생각을 상대에게 100% 전달할 수 있을까? 우리는 흔히 완벽하게 설명하고, 완벽하게 이해시키는 것을 전달력의 최고봉이라고 생각하지만 과연 그럴까? 전달은 단순히 지식이나 정보를 완벽하게 넘겨주는 것이 아니라, 듣는 이의 마음속에 작은 물음표 하나를 심어 두는 예술이다. 그 물음표가 또 다른 탐구심을 자극하고, 자신만의 답을 찾아 나서게 하며, 결국은 영원히 완성할 수 없지만 그럼에도 불구하고 스스로 완성시켜 가는 즐거움을 포기하지 않고 미지의 가능성을 탐구하는 여정이 전달자가 지향하는 삶이다.

만약 상대를 완벽하게 이해시켰다고 생각한다면 그것은 듣는 이에게 다르게 생각할 기회 자체를 빼앗은 것일 수도 있다. 정신분석 철학자 라캉이 말하듯, 내가 당신의 말을 '완전히 이해했다'는 말은 바꿔 말해 '다르게 생각할 여지가 완전히 제거되었거나 원천 차단되어야 한다'는 뜻이다. 그러므로 다르게 생각할 여지를 많이 열어 놓는 것은 전달자에게 필요한 자세라고 볼 수 있다.

우치다 타츠루는 《소통하는 신체》에서 '지성'에 대해 결론을 내고 싶은 욕망을 자제하고 결론이 나지 않는 미완성 상태를 참고 견디는 능력이라고 했다. 빨리 결론에 다다르려는 움직임이 보이면 일부러 이야기를 복잡하게 만들어 결론을 내리지 못하게 막는 게 전달의 진정한 미덕이라고 생각한다. 전달자의 목표는 궁극적으로 인간의 지성을 개발하는 데 목적을 두고 있기 때문이다.

이런 점에 비추어 보면 대화, 스피치, 교육, 코치 등을 포함하는 '전달'이라는 행위가 지향하는 방향은 언제나 결론이 미결 상태로 남아 있으면서 어제와 다른 방법으로 열린 결론의 가능성을 끊임없이 탐구하게 만드는 길이다. 즉 전달의 가치는 명료하게 메시지를 가공, 청중이 알아듣기 쉽게 편집해서 가급적 완벽한 이해에 이르는 길을 개척하는 데 있지 않다. 오히려 오늘 잠정적으로 내린 결론의 미완결성을 파고들어 내일은 다른 결론이 도출되는 가능성의 문을 열어 놓는 데 있다.

완벽하게 끝맺지 않고 해석의 여지를 남겨 둠으로써 그 의미가 무엇인지를 스스로 탐구하며 해석할 여백을 듣는 이에게 선물할 때, 전달은 물리적으로 끝났지만 진정한 사유의 여행은 새롭게 시작된다.

전달은
복잡해야 한다?

강의를 들어 보려고 노력하면서 많은 내용이 공감도 되고 이해도 되었지만 여전히 미지의 영역이 있어서, 오늘 강의의 결론은 이거라고 단언해서 말할 수 없는 여지가 남아 있을 때, 또 다른 희망의 문을 열어젖히기 위해 어제와 다른 노력을 멈추지 않을 것이다. 결론을 맺었지만 맺은 결론 속에도 여전히 모르는 게 누군가에게는 눈에 띌 수도 있다. 이해의 문을 열어 주지 않는 미지의 결론을 모르는 상태로 묵혀 두었다가 미래의 언젠가 다시 꺼내 보면 그 의미의 껍질이 벗겨지면서 정체가 밝혀질 수도 있다.

뭔지 알 수 없는 게 나타나면 모른다 치고 넘어가는 능력은 다른 동물에서는 찾아볼 수 없는 인간 지성의 고유한 특징이다. 눈앞에 보이는 뭔가가 있지만 정확히 그것이 무엇인지 알 수 없을 때 기계는 그냥 지나치지 못한다. 정확한 실체의 의미를 밝혀내지 않으면 한 걸음도 앞으로 가지 않는 게 기계다. 하지만 인간은 누군가의 강의를 듣고 있는데 모르는 말이 나오면 그걸 붙잡고 그 의미를 알기 위해 강의 듣는 것조차 포기하고 사투를 벌이지 않는다. 일단 괄호로 쳐 놓고 지나간 다음 나중에 되돌아와서 생각해 보니 그게 그런 의미였구나 하고 뒤늦게 깨닫는 경우가 많다.

이런 점에서 전달은 다르게 생각할 수 있는 가능성의 여지를 가급적 많이 남겨 두는 것도 좋은 전략 중의 하나다. 메시지를 전달했는데 무슨 의미인지 전혀 몰라도 문제지만 하나의 메시지 속에 담긴 숨은 의미가 없는, 즉 너무도 명약관화해서 다르게 생각할 수 있는 여지가 하나도 없는 경우도 문제다. 시선이 오래 머무는 가운데 생기는 앎이 사물을 황폐화시키는 것처럼 완벽한 이해를 추구하다 다르게 이해할 수 있는 기회 자체를 완벽하게 차단하는 역기능을 초래할 수도 있다.

전달력은
도래할 미지의 의미를 맞이하는 겸손한 호기심이다

미완성인 상태로 결론이 끝난다는 의미는 전달자가 던져 준 화두가 완성되지 못하고 뭔가 더 채워야 할 미지의 영역이 있다는 것을 의미할 뿐만 아니라 전달자가 사용하는 말의 의미가 복잡해서 상황적 맥락에 따라 같은 말인데 다른 의미로 쓰이는 경우가 발생하기 때문이다. 우치다 타츠루의 《소통하는 신체》에 등장하는 '복잡'과 '단순'의 의미를 비교해 보면 결론을 유보시켜 놓고 맥락에 따라서 다르게 쓰이는 말의 의미를 이해하는 단서를 제공받을 수 있다. 그에 따르면 '복잡'하다는 것은 서로 다른 2가지 이상이 같은 이름으로 불리는 상황을 말한다. 서로 반대되는 개념들도 상황에 따라서는 같은 말로 표현될 수 있다. 듣는 사람은 맥락에 따라 상황에 따라 그것이 무엇을 의미하는지 매번 식별해야 한다.

여기서 특히 문제가 되는 화두는 겉으로는 같아 보여도 그 안에 너무 많은 의미나 경우가 숨어 있어서 한 번에 명확하게 파악하기 어려운 경우다. 예를 들면 '배'라는 단어의 쓰임새를 보면 "나 배고파 죽겠다"는 말의 배와 "저기 배 한 척이 지나간다"는 말의 배는 같은 단어지만 다른 의미다. 앞의 배는 인간의 신체 기관 중의 하나인 배를 의미하고 뒤의 배는 사람이나 화물을 실어 나르는 교통수단 배다. "이 배는 당도가 왜 이렇게 높을까?"의 배는 과일을 의미하고 "내가 너보다 두 배는 빨리 목표를 달성할 수 있을걸"에서 배는 곱하기 배를 의미한다. 똑같은 '배'라는 소리인데, 사용되는 상황적 문맥에 따라 다른 '것'들을 지칭한다. 듣는 사람에게는 동일한 '배'지만 상대가 지금 말하는 배는 무슨 '배'를 뜻하는 것인지 맥락적 의미를 판별해야 하니까 그 상황 자체가 복잡하다. 같은 이름이지만 상황에 따라 다르게 불리는 배의 의미를 판별하기 위해서는 잠시 의미 파악을 유보시킨 채 전달자의 의도가 무엇인지를 파악하지 않으면 안 된다.

이에 반해 단순해진다는 건, 아마도 겉모습이나 세부 사항은 다르더라도, 어떤 본질적인 특성이나 추상적인 개념을 공유하고 있어서 하나의 이름으로 묶었을 때 오히려 이해가 더 명확해지는 경우를 말한다. 예를 들면 '사랑'이라는 단어가 상황적 맥락에서 같은 이름으로 쓰여도 다른 이름을 갖게 되는 경우다. 부모님을 아끼는 사랑, 친구에게 느끼는 사랑, 연인에게 드러나는 사랑, 반려견에 대한 사랑, 심지어는 내가 좋아하는 음식에 대한 사랑을 보면 같은 사랑이지만 서로 다른 사랑의 의미를 내포하고 있다. 여기에 등장하는 모든 사랑은 형태도 다르고 깊이도 다르고 대상도 다르다. 하지만 일상적으로 우리가 겪어 내는 모든 감정을 뭉뚱그려 '사랑'이라고 부름으로써, 우리는 '다른 것'들 속에 내재된 공통적인 '긍정적이고 깊은 연결 감정'이라는 본질을 쉽게 이해하게 된다. 만약 모든 사랑에 다른 이름을 붙인다면 훨씬 더 많은 개념을 배워야 해서 오히려 복잡해질 수 있다. 이렇게 하나의 '사랑'이라는 단어로 모든 다양한 형태의 '사랑'을 범주로 묶어 구분함으로써, 우리의 감정과 관계를 이해하는 것이 더 단순하고 명료해지는 것이다.

확실한 결론의 마침표를 제시하는 전달의 명료함보다 지금은 모르지만 미래의 언젠가는 밝혀질 미지의 의미를 맞이하는 겸손한 호기심이 바탕이 될 때, 선날력이라는 힘은 어제와 다른 모습으로 변신을 거듭한다.

전달자

2025년 12월 19일 초판 01쇄 발행
2026년 02월 10일 초판 02쇄 발행

지은이 유영만

발행인 이규상
편집장 김은영   책임편집 정윤정   책임마케팅 오은서
콘텐츠사업팀 강정민 정윤정 오희라 윤선애 오은서
디자인팀 최희민 두형주
채널 및 제작 관리 이순복   회계 김하나

펴낸곳 (주)백도씨
출판등록 제2012-000170호(2007년 6월 22일)
주소 03044 서울시 종로구 효자로7길 23, 3층(통의동 7-33)
전화 02 3443 0311(편집) 02 3012 0117(마케팅) 팩스 02 3012 3010
이메일 editor@100doci.com(투고·편집 문의) valva@100doci.com(유통·사업 제휴)
블로그 blog.naver.com/100doci_ 인스타그램 @blackfish_book X @BlackfishBook

ISBN 978-89-6833-529-7 03190
ⓒ 유영만, 2025, Printed in Korea